KOLLEKTION

NAGEL & KIMCHE

Herausgegeben von
Peter von Matt

N&K

Katharina von Arx

Nehmt mich bitte mit!

Eine Weltreise per Anhalter

Mit 79 Zeichnungen
der Verfasserin
und einem Nachwort
von Martin Zingg

Nagel & Kimche

Der Verlag dankt dem

Lotteriefonds Kanton Solothurn,

der STADTSOLOTHURN

sowie der

Ernst Göhner Stiftung

für ihre freundliche Unterstützung.

Der Text folgt der Erstausgabe,
die 1956 im Süddeutschen Verlag in München erschien,
und wurde nach den heute gültigen Rechtschreibregeln
behutsam korrigiert.

1 2 3 4 5 19 18 17 16 15

Herstellung: Andrea Mogwitz und Rainald Schwarz
Satz: Satz für Satz. Barbara Reischmann
Druck und Bindung: CPI books GmbH, Leck
ISBN 978-3-312-00667-0
Printed in Germany

*Nehmt mich
bitte mit!*

Erstes Kapitel

Das bin ich, so wie ich in Zürich hänge, im Schlafzimmer meiner Mutter.

Im Übrigen bin ich jetzt in Wien. Ich lehne an einem großen Kachelofen und denke an früher. Vor ein paar Jahren habe ich in derselben Weise gelehnt, nur war ich damals am Kachelofen nicht so zufrieden wie heute. Ich weiß nicht genau, ob es am Kachelofen lag, er war zwar selten warm, nicht einmal im Sommer. Vielleicht ist das Haus über mir zu schwer geworden – ich wohne nämlich fast im Keller – oder es ist etwas über mich gekommen, wie halt manchmal etwas über einen kommt – ein Heimweh oder ein Fernweh oder irgendein

Weh – vielleicht nur die Wehmut? Kann sein, dass es das Fernweh und die Wehmut zusammen waren, die miteinander den Fernwehmut oder ganz einfach den Fernmut ergeben.

Eines Tages aber griff ich zur Schreibmaschine und schrieb an alle Leute, die mit der Ferne und dem Fahren zusammenhängen. In vierzig Briefen fragte ich verlegen an, ob ich auf einem Schiff einen Freiplatz bekommen könnte, das heißt irgendeinen freien Platz, wo doch auf jedem Schiff da und dort etwas freier Platz übrig bleibt – wenn auch nur vor der Küchentür ... Es kamen vierzig freundliche Antworten. Ich las vor allem nur das Nein. Doch was sich einmal in meinen Kopf hineinbegeben hat, das begibt sich selten wieder hinaus, und solange mich nicht jemand hindert, hindert mich nichts.

Ich versuchte es noch einmal, diesmal schrieb ich nicht, sondern ging zu vierzig Leuten. Viele lächelten mitleidig, als ich kam, und sie bedauerten. Einer aber lächelte nicht. Dieser eine war vom «Lloyd Triestino».

Er fragte mich: «Und wenn Sie dann in einem fernen Hafen aussteigen, so einfach mit nichts, was werden Sie dann tun?»

«Das, was ich hier tue. Ich muss auch hier selber für mein Dach sorgen. Wissen Sie, ich kann viel, zwar nichts richtig, aber von allem ein wenig. Ich kann ein wenig sprechen und ein wenig schreiben. Etwas Musik kann ich machen und Kinder hüten, und ich kann malen.» Wegen des Malens besuche ich übrigens in Wien die Akademie, wenn nicht gerade Semesterschluss oder sonst irgendetwas los ist.

Nach unserem Gespräch reiste der Mann nach Triest. Als er zurückkam, überreichte er mir eine Schiffskarte, darauf stand:

Spezialkarte GENUA–BOMBAY

m/s ASIA Touristenklasse, Kabine 196.

Für diese Schiffskarte musste ich etwas bezahlen, aber fast nichts. Aus meinem Kleiderkasten nahm ich eine Jacke und zwei Kleider, eines für den Abend und eines für den Tag, und dann noch ein Paar lange schwarze Hosen für immer. Diese Sachen packte ich in ein Säcklein, das man unter dem Arm tragen kann.

Ein Freund lud mich zum Abschiedsessen ein. An jenem Essen aß auch ein kleiner dunkler Mann aus Indien, Mr Raj hieß er, der sagte zu mir: «Vielleicht kann ich Ihnen in Indien behilflich sein. Indien wird Ihnen sehr gefallen.»

Zuletzt schrieb ich einen Brief an die Mutter in Zürich: ... Weißt Du, ich nehme diesmal die östliche Route von Wien nach Zürich – zur Abwechslung.

Das war alles vor dem Anfang geschehen.

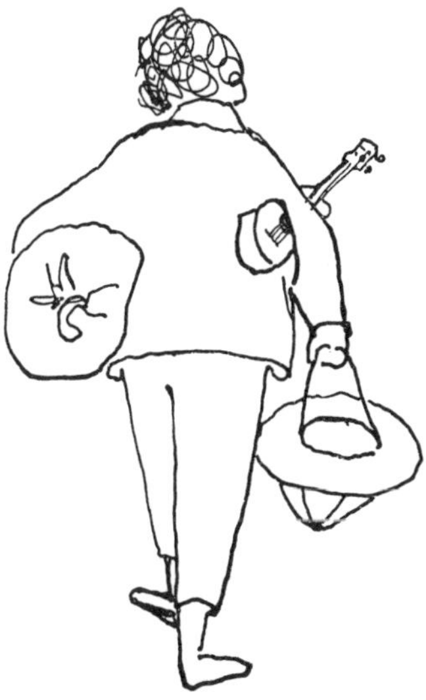

Zweites Kapitel

Am Anfang war die Straßenbahn. Ich stieg ein und sagte «Auf Wiedersehen» zu dem Knaben, der mir mein Säcklein getragen hatte. Man schaute sich noch nach, dann drehte jeder den Kopf, und dann drehte jeder den Kopf noch einmal, um zu sehen, ob der andere auch wieder schaute, und dann fuhr die Straßenbahn um die Ecke.

Der Schaffner fragte: «Wo woens denn hin mitn Tropnhut?» – «Bisserl über die Endstation hinaus.» – «Do tät ich a glei mitfoan.» Es fuhr sonst niemand an die Endstation an einem gewöhnlichen Dienstagmorgen im Juni.

Bei einer Tankstelle wartete ich eine Weile, bis jemand käme, der mich mitnähme. Ich hatte etwas säuerliche Gedanken, während jener Weile. Eigentlich hätte ich die eingebrockte Suppe lieber stehenlassen, aber man muss schon für eine Weile verschwinden, nachdem man abschiedgefeiert worden war.

«Wo woens denn hin, Engerl?», fragte der Tankwart. – «Nach Bombay.» – «Bis Pompe woens foan, jo des is jo ganz in Italien, do woens ganz allän hinfoan. Schad, dass i ned glei an Urlaub hab, do tät ich a glei mitfoan, des wär a Hetz.»

Es kam nun einer, der Benzin tankte, der nahm mich mit bis Graz. In Graz stieg ich um und fuhr noch ein kleines Stück weiter in die Steiermark. Die Steiermark lag zwar nicht ganz an meinem Weg, aber ich hatte dort noch Geschäftliches zu erledigen. Ich hatte den Auftrag, in der Steiermark ein Schlossbadezimmer auszumalen, nicht flach, sondern durchbrochen, das war eben das Peinliche an dem Geschäft. Der Schlossherr wünschte etwas Fröhliches in seinem Badezimmer, das heißt etwas Weibliches. Aber wo es eine Hausfrau gibt, da gibt es eine zweite Ansicht, und die zählt oft mehr. Die Schlossdame war mehr für Pflanzliches. Ich dankte Gott, denn ich bin in der Regel auch mehr für Pflanzliches.

So malte ich dann in das Badezimmer das Meer und was darin wächst und kreucht und fleucht. Man kann sich gar nicht vorstellen, was ich in jenem Badezimmer durchgestanden habe. Der Grundriss war ein Vieleck, aber kein geometrisches. Ungefähr acht Wände und ein asymmetrisches Deckengewölbe waren zu bemalen. Jede Wand stammte aus einem anderen Jahrhundert, deshalb wurde das Grün nicht an jeder Wand gleich. Aber in meiner Kasse ging etwas ein, das gegen Ende des Monats aus meiner Kasse in eine Schiffskasse einzugehen hatte.

Zum Abschied bekam ich zwei nützliche Briefe, von denen einer an den Aga Khan adressiert war. Diesen Brief konnte ich nie verwerten, weil der Aga Khan immer gerade nicht da war, wo ich war. Ich bekam außerdem ein Messer zum Abschied, worauf stand: «Nicht traurig sein.»

Dann kam der erste Tag, an dem ich wieder am Straßenrand stand und auf Beförderung wartete. Der erste Wagen, der mich mitnahm, hatte viel Rost an sich, ich glaube, er war vom Abschleppdienst. Mit dem fuhr ich fünf Kilometer weit, dann bog er von der Hauptstraße ab, und ich ging zu Fuß weiter. Ich trug mein Säcklein, einen Tropenhelm und ein Ukulele. Das Ukulele ist ein Ding, das Töne von sich gibt, wenn man daran zupft. Auf meinem Wege nach Bombay kam ich durch ein österreichisches Dorf. Einmal stellte ich mein Säcklein ab und wartete mitten im Dorf, aber gegenüber im Bürgerhäuschen wurde es hinter den Tüllvorhängen bald lebendig, so ging ich wieder weiter. An einem Waldrand setzte ich das Warten fort. Ein Auto kam und nahm mich mit bis vor das Haus in Kärnten, das ich suchte. So, einfach in Hosen und wie dem Menschen am wohlsten ist, klopfte ich an das Haus in Kärnten. Ich hätte die Tochter des Hauses sehen wollen, die war aber nicht da. Nur ihr Vater war da und sein Bruder, und ein Professor und dann noch einer, und viele, viele Diener. Ich war beinahe schüchtern vor lauter Herren, aber man muss seine Schüchternheit im Zügel halten können, wenn man reisen will. Weil es Abend war, wurde ich eingeladen zu einem Dach über dem Kopf.

Beim Nachtessen war ich dann nicht mehr einfach in Hosen. Ich saß auf einem Stuhl, dessen Lehne weit über mich hinausragte. Hinter mir stand ein Diener in weißen Handschuhen, der mir beim Benehmen zuschaute.

Am nächsten Tag zog ich in aller Frühe weiter, begleitet bis zur Hauptstraße von brauchbaren Wünschen und von allen jenen Herren. Ein kolossaler Benzincamion hielt an. Der Chauffeur erklärte, dass er nur mich mitnehmen könne und nicht alle diese Männer. «Die kommen von selber weiter», antwortete ich und stieg hinauf. Seine Durchlaucht lachte sehr und filmte diesen Aufstieg.

In der Führerkabine klebten an jedem freien Platz fröhliche Bilder, aber keine pflanzlichen. Am Wörther See bat ich den Chauffeur anzuhalten, weil ich schnell Schilfrohr für Zeichenfedern schneiden wollte. Der Chauffeur schenkte mir darauf-

hin einen Bleistift, damit ich Arme nicht selber Bleistifte fabrizieren müsse.

Später fuhr ich in einem Topolino, in dem schon vier Italiener saßen. Das Dach wurde geöffnet, um mehr Platz zu schaffen. Ich konnte kaum atmen vor lauter Platzmangel, dafür musste ich Ukulele zupfen. Jeder sang und stampfte mit auf seine Art. Der am Steuerrad hupte im Takt mit und stampfte auf das Gaspedal, so dass wir ruckweise, aber immerhin im Takt vorwärtskamen. Der neben mir stampfte mir auf die Füße, aber ich merkte es nicht in der Hitze des Gesanges – erst nachher beim Aussteigen. Lustig war es auf jeden Fall. An der großen Kreuzung hatte ich alle Mühe, den vier Buben klarzumachen, dass ich nach Genua und nicht nach Mailand fahren wolle. Zum Abschied bekam ich ein Salamibrot.

In Italien war es ein Leichtes. Einmal hielten zwei Autos auf einmal an. Ich stieg dann dort ein, wo es mir besser gefiel, und nicht dort, wo ich schneller weiterkommen konnte. Ich hatte ja Zeit.

Ich kam an jenem Abend bis Padua, wo ich wieder einmal

ein Haus zu suchen hatte. Das Haus lag weit draußen auf dem Land, und es war leider kein Haus, sondern ein Palast, das hatte ich vorher nicht gewusst.

Im Mondlicht stand ich vor dem Palast, blickte schaudernd durch die Kristalltüre in die Flut von Licht und Schönheit und überlegte, ob ich nicht lieber nebenan in den Agaven verschwinden solle, um dort den Sonnenaufgang unbemerkt zu erwarten. Da aber trat jemand in knallroter Livree und weißen Handschuhen heraus. Der Mensch stand in seiner Uniform da wie eine Kerze im Halter. Jetzt konnte ich nicht mehr anders. Ich übergab meinen Brief. Mir wurde etwas warm beim Erwarten der Dame. Man muss die italienischen Herrschaften kennen, um sich meine Wärme vorzustellen.

Die Dame sah so aus, wie sie es ihrem Namen schuldig ist. Sie hätte eigentlich recht menschlich ausgesehen, wenn ich nicht vor ihr gestanden wäre, mit Sack und Pack und in Hosen – man denke …

«So, und wie sind Sie denn hergekommen?» Ich stotterte irgendetwas, natürlich nicht die Wahrheit, sondern etwas vom Cousin, der weiterfahren musste. Vielleicht wurde ich rot dabei, denn sie fragte nicht weiter.

Ich bin erstaunt, wie einfältig ich an jenem Abend war. In der peinlichen Situation blieb uns beiden, die wir einander gegenüberstanden, nichts anderes übrig, als uns gegenseitig zu dulden. Am gleichen Abend folgte dann noch ein allseitiges Auftauen. Jedenfalls wurde ich zu einem weiteren Überfall auf meinem Rückweg eingeladen. Sie hat nämlich selber Kinder, die zu überfallen pflegen.

Früh am anderen Morgen brachte mich der Hofchauffeur zum Stadt- und Straßenrand. An jenem Tag stieg ich einige

Male um. Einmal fuhr ich mit einem riechenden Fischtransport, mit dem ich gar nicht hatte fahren wollen, der aber, einer Intuition folgend, angehalten hatte. Der Fischtransporteur gab mir zwei rohe Fische mit auf den Weg, mich grauste ein wenig, später habe ich die Fische in einen Bach geworfen, sie schwammen aber nicht weiter, wahrscheinlich waren sie schon tot.

Die Poebene war heiß und staubig und kein Genuss für mich, schon gar nicht, weil ich dort mit jemand fuhr, der mich im Fahren oft in eigenartiger Weise anschaute. Jener Mensch litt an Kleiderüberfluss. Er war Damenkleiderfabrikant. Gerne hätte er mich an seinem Überfluss zehren lassen, das heißt, wenn ich mit ihm nach Mailand gefahren wäre. Aber ich wollte wirklich nicht nach Mailand fahren, schon gar nicht mit dem.

Ich fuhr durch einen Ort, wo es fast kühl war und wo es unpassenderweise hohe schattige Bäume gibt – mitten in der Poebene. Es ist dort überhaupt alles verkehrt, der Ort ist eben ein Kurort. Die reichen Mädchen tragen ausgefranste Hosen mit großen roten Flicken, und die armen Mädchen sind ordentlich angezogen.

Es war schon dunkel, als ich in das letzte Auto stieg. In jenem recht alten Vehikel saßen drei Schullehrer, die sangen ihre überschäumende Lebensfreude in die Welt, auf dass alle Mitbenützer der Straße mitgenießen sollten. Sie waren alle in Hemdsärmeln und Hosenträgern. Den Kragen hatten sie der Hitze wegen abgenommen und die Hemdknöpfe geöffnet, damit die Stimme herauskommen kann. Dem am stärksten Bestimmten diente ein langer Bart als Resonanz. Ich musste natürlich auch mitsingen und spielen, von meinem Instru-

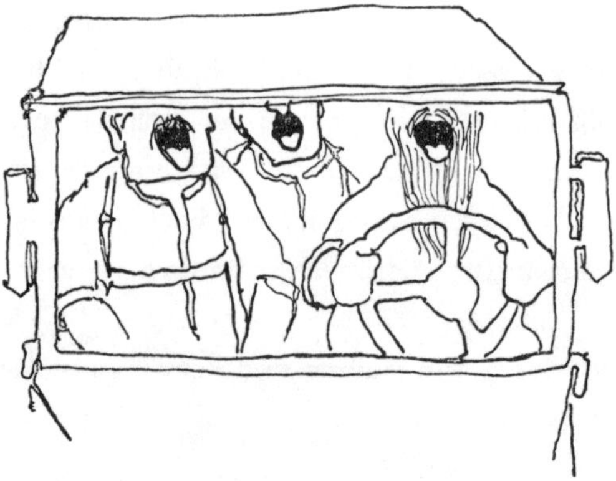

ment hörte man allerdings nichts, trotzdem sprang eine Saite. Von diesen drei Schulmeistern wurde ich in väterlicher Weise auf einen Abweg, ich will sagen ab vom Weg geführt zu einem Kollegen, wo ich übernachten sollte. Der Professor, bei dem ich für eine Nacht wohnte, unterrichtet Deutsch. Ich musste also Deutsch mit ihm sprechen. Sein Thema war Goethe. So gut es ging, schwärmte ich bis Mitternacht mit. Die Frau Professor verstand uns nicht, aber sie hörte uns aufmerksam zu und strahlte immer, wenn ihr Mann die schwierigen fremden Laute von sich gab. Die Frau Professor gab mir einen Apfel und einen Panettone mit auf mein letztes Stück Europa. – Der Letzte, der mich mitnahm, war ein Flugzeugfabrikant. Das Blickfeld jenes Mannes ging nicht über die Flugzeuge und was damit zusammenhängt, hinaus. «Lassen Sie Ihr Schiff ruhig fahren», sagte er, «in zwei Wochen werden wir zwei zusammen fliegen. Wir werden noch vor dem Schiff in Bombay sein, ganz bestimmt – ich schwöre es.» Aus seinem Plan wurde nichts. Ich wohnte in Genua im Kloster.

Ich habe Genua besonders gern, weil es so viele Katzen in sich birgt. Den ganzen Tag ging ich in Genua den Katzen nach, ins Hafenviertel. Es ist ein imposantes Viertel, das Hafenviertel, und ein ungezwungenes. Der Fremde findet im Hafenviertel leicht Anschluss, wenn er sich einsam fühlt. Ich fand keinen Anschluss, vielleicht weil ich nicht fremd genug ausgesehen habe.

Ich habe in Genua sozusagen nur das Hafenviertel gesehen. Mit diesem nachhaltigen Eindruck verließ ich Europa.

Drittes Kapitel

So wie man immer auf große Dinge lange wartet, so wartete ich am ersten August lange auf die Besteigung der ASIA. Außer mir warteten in derselben Weise noch etwa fünfhundert andere Leute.

Man war von überall her. Vor mir stand ein Pater, der einen braunen Tropenhelm trug. Hinter mir standen zwei Chinesinnen, deren lange enge Röcke auf der Seite eingeschnitten waren um des Schreitens willen. Neben mir stand Fridolin, der

fand, die Einschnitte gingen zu weit. Fridolin war von weit her gekommen um des Winkens willen.

Es gab drei Klassen von Passagieren. Die ersten zwei Klassen waren sichtbar, der Rest – der eigentlich die große Masse ausmachte – war unsichtbar; wahrscheinlich wurde die Masse direkt in den Schiffsbauch befördert. Ich dachte so für mich, nach dem bezahlten Fahrgeld müsste ich eigentlich an der Schiffsschraube hängen. Ein Zöllner fragte mich nach meinem Gepäck. «Da, dieser Sack.» – «Nein, ich meine Ihr ganzes Gepäck.» – «Das ist mein ganzes Gepäck.» – «Ach so, Sie fahren nach Neapel?» – «Nein, nach Bombay.» – «Per l'amor di Dio», und er lachte, lachte, dass der Schiffsbahnhof dröhnte, und er lief im Kreise herum, bis alle die Geschichte von meinem Säcklein wussten, das allein mit mir nach Indien fuhr. Es lachte nun der ganze Zoll. Von da an genoss ich beschleunigte Bedienung.

Der nach mir kam, war etwas mehr belastet mit seinen dreihundertachtundsiebzig Gepäckstücken. Er hatte es aber trotzdem einfacher als alle anderen, denn er mühte sich nicht selber um sein Gut. Für die Mühe hatte er einen Hofmarschall. Er war nämlich kein gewöhnlicher Mensch, sondern ein märchenhafter, einer aus Tausendundeiner Nacht. Sein Hofmarschall war fast noch märchenhafter als er selber, der war so schön, dass ich beinahe vergessen hätte, manchmal auch nach links zu schauen, wo der Fridolin stand.

Das Schiff war ganz weiß und ganz neu. Im Innern roch es nach frischem Gummi. Mein Bett stand in einer Dreierkabine der Touristenklasse, lieblich umrahmt von geblümten Bettvorhängen. Alles gefiel mir, außer dem Wandgemälde im Treppenaufgang – da hätte etwas Pflanzliches hingehört.

Fridolin wurde jetzt an Land geschickt, und die Brücke wurde aufgezogen. Weiter geschah dann lange nichts.

Um zwei Uhr nachmittags bewegte sich das Schiff. Neben mir standen die beiden Märchenhaften. Sie hatten selber nichts zu winken; ich fühlte, dass sie mir beim Winken zuschauten. Neben mir stand noch ein anderer Mann, der war etwa halb so groß wie ich und angegraut. Sein Mitteilungsbedürfnis trieb ihn dazu, mich anzusprechen. Er sprach Französisch wie ein Wasserfall. Ich vernahm, dass er mit einer vierzigköpfigen Pariser Reisegesellschaft nach Indien fahre. Er reise in der ersten Klasse, sagte er, und er werde mich gerne manchmal hinauf einladen. «Ich habe schon mit dem Kapitän gesprochen ... Wissen Sie, die erste Klasse ist sehr vornehm, unsere Damen tragen wertvollen Schmuck – besitzen Sie Garderobe?» Vor dem Betreten der Halle riet er mir, den Tropenhelm wegzulegen. «Geben Sie sich nur ungeniert, Sie sind ja in meiner Gesellschaft.» Drinnen fuhr er mit großen Augen fort: «Wissen Sie, dass wir im Roten Meer die Hölle erleben werden, und wissen Sie, dass man da auch bei Nacht auf Deck den Tropenhelm tragen muss? Der Mond über dem Roten Meer ist gefährlich.» – «Ja, ich weiß, Monsieur, der Mond ist gefährlich, oft nützt aber die Kopfbedeckung nichts gegen den Mond.» – «Oh, Mademoiselle, ich habe mir einen Tropenhelm mit Doppelstrahlenfilter machen lassen. Haben Sie nicht von dem Fall gehört; es soll ein Mann nachts auf Deck tot umgefallen sein – ja, im Roten Meer, niemand wusste, weshalb, aber

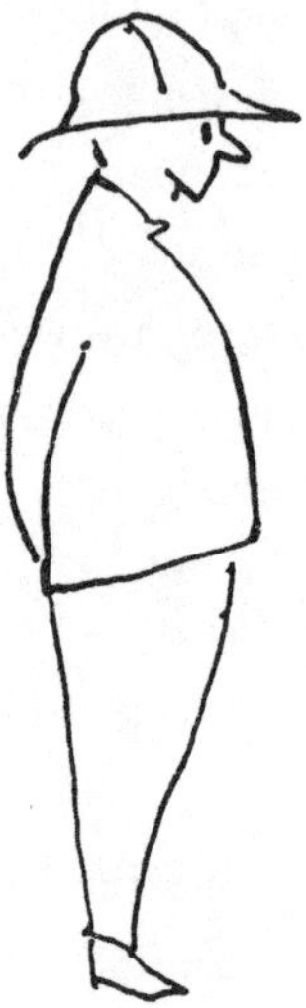

ich weiß es – die Strahlen … und wissen Sie …» Sein Wissen ging weiter, stundenlang. «In Indien werden Ihnen alle Knöpfe rosten – und erst die Zähne – ich habe nur Goldfüllungen in den Zähnen … Sie müssen turnen, wenn Sie seekrank werden – die Frauen werden immer seekrank –, zweimal im Laufschritt um das Deck, sich immer vorstellen, das Schiff schwankt nicht – nein, das Schiff schwankt nicht –, sechsmal am Boden rollen – und immer essen, essen.»

Essen konnte man alles, was es gibt, und so viel man wollte. Ich bestellte die ganze Speisekarte. In den nächsten Tagen war mir dann nicht mehr so ums Essen, die Speisekarte war zu viel gewesen, nicht etwa das Meer.

Nach einem Tag auf See waren wir schon wieder in Europa: Neapel. Wegen Kartoffeln wurde der Hafen angelaufen, man denke, nur wegen Kartoffeln, wenn man wenigstens Wein oder Ölgemälde geladen hätte, nein, man lud nur Kartoffeln für Ceylon, die ganze Nacht lang, und zuletzt noch ein Fahrrad für Port Said.

Am Nachmittag ging ich ein wenig an Land. Nur mit Mühe kam ich aus dem Hafen. Zehn Taxichauffeure hatten ein Geschäft gerochen und liefen mir unter vielem gegenseitigen Stoßen und Schreien nach. «Signorina, eine Stadtrundfahrt im Luxusauto – viertausend Lire – dreitausend Lire …» Ich kehrte meine Hosentasche um, es fiel nichts heraus – da war es nur noch einer, der rief: «Bella Signorina, ich fahre Sie umsonst.» – «Ich auch – ich bin selber Student – Signorina …» Da waren es wieder fünf, die mich fahren wollten, alle umsonst, aber die wollten ins Grüne fahren, mir war aber nicht ums Grüne, das Grüne ist überall grün. Einen Mann, der neben einem Fahrrad saß, fragte ich, ob er mir sein Fahrrad borgen

würde. Er war zuerst ein wenig erstaunt, aber er borgte es mir. So fuhr ich lange Zeit per Rad durch die Stadt. Ich fuhr so weit, bis ich den Vulcano sah, und dann wieder zufrieden zurück. Einem herzigen Bettelkind, das mich am Arm zog, gab ich eine Münze, nachher fehlte mir ein Armreif.

Die ASIA lag jetzt tiefer im Wasser, die Kartoffeln zogen nach unten. Man fuhr weiter, vorbei an Sizilien und an vielen felsigen Inseln. Eine Frau rief: «Dort steht der Giuliano» – aber es war nur ein Leuchtturm. Dann entschwand Europa meinem Blickfeld bis auf weiteres. Das Leben an Bord war sorglos. Man wurde sozusagen gelebt. Es gab ein Schwimmbassin und einen Spielplatz, das alles natürlich nicht für die große Masse.

Wir näherten uns der afrikanischen Küste. Der Wüstenwind blies Wolken auf manche Stirn. Auch der kleine Mann hatte Wolken auf der Stirn, er fuhr der Gefahr entgegen, die hinter jedem Sandkorn lauert. Er wird nicht lächeln in Ägypten, damit die Räuber sein Gold im Mund nicht sehen. Im Übrigen hatte er seinen Doppelstrahlenfilter im Tropenhelm, und er war der Schützling des Reiseleiters. Der kleine Mann führte den Reiseleiter zu mir, und ich wurde aufgenommen in den französischen Kreis, damit ich alle Vorteile der Masse, so auch die gemeinsame Landung in Afrika, mitgenießen könne.

Es roch nach Land. Der Himmel färbte sich gelb und auch das Wasser. Auf einmal verlief zwischen Himmel und Wasser

ein schwarzer Strich – eine Stadt tauchte daraus hervor, Port Said. Die ersten Menschen, die man sah, waren Krämer. Sie ruderten in Schwärmen auf unser Schiff los. Von unten herauf boten sie echte afrikanische Ledertaschen mit Reißverschlüssen feil. Die nächsten Lebewesen waren große Vögel, die auf der Hafenmauer hockten. Als das Schiff sich näherte, merkte ich, dass die Vögel Leute waren. Wie komisch sie saßen, nicht auf dem gleichen Teil wie wir, sie saßen auf einem viel tieferen Teil, auf den Fersen nämlich, ihre Fersen standen hinten heraus wie Krähenfüße.

An Land wurden wir gezählt, in Autos verteilt und nach Kairo gefahren. Auf der Straße gingen viele Leute und Esel. Die Männer trugen lange Nachthemden, und eine Art Handtuchstoff auf dem Kopf, gewunden in kunstvollen Verschlingungen. Es gingen auch schwarze wallende Tücher mit Tontöpfen obendrauf, das mussten Frauen sein. Die Farben sah ich nicht so leuchten, wie man in Büchern liest, alles Farbige war vermischt mit der gelbgrauen Farbe der Straße. Das Land war flach und die Kamele hügelig. Am Anfang tauchten aus der Fläche aus flachen Booten gebogene Maste, später gab es nur noch Sand, in dem wie Spieße ein paar Gräser steckten. Die afrikanische Trommelmusik aus dem Autoradio ergänzte diese Einförmigkeit.

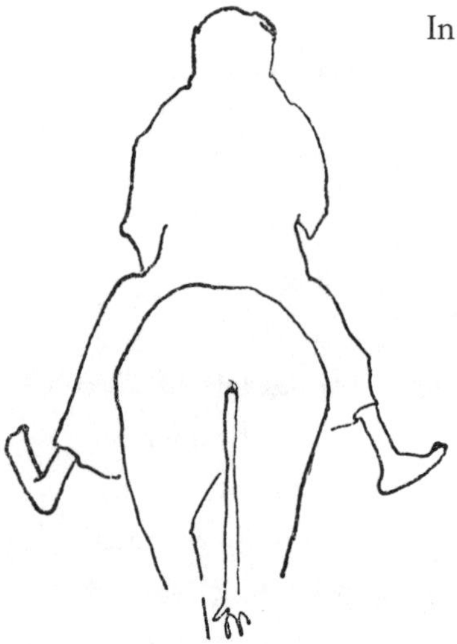

In Kairo war Nacht, als wir ankamen. Auf dem Hauptplatz mussten wir lange warten, weil der Reiseleiter am Organisieren war. In den Autos wurden nun die Plätze gewechselt. Zwei Damen saßen jetzt hinter mir, die mir um eine Generation voraus waren. Für eine Nacht wurde man untergebracht in der Universitätsstadt. Am anderen Morgen trugen die beiden Damen Zöpflein und wirkten jugendlich. Beide wollten im Auto stets vorne sitzen wegen der Sicht. Mir war es recht so. Sie waren im Übrigen nicht besonders freundlich zu mir.

Wir sahen die Pyramiden und die Sphinx, die lächelte, als wir kamen, wegen der Zöpflein vielleicht …

Jeder, der in Ägypten geführt wurde, der kennt die Madame Mameluk. Sie führte uns bei der Hitze ins Museum. Vor dem Museum marschierte die ägyptische Armee im Takt zur Dudelsackmusik vorbei. Ein Monsieur Lambert fotografierte diesen Marsch. Die ägyptische Militärpolizei hatte diese verdächtige Handlung bemerkt und nahm Monsieur Lambert das Werkzeug aus der Hand.

Am gleichen Tag wurden wir noch auf eine Festung und in eine Moschee geführt. Ich habe so viel gesehen, dass ich gar nicht mehr weiß, wie alles ausgesehen hat, doch man konnte glücklicherweise von allem Ansichtskarten kaufen.

Unzählige Male mussten wir vor heiligen Hallen die Schuhe

ausziehen. Ich litt Unsägliches unter meinem Tropenhelm, und ich benahm mich wie der Dorn im Auge der Madame Mameluk. Ich ging stets einzeln, entweder zu weit hinten oder zu weit vorn. Ich saß immer im unrichtigen Moment am unrichtigen Ort. Im Museum saß ich auf einem Grabstuhl, dessen Fugen Madame Mameluk krachen hörte. Vor den Pyramiden saß ich auf einem Esel, der mit mir durchbrannte. Eine wilde Jagd brach aus, zwischen mir und dem Esel und drei Beduinen, die in wehenden Nachthemden hinter uns herrannten. Madame Mameluk schnaubte dazu.

Der Weg von Port Said nach Suez war ein Leidensweg. Gegen das Ende des Ausflugs, als wir durch die Wüste fuhren, fingen auch die beiden Damen an zu leiden. Sie wurden stiller, aber böser. Die Zöpflein hingen an den Ohren welk herunter. Die Wüste langweilte sie, denn sie konnten nur die blaue Straße, den gelben Sand sehen, und den Himmel, der sie am wenigsten interessierte. In Suez bestiegen wir das Schiff, das ohne uns durch den Kanal gefahren war.

Stille herrschte auf der ASIA. Jeder erholte sich unter der Dusche von der durchgestandenen Besichtigung Ägyptens. Wir fuhren durch das Rote Meer, und man mied das heiße Freie. Durch die hermetisch geschlossenen Fenster sah man Delphine von Welle zu Welle springen.

Einmal spielte ich auf der Treppe mit einem weißen Hund, da kam einer daher, sprach mit dem Hund und dann mit mir. Er war ganz dunkel im Gesicht und hatte schneeweiße Zähne, Letzteres war ihm sehr bewusst, denn er lächelte immer und oft ohne Grund. Er trug einen weißen Turban und einen schwarzen Bart. Er lud mich ein zum Ball in der ersten Klasse am Abend. Ich hatte eigentlich nichts dagegen.

Bei Tisch fragte ich meine englische Nachbarin, was die Männer mit Bart und Turban für Leute sind. «Das sind die Sikhs», erklärte Mrs Taylor, «sie stammen aus Nordindien. Die Sikhs tragen lange Haare unter dem Turban, sie dürfen sich kein einziges Haar schneiden. Sie haben uns während des Krieges wertvolle Dienste in der Armee geleistet. Die Sikhs sind ein Kriegervolk ...»

Das Fest war gemischt in jeder Beziehung. Die weißen Frauen trugen bis weit unter den Hals nichts, die dunklen Frauen trugen in der Magengegend nichts, aber am Hals gewichtige Steine. Man war bei guter Laune, sprach Lustiges, aber wenig Geistiges. Leutnant Singh, so hieß er, sagte, dass er leider schon in Aden das Schiff verlassen und weiterfliegen müsse. Im Lauf des Abends sah ich, wie der Leutnant jemand zunickte. Darauf sagte er zu mir, Hoheit möchte mich kennenlernen. Hoheit war jener Mann mit den dreihundertachtundsiebzig Koffern und dem schönen Hofmarschall. Er saß

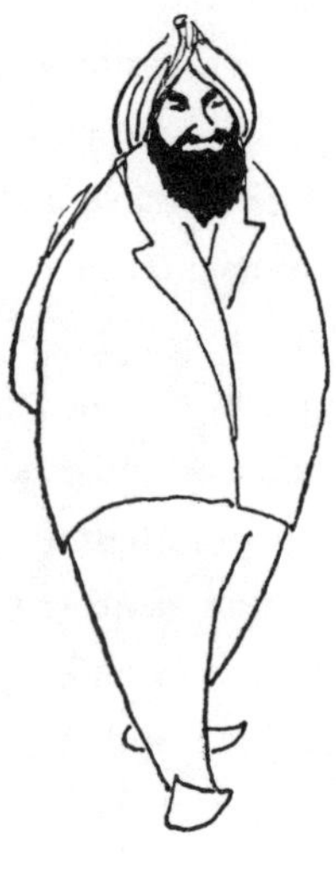

zusammen mit Familie, hoffähigem Personal und dem Kapitän. Hoheit trug einen rosaroten Turban und einen dynastischen Schnurrbart. Wenn er früher auf die Welt gekommen wäre, dann hätte ihn sein Volk wohl gefürchtet, heute braucht es aber mehr zur Volksfurcht. Hoheit bleibt somit nur noch die Harmlosigkeit übrig. Hoheit tanzte mit mir. Ich fühlte viele Blicke mir folgen. Hoheit war sehr interessiert an meiner Person. Er wollte wissen, wer jener junge Mann gewesen sei, damals im Hafen von Genua, ferner wie mir jener indische Offizier gefalle. «Ich werde ein Fest geben – aber erst nach Aden.» Er machte listige Äuglein dazu. «Sie werden dann kommen, nicht wahr?»

Eines Morgens blies ein frischer Wind. Felsblöcke ragten aus dem Meer, und aus den Felsblöcken ragten silberne Erdöltöpfe. Ein Rudel schwarzer Buben schwamm um das Schiff herum und tauchte nach Geldstücken, die man hinunterwarf. Einer von den Tauchern hatte schwarze Haut und blondes Wollhaar.

Die Franzosen waren von mir und ich vom Herdentrieb geheilt, deshalb ging ich auf eigene Gefahr an Land. Der Hafen von Aden ist ein Freiplatz. Ich glaube, es darf so ziemlich jeder sich dort aufhalten.

Neben mir blieb etwas langes Schwarzes stehen, das ein weißes Kraftleibchen und ein knielanges Röckchen trug, ein Somali-Neger. Beängstigend ruhig schaute er mich an. Ein blinder Bettler ging mit ausgestreckter Hand an mir vorbei und sang arabische Lieder in den Himmel. Man trug hier wieder Nachthemden. Manche trugen über dem Nachthemd noch ein Taghemd, oder was nach langem Gebrauch davon übrig geblieben ist. Auf den verschiedenartigen Köpfen saßen oft bunte baumwollene Töpfe. In der dunklen Umgebung wirkte ein weißer Mann, der vor einem Krämerladen stand, wie ein Engel. Er sah zwar nicht gerade engelhaft aus, denn mitten in seinem Gesicht stand ein ungeheuerlicher roter Gegenstand, das war die Nase. Der Engel lächelte mir zu, und die Engelsnase wurde noch einmal so breit. Ich fragte ihn, wie ich zu einem Fahrrad kommen könnte. «Aber mein liebes Mädchen, Sie wollen doch nicht etwa Rad fahren, hier fährt kein Mädchen Rad. Wissen Sie nicht, dass Sie in einem gefährlichen Land sind?» – «Oh, mir wird nichts passieren – ganz sicher nicht, ich weiß es.» – «Wir werden sehen, Mustaf – wo ist der Kerl –, Mustaf, hole ein Fahrrad!»

Bis in die Stadt hinein kam ich nicht zu Rad, denn diese liegt hinter dem Berg. Ich fuhr im Hafenbezirk herum und in arabischen Gässchen zwischen niederen Würfelhäusern. Ich fuhr so weit, bis ich keine Gässchen mehr sah, sondern einfach da einen Würfel und dort einen Würfel, wie wenn es einmal Würfel geschneit hätte. Es dunkelte. Aus den Würfeln wurden Gestelle getragen, die vor dem Loch im Würfel aufgestellt wurden, und auf die und unter die man sich legte, ich sah es in der Silhouette, denn aus dem Loch drang Feuerschein. Einmal stieg ich vom Rad, weil ich auf weichen Grund geraten war, da fing es an, dunkel um mich zu wimmeln. Ich stieg schnell wieder auf mein Rad und fuhr zurück. – In Aden kann man alles kaufen, was es auf der Welt gibt. Schon damals hatte mir der kleine Mann aus Paris geraten, meine Aussteuer in Aden zu kaufen, da dort alles billiger sei, aber es fehlten mir die Mittel zum Zweck.

Immerhin betrat ich ein Kunstgeschäft. Der Bilderkrämer setzte mir ganze Bilderberge vor. Schreckliche Bilder gab es da, aus aller Welt. Das schönste und billigste Bild war eine chinesische Pinselzeichnung. Ich kaufte sie für drei Schillinge. «Weil Madame Kunst versteht, will ich etwas ganz Wertvolles zeigen», flüsterte der Krämer mit geheimnisvoll leuchtenden Augen. Ich ging ihm nach um viele Ecken – eine steile Treppe hinauf, bis er vor einem monströsen Gemälde stehen blieb. Eine blonde Venus war da gemalt, die war so groß und so schrecklich, dass mich schauderte. Sie hatte Beine wie dorische Säulen, auf denen sie stand, als ob sie umfallen möchte. «Wundervoll, nicht? Italienischer Meistermaler – wird auf zehntausend Dollar geschätzt.» – «Die Schätzung ist etwas hoch», sagte ich. – «Madame trinken Kaffee?» – «Nein, danke – das Bild ist mir ohnehin zu groß.» Das war nicht höflich von mir, für arabische Begriffe, ich erkannte es an seinem veränderten Gesicht. Man darf sich das Merken der Absicht nicht anmerken lassen.

Ich fuhr dann wieder zurück zu Emanuel, dem griechischen Engel. «Darf ich Sie mit meinem Auto nach Aden führen?», fragte mich Emanuel. – «Ja, wenn ich selber lenken darf.» Emanuel machte kein kluges Gesicht, er hatte noch nie eine Frauensperson ein Auto lenken gesehen. Aber er musste schließlich doch begreifen, weil ihm an der Fahrt gelegen war.

Ängstlich saß er neben mir. Die Straße führte über einen kahlen felsigen Berg. Im Gelände sah ich Wellblech und Lumpenwände im Scheinwerferlicht, dahinter sollen angeblich Menschen wohnen. Emanuel wollte anhalten, ich aber nicht. «Wir haben Zeit genug», sagte Emanuel. «Sie müssen gar nicht mehr auf das Schiff zurückkehren, Sie sind bei mir in guten Händen, Sie wissen, ich bin unverheiratet. Ich habe ein gutes Geschäft, wir können also schon morgen heiraten, wenn Sie wollen, ich meine es ernst …» Leider sind es immer die Verkehrten, die mich heiraten wollen. Der Emanuel wäre auch nicht ganz der Richtige gewesen, aber was sagt man in so einem Fall? … «Wissen Sie, Emanuel, so schnell kann ich nichts sagen – und ich muss zuerst zu Hause fragen – es würde alles sehr lange dauern.» – «Ach, ich werde warten, Ihr Vater wird mich nicht verschmähen, ich bin ein Ehrenmann. Schreiben Sie mir immer, und telegraphieren Sie, wenn alles so weit ist, ich werde immer bereit sein.»

Unterdessen hatte ich dem Hafen zugesteuert. Emanuel drückte mir ein Paket in die Hand und sagte mit bebender Stimme Lebewohl. Wenn nicht der Donald meinen Weg gekreuzt hätte, dann hätte ich vielleicht noch lange dem griechischen Engel Emanuel nachgesonnen. Donald war ein englischer Offizier, der nach einem Besuch gerade im Begriff war, das Schiff zu verlassen, als ich einstieg. Er verließ das Schiff dann doch nicht gleich. Ganz jung und ganz blond war Donald, und sehr geschickt, denn er erreichte es irgendwie und auf untadelige Weise, dass er mir vorgestellt wurde. In jenem Moment hauchte das Schiffshorn zum Aufbruch, es reichte gerade noch zum Austausch der Adressen – dann huschte Donald weg, und die Brücke wurde aufgezogen. Im Hafen leuchtete noch lange ein blonder Kopf, und ich winkte.

An Bord war ein Maskenfest im Anzug. Die Maharani, die Frau von Hoheit, wickelte mich in ein indisches Gewand, ein wunderschönes Stück von goldbestickter Seide. Mit einem roten Punkt auf der Stirn trat ich auf.

An jenem Abend war Hoheit leider sehr verstimmt. Der junge indische Offizier war nämlich immer noch an Bord, obwohl ihm Hoheit nahegelegt hatte, um jeden Preis zu versuchen, rechtzeitig in Bombay einzutreffen – was nur möglich sei, wenn er das Schiff in Aden verlassen und weiterfliegen würde. Die Armeeleitung würde ihn degradieren, wenn er zu spät ankäme. Hoheit fragte mich beim Tanzen, ob ich so male, dass man Nase und Mund auf dem Bild erkennen könne, oder ob ich an Stelle der Augen zwei Nasen male. Er lachte sehr über seinen gelungenen Spaß, Hoheit ist nämlich Witzbold, er lacht stets als Erster über seine Witze. «Ich male so viele Nasen, als der Mensch hat», antwortete ich. Hoheit lachte wieder, aber nicht mehr so sehr. Er lud mich ein in seinen Palast, ich sollte ihn dort porträtieren. «Haben Hoheit die Geduld, lange still zu sitzen?» Hoheit machte ein merkwürdiges Gesicht und hatte plötzlich eine ganz andere Stimme. «Sie meinen, wenn wir uns langweilen würden – ach, es gibt so viele Möglichkeiten zur Vertreibung der Langeweile, das wissen Sie wohl selber, nicht wahr?» – «Gegen angeborene Langeweile gibt es kein Mittel.» – «Ich habe noch kein langweiliges Mädchen getroffen.» Wir lächelten beide vielsagend, aber doch nicht in gleicher Weise. «Dann bin ich das Erste», sagte ich. «Sie werden nicht weit kommen …» Hoheit wurde plötzlich stiller, dann sah sich Hoheit weiter um.

Ein aufmerksamer Hofmarschall sorgt für das geistige und leibliche Wohl seines Gebieters. Er hat immer ein Auge auf seinen Herrn, und er weiß stets, wovon Hoheit bewegt ist. Der Hofmarschall ist opferbereit und denkt erst an sich, wenn Hoheit nichts abgeht. Der Hofmarschall stellte Hoheit die Dame vor, mit der er gerade getanzt hatte.

Nach dem Maskenfest, als ich der Maharani die fünf Meter kostbaren Gewandes zurückbringen wollte, lächelte sie und sagte: «Ich habe es Ihnen geschenkt» – und schnell sprach sie von etwas anderem, damit ich nicht zum Danke kam. Die Maharani trug immer einen Diamanten im linken Nasenflügel. Sie war schön, nicht mehr ganz jung, aber immer noch schön, in ihren Augen lag die ganze Güte der Welt. «Die arme Frau, mit so einem Mann», hat einmal jemand zu mir gesagt, als wir von der Maharani sprachen, aber ich fand es gar nicht, man muss gesehen haben, wie behutsam er seine Frau führt und wie er mit ihr spricht. Natürlich hat es ihm zuweilen der Whisky oder sonst was angetan, aber so ganz ohne Laster kann der Mensch schließlich auch nicht leben, wenn er schon die Mittel dazu hat, zudem kann man sich im Orient den Einflüssen des Okzidents nicht verschließen.

Es gab an Bord einen Mann aus Wien mit einem schönen braunen Gesicht, das aussah wie eine Felswand. Jener Mann stand oft draußen und blickte übers Meer. Ich beneidete ihn, denn er brauchte keine gesellschaftliche Anregung zu seiner Zufriedenheit. Er war auf dem Weg zum Dach der Welt. (Letzte Woche habe ich ihn übrigens wiedergesehen, in Zürich an der Bahnhofstraße, auf seiner Rückreise vom Dach. Zweieinhalb Finger fehlen ihm jetzt, dafür hat er eine Erstbesteigung hinter sich. «Macht nix», hat er gesagt, als ich die schwarzen Finger anschaute, «i brauch die beiden Finger eh ned.»)

Bei meinem Bordspaziergang begegnete ich oft dem Herrn Frei aus Basel, der immer den Kopf schüttelte, wenn er mich sah. Ich fand diese altkluge Kopfbewegung recht überflüssig, und ich ärgerte mich jedes Mal. Ich wusste ja, dass es Bölimänner gibt, das brauchte mir der Herr Frei gar nicht erst beizubringen – aber er war halt eben ein Schweizer. «Sie mache sech e ganz falschi Vorstellig vo däm Land – gehn Sie mr denn numme nid däne baar Diamanten uf dr Liim.» – «Oh nai, Heer Frei, Päärle schteen mr jo viil bessr.» – «Sie wäärte n ehri Wundr no erlääbe.»

Manchmal begegnete ich auch Shalu, die auf Deck immer mit ihren vom Winde verwehten Gewändern beschäftigt war. Shalu war unbeschreiblich schön, vielleicht das Schönste, was es geben kann. Ihre Augen wären auch ohne indische Umrandung groß genug gewesen. Sie trug jeden Tag ein neues Vermögen an Schmuck, ganze Geflechte aus Edelsteinen am Halse. Jedes Mal, wenn ich Shalu begegnete, war sie so schön wie noch nie. Sie reiste gerade ihre Hochzeitsreise. «Wenn du nach Delhi kommst, dann musst du mich besuchen», sagte sie zu mir. Einmal sah ich Shalu beim Schwimmbassin sitzen und sich die Haare kämmen, die ihr bis ans Knie reichten. Damals war der Hofmarschall gerade am Schwimmen. Er sah merkwürdig aus ohne Turban. Auf dem Kopf hatte er ein Kügelchen von aufgebundenen Haaren. Ein paar Haarsträhnen reichten leider nicht bis hinauf, die hingen traurig herunter wie Wasserschlingpflanzen in der Luft. Im Ganzen hatte man das Gefühl, es gebe nur Franzosen auf dem Schiff, obwohl unter den fünfhundert Passagieren nur vierzig Franzosen waren. Als aber der Himmel anfing, sich bleigrau zu färben, und unsere Welt manchmal eine schiefe Ebene darstellte, da entleerten sich die Säle und Hallen, und nur noch der Monsun trieb Unfug. Doch trotz Sturm und Schwanken spazierte der kleine weise Mann aus Paris täglich fröhlich auf dem Deck hin und her. Er strahlte, denn es war alles so gekommen, wie er schon lange gewusst hatte – «les dames se reposent». Nur er und alle, die ihm geglaubt und nachgelebt hatten, die waren jetzt noch munter.

Als das Schiff ruhig in den Hafen von Karachi einlief, da wurde allgemein wieder aufgelebt. Auch die beiden Damen kamen wieder zum Vorschein. Heute trugen sie die Zöpflein rund um den Kopf – wie das Gretchen, nur ohne Spinnrad.

Im Hafen standen so etwas wie Pferde. Ich wäre gerne geritten, doch da in der Regel immer der Schwerere den Leichteren trägt, konnte ich nicht wagen, mich auf eines dieser Pferdegerippe zu setzen. Außerdem kannte ich ihre Erziehung nicht. – Es kam dann wieder so, dass ich zu Rad in die Stadt hineinfuhr.

Gewisse Stadtteile waren unbefahrbar, da gerade eine Demonstration wegen Kaschmir im Gange war. Es roch und war klebrig heiß. Ich fühlte mich düster und orientalisch angeschaut. Neben mir fuhren vier auf zwei rostigen Rädern. Nach einer halben Stunde fuhren die vier immer noch neben mir, überdies hinter mir weitere drei.

Ich war nur halb glücklich in Karachi. Am Ende hat der Herr Frei recht. Ich sehnte mich nach allem, was es hier nicht gab, und es gab so vieles nicht, was es bei uns gibt. Es gab keine Schaufenster und keine richtige Teestube, es gab nur Kaffeehäuser für die Herren, es war überhaupt alles nur für die Herren gedacht. Damen sah man nicht. Sonst gab es Leute genug, wo man hinschaute, nur Leute, man sah vor lauter Leuten die Stadt nicht. Manche lagen einfach am Boden, andere hockten am Straßenrand, dabei war die Straße nicht etwa sauber. Ich wagte nicht von meinem Rad zu steigen, deshalb fuhr ich immerzu, durch die Stadt und wieder hinaus, bis ich zu einem Sandstrand kam. Zwischen einigen Grasbüscheln lagen da Lumpen und Bretter herum, es sah so aus, wie wenn der Monsun eine Überschwemmung angerichtet hätte. Weiter hinten auf der Sanddüne rauchte es. Um den Rauch kauerte Menschliches in Lumpen gehüllt. Ein paar braune Kinder mit schmutzig grauen Haarsträhnen über dem Gesicht sprangen fröhlich herum, als sie mich erblickten, hinter mir her, sie wussten gar nicht, wie arm sie waren. Hinter diesen Kindern und hinter den Sanddünen beleuchteten weiße palastartige Mietskasernen die Gegend, als einzigen Lichtblick. Draußen auf dem Meer ragte der Bug eines versunkenen Schiffes senkrecht in den dunkelgrauen Himmel.

Am Abend fuhr die ASIA weiter. Während der Fahrt wurde der Uhrzeiger jeden zweiten Tag um eine Stunde vorgerückt. Ich ertrug diesen Betrug einfach nicht, und ich lebte die alte Zeit weiter, so kam es, dass ich in den letzten Tagen von morgens vier bis mittags zwei Uhr schlief. Es mangelte mir dabei an nichts, denn ich stand mit dem Chef de Service auf gutem Fuß.

Des Nachts hing ich dann einsam an irgendeinem Geländer, schaute übers dunkelblaue Meer und hinauf zum verschleierten Mond. Ich dachte über alles, was war und sein wird, an die Vergänglichkeit und die Vergangenheit, und eben an meine Zukunft, von deren Schwüle ich bereits eine Ahnung hatte.

Viertes Kapitel

Ich war eben zollamtlich abgefertigt worden und durfte mich in diesem Lande frei bewegen, aber wohin ich mich bewegen sollte, das wusste ich eigentlich nicht. Ebenso beklommen wie ich selbst, stand mein Säcklein neben mir im Hafen von Bombay. Mir war so heiß wie noch nie, dabei schien nicht einmal die Sonne, obwohl ich meinen Tropenhelm auf dem Kopf sitzen hatte. Der Himmel sah so aus wie bei uns, wenn es Wolken bricht, dabei regnete es gar nicht, mir war aber trotzdem feucht. Nicht nur mir war feucht, sondern allem – alles war klebrig und es roch. Ein dunkler magerer Mensch zerrte an meinem Säcklein und sagte so etwas wie «Memsab» ... und noch etwas. Ich schaute ihn gar nicht klug an, so dass er sich entfernte. – Also ich war im Wunderland Indien. Ich war eigentlich enttäuscht. Wo so viel Menschliches krabbelt, ist doch kein Wunderland.

Aber in diesem Land geschehen wunderliche Dinge. Ein Mann kam auf mich zu und fragte in seltsamem Englisch: «Ich bitte um Verzeihung – sind Sie Miss von Arx?» – «Ja – ja, die – bin ich.» – «Ich bin Mr Mitra, ich habe einen Brief für Sie.»

Ich las: «Katharina, ich sende Ihnen meinen Freund Mitra, der Sie ins christliche Mädchenheim führen wird. Sie können dort einige Tage wohnen. Mitra wird Ihnen die Stadt zeigen. Ich erwarte Sie nächste Woche in Kalkutta am Bahnhof. Telegraphieren Sie Ihre Ankunft. Ich werde für Sie in meinem Palast eine Unterkunft bereithalten. Freundlichst, Ihr G. Raj.» So schrieb der kleine Mann, Mr Raj aus Kalkutta, der Mann, den ich bei jenem Abschiedsessen in Wien getroffen hatte.

Ich musste nun in ein Auto steigen. Einen Moment schämte ich mich so vor mich hin, bei dem Gedanken an die Mädchenhandelsgeschichten des Herrn Frei aus Basel. Man kann doch einfach nicht böse Miene zum guten Spiel machen. Im Auto saß schon einer, der auch aussah wie alle hier, nur hatte der grüne Augen. Sein Name tönte ganz unmöglich. Die grünen Augen bewegten mich so sehr, dass ich ihn gleich fragte, ob er Eingeborener sei. Er lächelte und sagte ja, er stamme sogar aus dieser Gegend. Im Allgemeinen machten die beiden Männer Gesichter wie der Himmel hier, weder Regen noch Sonnenschein.

Vor einem umzäunten und bewachten Haus in einem Garten wurde angehalten. Durch die offene Tür des Hauses hörte ich Zwitschern. Das war das christliche Mädchenheim, wo ich abgegeben wurde. Im Innern des Hauses zwitscherte es noch viel lauter. Das Mädchenheim war geführt von einer älteren Engländerin, die mich christlich empfing und mich in die Hausordnung einweihte. In den Zimmern roch es nach Desinfektion. Die Wände waren hoch und grün, und die Betten eisern. Es war nichts Überflüssiges im Zimmer, auch an der Wand nicht. An der Decke hing etwas gegen die Hitze, es hatte drei Flügel und drehte sich, wenn man auf einen gewissen Knopf drückte.

Ein dunkler stummer Diener führte mich zum Essen.

Eine allgemeine Kopfbewegung griff um sich, als ich eintrat. So viele Völker habe ich nie mehr vertreten gesehen wie in jenem Speisesaal – Mädchen aus Indien, aus China, Amerika, Australien, aus Paris, aus Amsterdam, aus Schweden, aus Ägypten – und so weiter. Manche indische Mädchen trugen europäische Kleider oder schwarze Arbeitsschürzen. Die neben mir saß, trug eine lange weite Hose, darüber einen Rock bis an die Knie und einen Schal um die Schulter – ein Punjabi-Kleid aus Nordindien, sie selber aber stammte aus Chicago.

Alle diese Völkerscharen aßen dieselbe Speise: Curry-Reis, der einen nun auch von innen her ausbrannte. Mir war nicht ums Essen, eher ums Atmen und ums Bett, auf das ich mich dann, sobald es schicklich war, begab.

Am Nachmittag wurde ich von dem Mann mit den grünen Augen abgeholt und in ein Museum geführt. Ich nahm mein Handtuch mit. Durch Gänge und immer wieder Gänge ging ich hinter meinem Begleiter her und hoffte, dass nun endlich der letzte Gang, nämlich der Ausgang, käme. Wenigstens musste ich mir den Weg nicht selber bahnen, sondern durfte hinter ihm gehen, wie man in Indien zu dürfen pflegt. Wenn die grünen Augen vorausblicken, zog ich schnell mein Handtuch hervor und trocknete meine Stirn, dies konnte ich allerdings nur tun, solange das Handtuch noch trockener war als meine Stirn. Ihm war gar nicht heiß, seine Haut war so trocken und matt wie ein neuer Wildlederhandschuh. Währenddem ich von Zeit zu Zeit oh und ja lallte, fuhr mein Begleiter munter fort, mir die verwitterten göttlichen Steinfiguren zu erklären, die da herumstanden. Vom tanzenden Gott Shiwa mit den vierzehn Armen erzählte er, und von Krishna, und dann von Ajanta und Ellora, den Tempeln, die in den Fels gehauen sind. Das Schlimmste blieb mir nicht erspart, die Abteilung westliche Kunst. Man kommt dort allerdings schnell herum, weil man nur das ansehen muss, was sonst niemand beachtet, zum Beispiel eines der kleineren Bilder von einem gewissen Herrn Tizian, das bescheiden in einer Ecke hängt. Es ist nicht unbedingt nötig, dass man vor den viktorianischen Vasen oder vor den vielen Venussen stehen bleibt, da stehen ohnehin genug Leute davor.

«Morgen werde ich Sie wieder abholen und Ihnen ein Leopardenfell mitbringen», sagte der Mann mit den grünen Augen beim Abschied vor dem Mädchenheim. Ich habe ihn nie wiedergesehen.

Gegen Abend holte mich Mitra ab zum Nachtessen. Er sagte, das Essen im Mädchenheim sei nicht gut genug, ich solle mit ihm speisen. Mitra führte mich in ein großes Hotel mit vielen weißen Türmchen; dort wohnte er. Es wimmelte von Dienern, aber nicht von Gästen, im großen Speisesaal. Die Diener schauten uns beim Warten zu.

Nach dem Essen spazierten wir zum Strand. Mitra trug immer einen schwarzen Schirm, der fast so lang war wie er selber, aber nicht so lang wie ich. Wir hatten beide viel zu sagen, deshalb gingen wir und gingen immerfort und merkten gar nicht, wie weit wir in der heißen Nacht gingen. Von Zeit zu Zeit regnete es zehn Sekunden lang wohltuende Schauer. Mitra schilderte mir sein Dasein. Er hat gar keine Freunde. Tagsüber arbeitet er in einem Büro, abends geht er mit seinem großen Schirm spazieren, und er wohnt im Hotel. Das ist sein Leben. Ich hatte Mitleid mit ihm. Ich fragte ihn, warum er nie lache, und warum auch die anderen Leute hier nie lachen. «Indien ist ein ernstes Land», antwortete er, «es gibt nichts zu lachen bei uns – – aber ich möchte in keinem anderen Land leben.»

Tagsüber blieb ich meist im Mädchenheim, denn ich war halb klimatot. Oft plauderte ich mit der Mädchenheimleiterin. Sie tat viel Gutes, vor allem versuchte sie, die Mädchen vor dem Verderben zu bewahren, was in Bombay sicher nicht leicht ist. Ich fühlte mich geborgen unter ihrem christlichen Wachen; ich gelte zwar nur als Halbchristin, meiner spärlichen sonntäglichen Kirchgänge wegen. Miss Jones fragte mich aber nie, wie oft ich zur Kirche gehe. Einmal deutete sie auf ein schönes Mädchen. «Sie ist aus Paris – verheiratet mit einem Inder, den sie in Frankreich kennenlernte. Vor einem Jahr lief sie ihren Eltern davon und folgte ihm nach Indien. Morgen wird das Mädchen für immer nach Hause fahren … Ich kenne viele solche Fälle, meist gelingt es aber den Mädchen nicht zurückzukehren … nur die blonde Schwedin da drüben, die im blauen Sari – sie scheint glücklich zu sein, ihr indischer Gatte ist Christ geworden …» Von meinem vierten indischen Tag an konnte ich die Hitze auch tagsüber im Freien mit Haltung ertragen. Ich besuchte eine indische Familie, der ich Grüße aus Wien auszurichten hatte, dabei wurde ich zum Mittagessen eingeladen. «Wir essen nur Speisen aus Getreide, Gemüse und Milch, kein Fleisch und keine Eier, ich hoffe, dass Sie unsere Einladung dennoch annehmen», erklärte die Hausfrau.

Ich lernte bei jenem Mahl, dass ein reiner Mensch keinen Gegenstand mehr als einmal zum Mund führen soll. Es erübrigt sich dadurch das Essbesteck und die Zahnbürste. Ich versuchte nun, wie meine Gastgeber von der Hand zu essen, doch ich beschmierte alles um mich mit den bunten Speisen, so dass für mich westliches Besteck herbeigeschafft werden musste. Ein jeder aß von seiner eigenen riesigen Blechplatte, auf der allerlei farbige Häuflein lagen. Ich weiß nicht, was ich aß, denn vor lauter Brennen im Munde schmeckte alles nach nichts. Vor und nach dem Essen verschwanden alle, um sich zu waschen. Ich blieb schmutzig. Zum Abschluss wurden mir noch die Schätze des Hauses vorgeführt, der Familienschmuck und märchenhafte seidene goldbestickte Gewänder.

Wie schon so oft, versprach ich beim Abschied zu schreiben.

An selbigem Abend regnete es länger als sonst. Mitra schlug nach dem Essen vor, dass man sich wegen des schlechten Wetters hinaufbegebe in sein Zimmer. Ich konnte wirklich nicht anders als zustimmen, denn wer zweideutig denkt, stellt sich in eindeutigen Situationen bloß. Wir verließen den Speisesaal. Die Kellner schauten uns nach. Ich schämte mich unendlich.

Mitra tat wie zu Hause und zog seine Sandalen aus. «Wissen Sie, Miss Katharina, ich habe selten Besuch – – doch einmal hatte ich eine Freundin – die besuchte mich oft – eine Amerikanerin – die war ganz anders als Sie.» – «Wie war sie?» – «Viel persönlicher.» – «Lesen Sie oft, Mr Mitra?» – «Ja – ich lese Liebesromane.» – «Ich möchte ein Glas Sodawasser trinken, Mr Mitra.» Er läutete, der Diener war gleich zur Stelle. Mir war nicht recht behaglich, Mitra war so verändert. Ich dachte eine Weile nach. – «Haben Sie die Kunstausstellung im Museum schon gesehen, Mr Mitra?» – «Selbstverständlich – die Venus – wundervoll, nicht wahr?» – «Mir haben die Sonnenuntergänge besser gefallen.» – «Sie sind romantisch, Miss

Katharina – wie alle Europäerinnen. Wissen Sie, ich verstehe es ...» Er rückte mit vielen Umschweifen näher und dachte, dass ich die Rückung nicht bemerke. Ich aber wurde unmerklich schlanker. «Ich habe noch keine Schweizerin gekannt, ich interessiere mich sehr für die Mentalität der verschiedenen Völker.» – «Ach, Mr Mitra, im Grunde genommen sind alle gleich – regnet es überhaupt noch?» Ich trat ans Fenster. «Katharina, Sie sind ein seltsamer Mensch.» Jetzt trat er auch ans Fenster. «Setzen wir uns, es ist bequemer», sagte er und fasste mich bei der Hand. Der Diener kam herein und stellte das Sodawasser auf den Tisch. Ich fragte ihn nach der Zeit. «Halb zehn, Memsahib.» – «Oh, Mr Mitra, ich muss weggehen, das Mädchenheim wird geschlossen.» – «Nein, Miss Katharina, gehn Sie noch nicht – ich kenne die Leiterin vom Mädchenheim.» – Aber ich hatte das Zimmer gleich hinter dem Diener verlassen. Mitra musste nachrennen. Er hatte noch nie in seinem Leben einen so schnellen Ablauf der Dinge erlebt, denn er verließ das Zimmer ohne Schirm und stotternd. «Ich hasse die Hast, Miss Katharina. Morgen werden wir früher essen, damit wir mehr Zeit haben.» – «Morgen werde ich im Zug sitzen, Mr Mitra.» – «Ich verstehe nicht, warum Sie nach Indien gekommen sind, Miss Katharina.» Mir graute vor der Zukunft.

Am nächsten Tag sandte ich ein Telegramm an Mr Raj nach Kalkutta und kaufte ein Eisenbahnbillett mit dem Rest meines Geldes.

Der Herr Frei aus Basel hatte sein ganzes Büro in zwei Hotelzimmern in Bombay eingerichtet. Als ich ihn dort besuchte, weilte gerade ein indischer Geschäftsfreund bei ihm, der sich oft in der Nase bohrte. Jener Mann war sehr freundlich zu mir und äußerst interessiert am Grund meiner Reise. Zu spät merkte ich, dass Herr Frei immer versuchte, dem Mann zu erklären, dass ich nicht allein auf Reisen sei. «Ich reise auch sehr viel», sagte der Mann, «und ich brauche eine Sekretärin; könnten Sie für mich arbeiten? Ich würde ein gutes Gehalt bezahlen …» Ich schaute einen Moment zu Herrn Frei hinüber, der machte eine ganz unpassende Bemerkung – fast wäre ich herausgeplatzt, aber ich lächelte nur wenig und sagte: «Ich danke Ihnen für Ihr Angebot. Meine Reisepläne sind bereits festgelegt.» Der Mann lud uns ein zu einer Autofahrt zum Vehar-See.

In einem neuen, aber rostigen Auto fuhren wir stundenlang im Schritttempo, um ja keinen Affen, der unseren Weg kreuzte, zu erschrecken. Man darf in Indien viel eher Menschen erschrecken, die kaum das Nötigste trugen. Sie wohnen in runden Strohhütten oder unter Bananenblättern. Die Ur-

menschen bauen auch Hotels, wie dieses hier. Ich bin immer beruhigt über meine finanzielle Lage, wenn ich solch erschwingliche Unterkunftsmöglichkeiten sehe.

Der Vehar-See liegt mitten im Dschungel. Nur Krokodile baden darin. Als ich am See stand, war gerade keines zu sehen, an anderen Tagen sollen sie sich immer zeigen. Ich war verärgert, denn es schreibt sich so fein nach Hause von Löwen und Krokodilen und wie knapp man dem bissigen Tod entronnen ist. Unser Freund entschuldigte sich wegen des Nichterscheinens der Krokodile, worauf wir nach Hause fuhren. Beim Abschied lud mich Herr Frei noch ein auf zwei Wochen sorglosen und bewachten Aufenthalts in Bombay vor meiner Rückkehr nach Europa. Am selben Abend fuhr der Zug nach Kalkutta.

Mitra begleitete mich zum Bahnhof. Lange bevor der Zug in die Bahnhofshalle eingefahren war, lag eine Schicht von Ballen, Bündeln, Töpfen und Menschen über allem, was im Bahnhof eigentlich begehbar sein sollte. Es wurde da gekocht, gegessen und geschlafen. Währenddem wir über alles hinwegstiegen, sprach Mitra. Er sagte, ich solle nicht traurig sein, ich könne ja jetzt wegfahren. «Ich muss Ihnen sagen, Indien ist nichts für Sie – Sie hätten nicht in dieses Land kommen sollen, ich fürchte, Sie werden Schlechtes erleben.» Er tat mir leid, denn jetzt wird er wieder allein mit seinem Schirm spazieren gehen.

«Unser Freund» von heute Nachmittag kam nun auch herbeigestiegen. Mitra schien keinen erbaulichen Eindruck auf ihn zu machen, vielleicht war dies auch nur meine Einbildung, denn man sah ihm sozusagen nichts an. Es trug jeder seinen Satz bei, um das Gespräch aufrechtzuerhalten. Ich war froh, als der Zug endlich abfuhr. Unter allem Geschehen habe ich ganz vergessen zu erzählen, dass ich an einem verstauchten Fuß litt. Das Unglück war im unbeleuchteten Treppenhaus des Mädchenheims geschehen, wo sich einmal zwei Tritte als vier Tritte entpuppt hatten.

Die Fahrpreise der indischen Eisenbahnen sind in der entsprechenden Klasse lächerlich billig, aber was billig ist, das büßt der Mensch. Etwa zehn Prozent der am Bahnsteig Wartenden hatten den Zug bestiegen, der zurückbleibende Rest bestand aus winkenden Familienangehörigen. Der Zug war trotzdem voll. Ich saß im Damenabteil. Alle Abteile waren voneinander getrennt, jedes hatte seinen eigenen Eingang und seine eigene Möglichkeit zur vorübergehenden stillen Zurückziehung. Ein Abteil ist für etwa sechs Personen bestimmt, es wohnten hingegen fünfzehn darin. Alles Gepäck wird in der Regel im Damenabteil verstaut, es ist natürlich am sichersten dort. Auch die Kinder sitzen im Damenabteil. Eigentlich blieb für Lebendes neben allem Gepäck kein Platz übrig in unserem Abteil, aber man war halt doch da – irgendwie ... Meinen Reisegefährtinnen schien recht wohl zu sein, sie wohnten mit ihren Kinderscharen freudig drauflos. Es wurde da gekocht, gegessen, gewaschen, trockengelegt und viel gesprochen. Die meisten Kinder waren zu klein zum Sprechen, deshalb schrien sie. Gekocht wurde in großen mit Glut gefüllten Lehmtöpfen. Geschlafen wurde im eigenen Bettzeug, von dem man sich nicht trennt. Man trennt sich auch nicht von seinem leibeigenen Essgeschirr. – Reisen hin oder her, der reine Mensch braucht zum Essen seine eigenen fünfzehn Töpfe. Ich war also ein unreiner Mensch, und ein bedauernswerter dazu. Zum Fenster hinaus konnte ich nicht sehen, da ich mich oben auf dem Gepäckgestell eingerichtet hatte. Es litt vor allem mein verstauchter Fuß, manchmal auch meine Verdauung. Ich aß Nelken, Kümmel, Nüsse und Holz, das mir eine der Damen im Abteil offerierte, deren Gunst ich genoss, weil ich ihrem schreienden Kind einmal in indischer Art trostreich auf den Rücken geklopft hatte. Alles, was ich aß, brannte im Hals, deshalb war mir egal, was ich aß.

An den Stationen wurde in ungeordneter Weise gesungen, denn jeder Händler pries seine Ware in Tönen an. Manchmal stiegen Leute aus, aber sie wurden meist gleich wieder ersetzt. Wer unser Abteil bestieg, der starrte zuerst das große weiße Tier auf dem Gepäckgestell an, bevor er sich einen Platz suchte. Niemand sprach Englisch – war auch nicht nötig, denn ich hatte alles, was ich brauchte.

Leider war es heiß, auch nachts …

Der Leidensweg war zweitausend Kilometer lang und dauerte etwa drei Tage.

Fünftes Kapitel

Ich entkam dem Zug noch lebendig. Gerne wäre ich dem kleinen Mann am Bahnhof in Kalkutta erschöpft in die Arme gesunken, aber das schickt sich nicht in Indien.

Der kleine Mann lächelte etwas mehr als sonst, wie er mich so daherhinken sah – ich trug Hosen. Er drückte mir die Hand und sagte und fragte nichts. Aber ich war zufrieden, denn ich wurde abgeholt. Eine Schar von barfüßigen Trägern ging uns voraus zum Auto. Jeder trug einen Gegenstand meines umfangreichen Gepäcks. Der Erste trug mein Säcklein, der Zweite das Ukulele, der Dritte den Tropenhelm, der Vierte zwei Bananen, der Letzte trug nichts und schaute, ob nichts verlorenging.

Wir fuhren lange und langsam durch die Stadt. Mr Raj lächelte immer noch, ich wusste eigentlich nicht, worüber er lächelte. Ich hatte ihn nie anders als lächelnd gesehen. Eine besondere Schönheit ist er nicht, der kleine Mann, er ist auch nicht besonders schlank, aber so klein er ist, so majestätisch ist sein Gang. Mr Raj ist eben Brahmane.

«Was haben Sie von Bombay gesehen, Katharina?» – «Den Strand.» – «Sonst nichts?» – «Nein, sonst nichts.» – «Aber was haben Sie denn getan die ganze Woche hindurch – seltsamer Kerl, dieser Mitra. Ich werde ihm schreiben.» Er schüttelte den Kopf und lächelte wieder, diesmal ein wenig mehr.

«In meinem Palast ist alles bereit für Sie, ich habe sogar einige junge Engländer auf Ihre Ankunft vorbereitet; ich denke an alles, damit sich das Kind nicht langweilt bei uns.»

Der Wagen hielt an vor einem rostigen Tor. Eine Schar Eingeborener kam auf das Auto zu. Einer öffnete das Tor, die anderen schauten in den Wagen herein.

Der Palast war grünlich, das heißt, einmal gelb gewesen, jetzt war er bemoost. «Der Palast muss wieder geputzt werden, in Kalkutta werden die Häuser nach jeder Regenzeit neu gestrichen», erklärte Mr Raj. Ich verstand nicht recht, warum so ein Gebäude Palast heißen soll. Ich für mich werde es in Zukunft Haus nennen. Also um das Haus herum lag eine Wiese, und auf der Wiese lag eine Kuh.

Ich wurde in mein Stockwerk hinaufgeführt. Ein Balkon, ein Badezimmer, ein Zimmer und ein Wandelgang um das Zimmer standen zu meiner Verfügung, eigentlich auch eine Küche, aber die betritt man nicht. In meinem Zimmer stand eine Art Bett, ein Kasten und ein Ständer, um meine Saris aufzuhängen. Zu alledem bekam ich ein Tintenfass und eine Seife. An den

Wänden krochen zwei Eidechsen, und am Boden kleineres Getier. «Schon wieder dieses Ungeziefer», bemerkte Mr Raj, «kommt alles aus dem weißen Haus da drüben, das nicht sauber gehalten wird.» Er deutete auf die drei braunen Buben, die uns gefolgt waren. «Das sind Ihre Diener, sie sprechen zwar kein Englisch, aber es wird schon gehen, meine westlichen Gäste verstehen sich in der Regel mit ihnen besser als ich selber.»

Mr Raj verließ das Haus bald, um seinen Geschäften nachzugehen, denn er ist ein wichtiger Mann, er hat es mir selber gesagt. Hoch oben in der Regierung sitzt er – und man hat ihn zu kennen. Es gibt in Kalkutta sogar eine Straße, die seinen Namen trägt, sie liegt zwar etwas abseits, gegen den Dschungel zu, aber immerhin, zum Straßenruhm bringt es nur der kleinere Teil der Menschheit.

Mein Bett kann man Himmelbrett nennen. Über mir hing ein Himmel und unter mir war ein Brett. Der Himmel war ein Netz gegen die Moskitos, und das Brett eben ein Brett, denn es federte nicht. Leider lag auf dem Brett eine Matratze, «leider» wegen der Hitze, die alles bisher Erlebte schlug. Ich lag nun bis auf weiteres auf dem Himmelbrett und tat nichts als fühlen – die Hitze und meinen Fuß. Schlafen konnte ich nicht, denn auch nachts wurde ich durch die Matratze und durch meine lose nächtliche Bekleidung erhitzt. In jener Zeit hätte ich ein luftiges Nagelbrett meiner Matratze vorgezogen. Weniger als mein Nachthemd konnte ich nicht anziehen wegen der Diener. Die Diener waren in ihrer Art sehr pflichtgetreu, Tag und Nacht waren sie um mich besorgt, vom Wandelgang aus, der um mein Zimmer verlief. Ich lebte sozusagen öffentlich, was mir zuweilen missfiel, denn der Mensch hat doch weiß Gott seine ganz privaten Momente.

Oft war ich in meinem Himmelbrett unter den Wolken von Moskitonetzen dem Ersticken nahe. Ich entging diesem kläglichen Ende nur durch öftere Flucht ins Tröpfelbad. Das Tröpfelbad ist ein Raum, in dem man auf einem Stühlchen sitzt, aus einem Eimer Wasser schöpft und sich damit begießt. Im Tröpfelbad floss Wasser, aber kein reines. Irgendwo im

Hause floss reines Wasser, das die Diener hätten herbeischaffen sollen. Wenn mein Waschwasser schon vor dem Waschen trüb war und Gerüche von sich gab, wusste ich, dass mir die Diener der Einfachheit halber Tröpfelbadwasser bereitgestellt hatten. Das Tröpfelbadwasser wurde nämlich heraufgepumpt aus dem Tümpel neben dem Haus, in dem alle Nichtbesitzer von Badezimmern badeten. Der Wasserabfluss aus dem Tröpfelbad war direkt, das heißt, er bestand aus einem Loch vom Tröpfelbadboden durch die Hausmauer. Das Abwasser floss aus dem Tröpfelbad durch das Loch an der Hausmauer entlang und dann relativ direkt wieder in den Tümpel hinein; von dieser Verunreinigung des Tümpels nahmen die Büffel und die Kühe keine Notiz, deren Köpfe und Rücken tagelang aus dem Wasser ragten.

Ich habe im Grunde nichts gegen faule Leute, im Gegenteil, ich bin beruhigt zu wissen, dass es noch viele faule Leute gibt. Meine Diener wirkten in diesem Sinne beruhigend. Was außer dem Wasserholen für mich zu tun war, das tat ich, der Einfachheit halber, denn tagsüber war Ruhezeit der Diener. Ich bemühte mich, während dieser Stunden keinen Lärm zu machen, um die drei, die draußen auf der Treppe schliefen, nicht aufzuwecken. Nachts trommelten die Diener indische Rhythmen oder spielten hörbar Karten. Gegen Morgen legten sie sich dann auf der Wiese oder im Treppenhaus schlafen. Zum Treppenhausschlaf wurden auch Nachbarn eingeladen. Selbst auf der Wiese schliefen oft Gäste.

Der edelste meiner Diener war Taghur, ein Brahmane, Koch und Chefdiener in einer Person. Taghur hatte für mich selten zu kochen, da ich fast nur Bananen aß. Aber Taghur hatte genug Arbeit mit der Aufsicht über die beiden anderen Diener. Bhagoban musste den Boden wischen. Er tat die Arbeit in Hockstellung und mit Hilfe von einigen Rütlein, mit denen er den Boden streifte. Manchmal wusch Bhagoban den Boden, das geschah, indem er Wasser auf den Boden goss, dieses gleichmäßig verteilte und dann wartete, bis es trocken war. Seiner schweren Arbeit entsprechend war Bhagoban kräftig gebaut. Bnsi, der kleine Magere, hatte Wasser zu tragen, und auch die Schuld an allem, was nicht stimmte. Bnsi war scheu, aber nicht hinter meinem Rücken. Er mochte etwa zwölf Jahre alt sein. Das Haar stand Bnsi steif und kraus senkrecht vom Kopf weg. Die beiden anderen Diener zweifelten an seinem Verstand.

«Bnsi ist doch herzig, nicht wahr, Mr Raj», sagte ich einmal. Er lächelte sehr erstaunt … «Aber er hat doch eine ganz schwarze Haut …»

Wir vier hatten es lustig. Ich lernte Bengalisch, und die Diener lernten Schweizerdeutsch. Es blieb bei mir leider bei drei Worten, die da sind: Wasser – pani, warm – gorom, kalt – thanda. Oft erzählte ich Geschichten aus meinem Land. Ich erzählte mit Händen und Füßen, mit Theaterspielen und mit Verkleidungen. Die Erzählung stockte zuweilen, wenn ich vor Lachen nicht mehr weiterspielen konnte. Bnsi konnte tanzen, so ungefähr.

Die demokratische Lebensweise brachte mir erst recht viel Arbeit. Als es mir eines Morgens wieder an allem, auch an Waschwasser fehlte, sagte ich freundlich zum Chef: «Taghur, Dschungelmann.» Taghur verstand und schwieg darauf einen Tag lang, ich glaube, ich habe ihn sehr beleidigt, den Brahmanen. «Was ist los?», fragte ich ihn am nächsten Tag. «Memsahib say Djungiliman, I no Djungiliman» (Memsahib sagt Dschungelmann, ich nicht Dschungelmann). Vielleicht machte ich ein eigenartiges Gesicht, denn Taghur fing plötzlich so an zu lachen, dass er sein Beleidigtsein nicht mehr weiterspielen konnte. Wir gingen nun zusammen kochen. Taghur kochte auf seltsame Weise. Er saß inmitten von Bananenblättern, auf denen unzählige Häuflein von farbigen Pulvern lagen. Nun mischte er das rote Pulver mit den weißen Würfeln, die gelben Körner unter die grünen Stengel, und dann knetete, wälzte, klopfte, rührte Taghur alles von Hand. Ich habe keine Ahnung, woraus das Knetmaterial bestand, man konnte es jedenfalls am Ende essen, nachdem es gekocht oder gebraten worden war.

Mr Raj wurde von seinen Dienern Babu genannt. In seiner Anwesenheit hieß er Babu Sahib, das ist höflicher. Ich übernahm den Namen Babu für den kleinen Mann, ich finde, er passt viel besser zu ihm als sein eigentlicher Name. Babu soll Meister heißen.

Ich sah Babu selten – höchstens in aller Herrgottsfrühe, wenn er vor dem Weggehen noch schnell zu mir heraufkam und sich nach meinem Befinden erkundigte.

Babu hatte einen Bruder, der gegenüber in einem noch grünlicheren Gebäude wohnte. Ramon hieß er. Ramon war ein wenig größer als Babu und trug indische Kleidung. So weiß seine Kleidung war, so rot waren seine Zähne, denn er kaute Betel. Betel ist etwas in Blätter eingehülltes, rötlich Teigiges und schmeckt wie Seife. Ramon und Babu waren einst Großgrundbesitzer gewesen. Mit dem heutigen Zwangslauf der Welt wurden sie zu Kleingrundbesitzern reformiert. Das grünliche Gebäude gegenüber Babus Haus hatte einst dreihundert Gemächer gezählt. Heute zählt es noch etwa acht Gemächer, über zweihundertzweiundneunzig Gemächern wächst Gras, und da das Gras in Kalkutta doppelt so schnell wächst, ist heute alles gründlich überwachsen.

Ramon kam oft zu mir herüber und erzählte, wie schön es früher gewesen war. Ich glaube schon, dass es schön gewesen sein muss, aber ich fragte ihn einmal, ob denn alle Leute glücklich waren, zum Beispiel auch diejenigen, die nicht das Glück hatten, als Knaben auf die Welt zu kommen. Ramon senkte den Kopf gegen die Schulter, das heißt in Indien «ja». «Ich weiß, was Sie meinen. Der Westen kann unsere alten Sitten nicht verstehen. Unsere Frauen waren früher glücklicher als heute, sie wurden derart beschützt, dass sie von der Schlechtigkeit der Welt keine Ahnung hatten. Man verheiratete sie im Kindesalter, und die Mädchen wurden im Hause ihres Gatten nach dessen Familientradition erzogen. Den Begriff Liebe gab es eigentlich nicht, da sie so selbstverständlich wie die Liebe zwischen Eltern und Kindern war. Eine solche Ehe musste glücklich werden, weil sie aufgrund der ewigen alten Gesetze, der Sternkonstellationen, der Horoskope und vieler anderer Faktoren geschlossen worden war.»

«Und die Witwen, Ramon?» – «Eine Frau fühlte sich schuldig am Tod ihres Gatten, sie wollte nicht als Witwe weiterleben. Wenn sie aber weiterlebte, trug sie ihr Leben lang keinen Schmuck, sie durfte nur einen weißen baumwollenen Sari tragen. Die Haare wurden ihr geschnitten. Witwen durften sich nicht wiederverheiraten, auch wenn sie noch Kinder waren. – Bei den Knaben war es anders … Heute ist das Mindestalter für die Ehe gesetzlich auf das vierzehnte Lebensjahr festgesetzt. Dieses Gesetz hat seine eigene Vorgeschichte. In der Zeit zwischen der Ankündigung und dem Inkrafttreten des Gesetzes wurde von den entsetzten Eltern in Massenzeremonien alles verheiratet, was an Kindern auf der Welt war … Ja, so war es … und heute ist niemand glücklicher.»

«Wie wird es wohl weitergehen mit Indien, Ramon?» – «Es wird sich nicht mehr viel ändern bei uns, Indien ist ein tief religiöses Land. Jeder Einzelne tut das, wozu er geboren wurde, der Bettler will Bettler bleiben, denn er weiß, dass er nur durch die Treue zu seiner Geburt im nächsten Leben höher geboren werden wird … und so wird es immer weitergehen …»

Ramon zeigte mir auch sein Haus und führte mich zu seiner Frau. Sie war schön. In ihrem schmalen blassen Gesicht hatte sie fast nur Augen. Wenn man sie anschaute, blickte sie zu Boden, vielleicht hielt sie mich für einen Mann, ich trug ja Hosen und kurzgeschnittene Haare. Wie kann sie wissen, wer was ist, wenn sie diesen dunklen Raum nie verlässt. Die Frau war nicht älter als fünfundzwanzig Jahre und hatte einen zehnjährigen Sohn.

Taghur besaß ein Fahrrad. Manchmal fuhr ich damit durch die Vorstadt – am liebsten am Abend, wenn die Messingschellen zu klingen anfangen – im ewig gleichen Takt – und irgendwo eine Flöte weint. Aus den Krämerbuden dringt gelbes Petroleumlicht. Es beleuchtet die feuchte Luft, und wie hinter einem Schleier von Licht hocken unbewegt die Krämer in ihren Ecken. Sie hocken immer gleich, am Nachmittag und am Abend, gestern und vor einem Jahr. Später am Abend stellen sie ein Brett vor den Laden, das heißt, er ist jetzt zu – und legen sich dahinter zwischen ihren farbigen Gewürzen und Tontöpfen schlafen. Die Messingschellen klingen aus – die

Schakale fangen an zu heulen –, in Behala beginnt der Dschungel hinter den Krämerbuden. Bananenblätter und Palmen neigen sich über die Wellblech- und Dachpappendächer.

Einmal fuhr ich mit Taghurs Rad in das Stadtgewühl. Ich habe dabei fast eine Kuh überfahren, die sich vor mir auf die Straße legte. Finstere Blicke folgten mir. Mensch und Tier stehen, gehen und liegen eben, wie und wo es ihnen behagt. Kein Hupen oder Schellen stört diese Behaglichkeit, die Fahrzeuge müssen sich in vielen großen Bögen durch die Straßen bewegen. Nur für die Ochsenkarren gibt es keine Hindernisse. Sie bahnen sich langsam, aber beharrlich ihren geraden Weg. Manchmal stehen sie quer und bilden mit ihrer langen Bambusrohrladung eine Barriere über die Straße. Niemand nimmt an ihnen Anstoß, nicht einmal die in ihrem Straßenschlaf Gestörten, die für einen Moment die Straße räumen müssen.

Jeder Bettler in Kalkutta hat seine eigene Art und seine eigenen Einfälle. Ich sah einen, der lag am Boden und bewegte sich wälzend durch die Straßen. Neben ihm ging sein Kompagnon und sammelte ein. Eine Frau vergrub ihr Gesicht im Sand und gab Gurgellaute von sich. Ein mit Asche beschmiertes Kind bettelte mit einer Blechbüchse und einer Glocke – es lallte dazu, und streckte die mit einem kleinen Spieß durchbohrte Zunge heraus. Den gewöhnlichen Bettlern fehlen Hände oder Füße, es wird behauptet, dass viele missgestaltete Bettler nicht von Natur aus Missgeburten seien.

Einem kleinen nackten Buben, der ein noch kleineres bewusstloses Mädchen mit eitrig verklebten Augen auf dem Arm trug, gab ich zwei Annas. Seinem Kollegen, der den Fall bemerkt hatte und sich daraufhin an meine Fersen heftete, gab ich einen Anna. Er fühlte sich durch die ungleiche Behandlung sehr benachteiligt und lief mir so lange bettelnd nach, bis ich ihm einen zweiten Anna gab. Diese beiden Buben hatten ihr ständiges festes Gebiet, und ich wurde von nun an ihre Stammkundschaft. Sie entdeckten mich jeweils in der größten Menschenmenge auf jede Distanz und stürzten mit ausgestreckter Hand auf mich los, der eine immer mit seinem bewusstlosen Schwesterlein auf dem Arm.

In Kalkutta muss man nach Appetitlichkeit weit suchen. Die Maidan-Wiese, mitten in der Stadt, ist vielleicht relativ appetitlich, und die Äfflein, die auf der Wiese spielen.

Wenn auch nicht schön, so doch sauber ist das Viktoria-Memorial, ein weißer Kolossalbau mit vielen Türmchen. Das Viktoria-Memorial wurde von den Kolonisatoren zu ihrer Erbauung erbaut, es steht inmitten Grün. Warum es im Übrigen steht, weiß ich eigentlich nicht.

An sonstigem Gebauten hinterließ bei mir eigentlich nichts einen Eindruck. Ich sah nichts besonders Altes, nichts besonders Neues, nichts besonders Schönes und nichts besonders Hässliches. Vielleicht findet man von allem etwas in Kalkutta, wenn man lange genug sucht.

In einem der großen Geschäftshäuser befindet sich Babus Büro. Ich ging ihn dort besuchen. Da mir jemand sagte, das Rad würde allein an der Straße nicht stehen bleiben, trug ich es eigenhändig vier Treppen hoch. Babu war ein wenig erschreckt und vergaß einen Augenblick zu lächeln, als ich so einfach mit dem Rad und in Hosen hereintrat. Er schickte mich dann schnell mit seinem Sekretär, mit Chauffeur und Wagen, ohne Fahrrad spazieren. So kam ich doch noch zu größeren Eindrücken von Kalkutta. Es wurde mir nämlich das große Wasserreservoir und die große Hängebrücke über den Ganges gezeigt.

Sechstes Kapitel

Der Mensch entgeht dem Auge der Gesellschaft nie, nicht hier und nicht in Indien, denn wo Gras sprießt, da sprießt auch Gesellschaft. Wo Gras wuchert, da wuchert leider auch das Unkraut. In Kalkutta wuchert das Gras.

Da, wo die Gesellschaft nach englischem Vorbild sprießt, muss auch ein Männerklub gedeihen, ein Klub, wo verschiedenes Männliches verkehrt, das durch Herkunft, Besitz, vielleicht sogar nur um seiner Person willen ernst genommen werden will.

In Kalkutta heißt diese Institution Kalkutta-Klub. Babu ist selbstverständlich Mitglied vom Kalkutta-Klub.

Jeden Mittwoch ist im Kalkutta-Klub Toleranzabend, das ist gleichbedeutend mit Tanzabend. Auch in Kalkutta tanzt man mit Damen, deshalb ist man genötigt, für einen Abend der Woche die Damen im Klub zu tolerieren. Ich wusste es ganz besonders zu schätzen, dass Babu mich für schwer genug hielt, am Toleranzabend in seinen Klub eingeführt zu werden. Leichte Mädchen haben keinen Zutritt. Ich für mich hätte zwar die Leichtigkeit dem Kalkutta-Klub vorgezogen, ich hatte nämlich seit Indien an Gewicht zugenommen – anscheinend aus der feuchten Luft –, so dass ich das Toleranzgewicht bis weit über die Norm aufwies, leider, aber was kann man gegen die großzügige Natur.

Jedenfalls saß ich an jenem Mittwochabend neben Babu im

Kalkutta-Klub und betrachtete das anglo-indische Tanzen. Babu tanzte nicht, weil er ein ernster Mann ist, und auch ein kleiner. Aber Babu unterhielt mich auf andere Art. Er zählte mir auf, was ich seit Betreten des indischen Territoriums an Fehlern begangen hatte. Babu ist ein weiser Mann, er hat nachher immer alles vorausgesehen. Währenddem er erzählte, schaute ich mich ein wenig in der Gesellschaft um, ich bin oft zerstreut, wenn jemand längere Zeit spricht. Es geschah zwar im Klub wenig Sehenswertes, denn man benahm sich möglichst englisch. Zuweilen lachte ein Tisch halblaut auf, oder es klang ein Glas. Unter den vielen schwarzen gab es einige weiße Schafe mit guter Miene. «Ich glaube», bemerkte Babu, «mein Kind möchte lieber tanzen, als einem alten Mann zuhören, ja, ich verstehe, aber es wird nicht mehr lange dauern, er wird bald kommen.»

Endlich kam er – George, der Grund, weshalb ich hier zu sitzen hatte. George hatte rötliche Haare, rötliche Haut und war etwas überernährt. George tanzte wohl, aber nicht gern, wegen der Beschwerlichkeit. Dafür sprach George gehoben Englisch. Babu schaute unserem Gespräch zu und lächelte befriedigt über seine Kombinationsgabe. «Ich bin ein Katalysator», hat er einmal gesagt.

Am nächsten Abend holte mich George ab zum Nachtessen bei sich. Er wohnt in einem besseren Stadtteil. Der arme Mann war geplagt mit drei Dienern. In Indien ist man entweder ein Mensch und hat drei Diener oder man ist selber Diener. Ein Mensch rührt in Indien nichts an in seinem Haus. Ein Diener rührt nur etwas an. Es bodenwischt nur der Bodenwischer, es kocht nur der Koch, und es bedient nur der Diener.

Als George in seine Wohnung eingezogen war, musste ein

Lastenträger eine schwere Kiste schleppen. George befahl dem Diener, schleppen zu helfen. Der Diener aber weigerte sich. Er ließ sich dann aber doch dazu herbei, als George sich selber ans Schleppen machte. Nach der Arbeit verschwand der Diener für drei Tage. «Wo bist du gewesen?», fragte ihn George, als er zurückkehrte. «Waschen im Ganges, von unreiner Arbeit.»

Da Gemütlichkeit Wärme ausstrahlt, gibt es in Kalkutta keine gemütlichen Wohnungen. Auch Georges Wohnung ist so ungemütlich wie möglich. Das Wohnzimmer: ein roter Steinboden, eine blaue Wand, drei quadratische Ledersessel, so eckig wie möglich, ein schwarzer Tisch, keine Vorhänge, aber ein Ventilator, als große Extravaganz zwei Bilder und ein Klavier. George spielt nämlich Klavier, jeden Morgen vor der Arbeit eine Stunde lang. Er spielt Schumann und Mozart.

George kennt seinen Freund Surata von Cambridge her, er erzählte von Jenny, Suratas Frau, die mit ihnen studiert hatte und Surata in England heiratete, zum Entsetzen aller Eltern. Heute lebt Jenny in Kalkutta so dahin unter Aufsicht ihrer indischen streng orthodoxen Schwiegermutter. Jenny trägt nur indische Kleidung, spricht Bengalisch und darf nicht ausgehen, nicht einmal mit ihrem Mann. Surata hingegen geht oft aus. Nur am Freitagabend, von acht bis halb zehn, darf Surata seine Frau ausführen. Jennys Kinder werden von der Schwiegermutter erzogen. «Jenny hat sich nie beklagt, aber man sieht ihr alles an.» – «Können Sie mir sagen, George, was man hier an Kunst sehen kann?» – «Ach, nicht viel in dieser Gegend. Bei Delhi gibt es ein paar Sachen aus der Mogul-Dynastie, und dann noch etwas im Süden, die Dinge verfallen langsam … aber wenn Sie lebendige asiatische Kunst sehen wollen, dann müssen Sie nach Japan fahren.» Mit diesem großen Wort in den Ohren brach ich auf. In jener Nacht schloss ich kein Auge, ich dachte an Georges Worte «… dann müssen Sie nach Japan fahren –»

In aller Frühe stieg Babu zu mir herauf. «Und wie hat sich mein Kind unterhalten?» – «Babu, es war schön, ich habe viel erfahren, und – und ich werde nach Japan fahren.» Da lachte Babu schallend. «Verrückt – nach Japan.» Er legte den Handrücken auf meine Stirn. «Es ist das Fieber.» Babu wackelte mit dem Kopf und ging hinaus. Ich lächelte ebenfalls.

Am Freitagabend gab George eine Party. Alle seine Cambridge-Freunde waren versammelt, der Rodney zum Beispiel, ein langer dünner Engländer mit rechtwinklig abstehenden Ohren, den man Lordmayor nannte seines Vaters wegen –, und der Wirbelwind, ein Inder mit seiner englischen Frau Elisabeth; in einer Ecke saß ein indischer Offizier. Zuletzt kamen Surata und Jenny. Jenny ist blass und schön, nicht gerade schlank, eben so, wie die Schwiegermutter es wünschen mag. Ihr Scheitelansatz war rot gefärbt, das ist das Warnungszeichen, dass sie verheiratet ist. Ein roter Punkt leuchtete auf ihrer Stirn. Ich strich mit der Hand über die blaue Seide ihres Saris. «Das eingewebte Gold», erklärte Jenny, «verkauft man, wenn die Seide abgetragen ist.» Gegen halb zehn Uhr ging man essen im Firpos, das ist ein Großrestaurant mit vielen Dienern und Ventilatoren. Surata war beim Essen besonders guter Dinge, im Gegensatz zu Jenny. Die Arme flehte ihn immer wieder an: «Wir müssen nach Hause gehen, Surata, bitte komm, schau, deine Eltern wollen es, Surata, bring wenigstens mich nach Hause, bitte Surata.» Aber Surata hörte nur mit einem Ohr, mit dem anderen Ohr lauschte er, wie der Wein glucksend in Gläser floss. Mit halbem Ohr hörten wir alle dem häuslichen Gespräch zu.

George hatte ein Herz für Jenny, er brachte es fertig, dass die beiden endlich aufbrachen. Nachdem Surata gegangen war, wurde es stiller um die Tafelrunde, sie dauerte dann nicht mehr lange. Mit Sonntagsplänen endete sie.

Und dann folgte der Sonntagsausflug, zu dem mich George im Weekenddress abholte. Er begann schon am Samstagabend mit der Fahrt nach Burnpur. Burnpur liegt zweihundert Meilen nördlich von Kalkutta. Wir fuhren zu zehnt mit drei Autos.

Die halbe Fahrzeit beanspruchte die Fahrt durch die Vororte von Kalkutta. Unsere Fahrzeuge wurden in verkehrshindernder Weise beachtet. Am Straßenrand sah ich einmal eine Frau, die hatte ein Bein so dick wie ein Nachttisch. Eine böse Fliege soll sie gestochen haben, und sie habe Elephantiasis, erklärte George. Lange Zeit fuhren wir durch eine Allee von Fabelbäumen, die die ganze Straße überdachten, die Stämme setzten sich aus vielen Wurzeln zusammen, die von den Ästen herunterhingen und in den Boden eingewachsen waren. Die Baumstämme sahen in der Nacht aus wie Schlangen. Schakale liefen über die Straße.

In Burnpur steht ein Hochofen, davon zehrt sichtbar die ganze geplante Stadt. Es gibt sonst Arbeit und keine Bettler in Burnpur, aber am Tage, als wir es sahen, gab es keine Arbeit, dafür Bettler, es wurde gerade gestreikt – Burnpur geht mit der Zeit. Im Burnpur-Hotel warteten schon alle auf uns, der Rodney, der Wirbelwind mit Elisabeth und Kind, der Arnold und noch andere. Arnold ist ein Neuer. Er ist Engländer, etwa so alt wie die anderen, vielleicht dreißig. Obwohl er fast zu gehoben Englisch spricht, sieht er recht stattlich aus, die allerobersten Haare ausgenommen, die fehlen ihm nämlich. Arnold schaute mich zweimal an, als er mir vorgestellt wurde.

Von außen machte das Burnpur-Hotel einen sauberen Eindruck, drinnen aber lag vieles am Boden, was ich in den Abfalleimer werfen würde. Der Hoteldirektor entschuldigte sich wegen der Unsauberkeit, es sei alles wegen des Streiks, der neben den Arbeitern auch die Bodenwischer erfasste. Nichtbodenwischer wischen keinen Boden. Durch den Streik brannte auch der Hochofen nicht, der sonst der ganzen Gegend heißes Wasser liefert.

Nach dem späten Nachtessen im Hotel wurde noch gesessen. Ich saß mit Arnold und Rodney. Als wir genug gesessen hatten, gingen wir. Rodney fing bald an zu gähnen und empfahl sich mit der Zeit. Arnold hingegen entwickelte in jener Nacht eine beachtliche Lust zum Gehen, und ich ging halt mit. Ich lenkte das Wandergespräch auf die Kunst, denn darüber wusste ich für englische Begriffe Bescheid. Mit der Zeit schien Arnold doch müde zu werden, denn er hängte sich ein und wollte langsamer gehen, was mich erstaunte, denn Engländer lassen sonst ihren Gefühlen beziehungsweise ihrer Müdigkeit nicht so ohne weiteres freien Lauf. Ich ließ ihn aber hängen, das heißt einhängen. Ich hätte zwar nicht sollen, denn die Nacht war nicht dunkel genug, wie sich später herausstellte.

Am Sonntag fuhren wir weiter ins Grüne. Rodney fragte mich, ob ich in seinem Wagen fahren wolle, und Arnold fragte mich, ob ich in seinem Wagen fahren wolle. Ich fuhr mit Rodney.

Nördlich von Burnpur liegen Hügel mitten im Flachland. Es gibt dort Dschungel und einen Stausee, der angeschaut werden sollte. Lange Zeit fuhren wir auf einer gelben Holperstraße durch den Dschungel. Von der Straße aus sah man nur riesige Baumstämme, die von Schlinggewächs umschlungen waren. Ins Dickicht hinein sah man nicht, man sah von unten nicht einmal durch das Geschling bis zu den Baumkronen. Es soll in jener Gegend viele Tiger geben. Ich schaute und schaute immerfort durch alle Gläser, aber es rührte sich nichts Wildes im Gebüsch. Angehalten wurde nicht, denn Rodney sagte, «man geht in Indien nicht zu Fuß im Dschungel herum».

Man fuhr immerzu, auch dem Stausee entlang. Erst an der langweiligsten Stelle des Seeufers, wo ein kleiner englischer Lustpavillon stand, da stiegen wir alle aus, stellten uns alle vor den Pavillon und wurden fotografiert. Ich habe die Fotografie nie gesehen, aber ich weiß, dass sie aussieht wie ein Sonntagsidyll bei Cambridge. Gegen Abend fuhren wir zurück nach Kalkutta.

Zuweilen fällt der Abschied vom Tage schwer. Um den Tag zu verlängern, setzten wir uns noch spät am Abend ins Kaffeehaus «Kwality». Als wir so saßen und tranken, hörte ich vom Tisch nebenan heimatliche Laute. «Ich kenne die vier Leute da drüben», sagte Arnold, und «sie sprechen Deutsch, soll ich Sie vorstellen?» – «Bitte, Arnold.»

Sie stammten alle aus Wien, Herr Stefan Kleeblatt, die gnädige Frau Julie Kleeblatt, Herrn Kleeblatts Bruder und Herr Doktor Wendel; vor einigen Jahren waren sie aus Großdeutschland ausgewandert. Frau Kleeblatt ergriff nun das Wort: «Na so was, sie ist wirklich ganz allein von Wien gekommen. Na und was hat denn die Mama dazu gesagt – guter Gott – und Künstlerin – hast's gehört, Stefan?» Ja, Stefan hatte alles ge-

hört und war ergriffen. Die Anteilnahme Julias, Stefans Ergriffenheit und eben die deutsche Sprache taten mir unendlich wohl. Ich erzählte munter von allem, was die gnädige Frau wissen wollte, eigentlich viel zu viel, aber meinen Redefluss bereute ich erst, als er schon gehört worden war. Ich sprach auch von Japan. «Wenn Sie Japan sehen wollen», sagte der gute Stefan, «da muss man nur ein paar Leut' kennen, lassen Sie mich nachdenken. Wir treffen uns alle am Freitag wieder hier um elf», meinte der liebe Stefan Kleeblatt mit seinen langen weißen Haaren!

Ich wartete in jener Zeit täglich auf Nachrichten aus dem Kalkutta-Klub. Einmal fragte ich Babu, ob er nichts gehört hätte von Surata oder Mr Roy. – Unangenehm, wie er jetzt lächelte, «Sie müssen noch viel lernen über Menschen.» Aber Babu brachte andere Nachrichten – das Echo vom Sonntagsausflug: «Ein gewisser Rodney hat gesagt – ein netter Pfirsich, diese Schweizerin –, sein Vater ist Lordmayor, denken Sie daran, mein Kind.» – «Bevor der über andere spricht, soll er zuerst ein wenig Suppe essen, damit er nicht immer klappert beim Gehen», sagte ich. «Und der Arbeitersohn, hat der auch geklappert beim Mitternachtsgang?», fragte Babu und lächelte betont. «Wer spricht von Mitternachtsgang, Babu?» – «Kalkutta spricht davon – ohne weitere Begleitung, die halbe Nacht hindurch – mit dem Sohn eines Arbeiters – spazieren – man darf sich nicht sehen lassen.» – «Aber Babu, es war doch dunkel …» Wie seltsam er lächelte, gerade jetzt.

Noch am selben Abend traf ich den Sohn des Arbeiters. Wir aßen und tanzten zusammen. Während der Fahrt nach Hause fragte Arnold, ob ich bei ihm einen Whisky trinken möchte. «Danke, Arnold, es ist eigentlich schon spät.» – «Ja, es ist zu spät, Sie haben recht, Katharina.» Arnold ist ein Gentleman.

Durch Babu lernte ich den österreichischen Konsul kennen, der mich einlud auf ein Wochenende bei seinen Freunden in Hazaribagh. Man würde bewaffnet hinfahren. Hazaribagh heißt tausend Tiger und liegt weit weg von Kalkutta in der Wildnis.

Am Freitag traf ich die Familie Kleeblatt und Doktor Wendel. Der Doktor teilte mir etwas Erschütterndes mit. «Vor einer Stunde ist ein Flugzeug mit einem Freiplatz nach Nepal abgeflogen, der Freiplatz war für Sie frei, bei Gott, ich hab Sie nicht erreichen können.» Da hätte ich gerne geweint, aber ich habe es mir dann überlegt und mich entschlossen, erst zu weinen, wenn das Ende traurig ist.

«Es gibt aber noch andere Möglichkeiten», sagte der Doktor. «Zum Beispiel morgen ist ein Pferderennen und am Abend gibt der Nawab von Rampur eine Cocktailparty im Grandhotel, ich kann Sie hinführen, wenn Sie wollen.» – «Aber ich wollte morgen mit dem Konsul und dem Gewehr zu den tausend Tigern fahren.» – «Ach, da will ich dem Herrn Konsul nicht im Licht stehen, er könnte es mir verübeln.» Der Doktor lächelte das verdorbene Kalkutta-Lächeln. Mir wurde dabei warm in der Gegend der Schläfen. Frau Kleeblatt sagte: «Man weiß wirklich nicht, was man raten soll», und Herr Kleeblatt sagte: «Bedenken Sie, Katharina, was Sie tun, beim Rennen werden viele wichtige Leute sein, und der Nawab ist ein großer Fürst.» In Begleitung des Doktors und des Boris ging ich zum Herrn Konsul, um mich für das Wochenende zu entschuldigen. Boris ist des Doktors Freund. Er war einst Petersburger Balletttänzer gewesen, doch er machte den Eindruck, als hätte er schon lange umgesattelt. Sein Gesicht war faltig, wahrscheinlich von der feuchten Luft, oder von der Feuchtigkeit im Allgemeinen. «Es gibt noch ganz andere Möglichkeiten, um nach Nepal zu kommen», sagte Boris zu mir, «ich habe gute Verbindungen zum Hof in Katmandu –»

Ich sprach allein mit dem Konsul. Er bedauerte; ich eigentlich auch. Einen Moment wurde ich unschlüssig, und ich sagte zu ihm: «Sie sind doch Konsul – raten Sie mir, was ich tun soll?» – «Gehn Sie ruhig hin zum Cocktail, wenn Sie glauben, dass es Ihnen nützen wird – aber passen Sie auf, Katharina. Kennen Sie übrigens diesen Boris? – Der Mann hat schon viele Mädchen nach Nepal geführt.» Ich stand am Kreuzweg. Wegen jener Entscheidung ist alles so gekommen, wie es dann eben gekommen ist. Vielleicht war es richtig, vielleicht falsch, wer weiß das?

Siebentes Kapitel

Es war eigentlich alles unwichtig am Pferderennen, auch die Pferde – nur man selber nicht. Man trug das Kinn etwas höher als sonst, um die Menge gelangweilt überblicken zu können. Nur wenn man in die Weite grüßen musste, ließ man sich mit dem Kopf kaum merklich herab. Man sprach *so* englisch wie möglich. Der Doktor erklärte mir die Gesellschaft: «Das kleine Mädchen mit dem langen Rock und der Schürze ist eine tibetische Prinzessin, und dort ist ein General, ein Nepalese – sehen Sie sich den Maharadscha von Cooch Behar an, sitzt in der zweiten Loge von links, ein schöner Mann, nicht – oh, guten Tag, Ranjena –» Ranjena war ein feines kleines Mädchen. Sie trug einen dunkelblauen Sari und gar keinen Schmuck, aber sie war präzis und sorgfältig geschminkt. Ranjena besuchte das Rennen nur, um zu sehen, wer es auch besucht, denn sie schreibt die «Nachrichten aus der Gesellschaft» für das Touristenblatt.

Eine Frau ging an uns vorbei. Der Doktor drehte den Kopf nach ihr. «Ist sie nicht herrlich?» – «Ja schon, Doktor», sagte ich, obwohl ich das Urweib nicht so herrlich fand, mit ihrem großen roten Mund und ihrem betonten Gang.

Am Abend fuhren wir zum Cocktail des Nawabs von Rampur. Ich trug wieder mein ewiges weißes Kleid, das durchsichtig war, wo es durfte. «Sie besitzen wohl keinen Schmuck?», fragte der Doktor unterwegs.

An jenem Abend sah ich so viel Schmuck, wie ich nie im Leben mehr sehen werde. An den Ohren Ihrer Hoheit, der Maharani zum Beispiel, hingen Perlen so groß wie Baumnüsse. Sie empfing jeden Gast mit einem satten Lächeln. Es war ihre Pflicht, mich zu fragen, wie mir Indien gefalle …

«… und wie reisen Sie?» – «Kürzere Strecken per Rad, sonst Autostopp …» – «Oh – und – allein?» – «Ja, natürlich.» Die Maharani schaute ganz eigen – ihre Mundwinkel senkten sich kaum merklich, sie wartete auf den nächsten Gast, der ihr gereicht wurde.

Der kleine große Mann, der Nawab von Rampur, hing in einem schwarzen knielangen Rock mit Stehkragen und engen weißen Hosen mit viel zu langen Hosenbeinen. Der Doktor erklärte mir, dass hier alles Übermaß Absicht sei, was Hosenbeine anbelangt. Seine Hoheit stand, umrahmt vom Hof, beim Eingang und ließ sich alle Gäste vom Zeremonienmeister vorstellen und erklären. Er freute sich königlich über jedes neue Gesicht.

Nach der ersten Begrüßung wurde man gleich verpflegt und weitergeleitet. Ich fiel dann in die Hände von Prinz Abdul. Der Prinz betrachtete mich genau und sagte schließlich zum Doktor: «Wie ich höre, haben Sie einen Patienten aufzusuchen. Sie können sich ruhig entfernen, ich werde Ihre Begleiterin unterdessen beschützen.» Der Doktor ging für eine halbe Stunde weg, aber auch Abdul wurde zu einer anderen Funktion abberufen.

Ich wurde weitergereicht an Seine Exzellenz, Mr Sabu. Mr Sabu fühlt sich jünger, als er ist. Er erzählte mir von seiner Kunstsammlung, die auf zwei Millionen Rupien geschätzt werde und die ich unbedingt sehen müsse. Ab und zu, zwischen dem Zuhören, schaute ich mich um – ich hatte eine Entdeckung gemacht. Ich sah ihn nur von weitem, aber ich sehe gut. Er ragte weit über alles kleine Bengalische hinaus – «... rufen Sie mich doch am Montag an», fuhr Sabu fort, und fuhr immer weiter fort. Mit verklärtem Blick erzählte er von der Schweiz, von Luzern, wo sie wohnt, «... kennen Sie sie, Annemarie ist ihr Name, erst siebzehn Jahre alt – ... wir schreiben uns jede Woche. Ich verstehe nicht, warum ihre Eltern so dagegen sind ... Meine eigenen Kinder wissen von der Sache und sagen nie etwas ... Sie werden mich anrufen, nicht wahr – am Montag.» In diesem Moment setzten sich ein ausgedörrtes junges Männlein und sein Weiblein neben mich. Ich hatte schon lange bemerkt, dass mich das Männlein beobachtet hatte. «Sorry, mein Name ist Chatterjee – das ist meine Frau. Ich habe erfahren, dass Sie Künstlerin sind. Ich bin auch Künstler. Ich habe hier so wenig Gelegenheit, mit Kollegen zu sprechen, darf ich mich mit Ihnen einmal über die Kunst unterhalten?» Ich nickte. «Darf ich Sie einmal zum Mittagessen einladen?», fuhr Chatterjee fort. «Ja, gut.» – Ich blickte dabei zum Ausgang, in dem er gerade verschwand, der schöne Große – mit dem Urweib vom Pferderennen – Gott sei's geklagt.

Es wurde nun getafelt und getanzt. Sabu tanzte mit mir. Er schwankte dabei von einem Bein auf das andere, vom Takt gänzlich unbelastet. Ich musste mitschwanken. Später tanzte ich mit dem Prinzen. Das Tanzen schien Abduls Leben und Beschäftigung zu sein. «Man muss eng tanzen», sagte er, «nur das ist der richtige Tanz.» Er näherte sich mir mit jedem vierten Takt, bis es nicht mehr näher ging. Mich schauderte. «Wie gut Sie tanzen – eigentlich wäre es schade, wenn man sich aus den Augen verlieren würde, meinen Sie nicht auch, Miss Ka-

tharina?» Ich lächelte nur. Er fuhr fort: «Wir werden uns am Montagabend treffen, zum Nachtessen im Firpos, nicht wahr?» Mich schauderte noch immer, aber ich nickte so halbwegs, der Einfachheit halber ... dann dachte ich: Ich hätte wirklich nicht nicken sollen. Abdul tanzte weiter mit seinen kleinen Füßen, die in schmalen Lackschuhen steckten, auch die schmalen Lackschuhe ließen mich schaudern. Manchmal blickte mich Abdul mit grauen Augen verschwommen an. «Ich weile oft in Rampur, Seine Hoheit ist mein Onkel – Sie werden wohl auch einmal in den Palast kommen?» Als der Doktor zurückkam, war es Zeit, in den Saturday-Klub zu gehen, denn wir hatten dort noch eine Verabredung mit Boris. Damit wir gehen konnten, lud der Doktor die Familie Nawab ein in den Saturday-Klub.

Boris war natürlich nicht im Saturday-Klub. Der Doktor flüsterte mir zu: «In Kalkutta nimmt man viele Dinge nicht ernst, Sie kommen früh genug nach Nepal.» Im Klub wurde weitergetanzt. Ich tanzte mit Seiner kleinen Hoheit. Ich weiß wirklich nicht, warum dieser Mensch tanzt, wenn er es doch nicht kann. Wir schoben uns, das heißt, ich ihn, eine halbe Stunde lang auf dem Parkett herum. Er machte dabei ein unfürstlich erschrecktes Gesicht. Als sich nach dem Tanz sein Schreck vor meiner großen Person gelöst hatte, fragte er mich, ob ich Delhi in meine Reisepläne einbeziehe. «Wir wohnen nicht weit von Delhi, Sie könnten einige Tage bei uns verbringen, was meinen Sie?» Hoheit wandte sich zu seiner Frau: «Ich habe Miss Katharina gesagt, sie soll doch einige Tage in Rampur mit uns verbringen, wenn sie Delhi besucht, was meinst du?» – «Ja, sie soll kommen», meinte die Maharani.

Es dämmerte schon dem Sonntag entgegen, als mich der

Doktor nach Hause führte. Er war verärgert, denn der Weg war weit. «Schon lange haben Sie sich Ihren Ruf verscherzt, Katharina, Sie wohnen in einem indischen Haus, Sie lassen sich von einem indischen Fürsten in seinen Palast einladen, aber Sie wollen nicht auf den Tag bei einem grauen Mann warten.» Die Worte des Doktors waren ein Schlag auf mein Haupt. Doch was kann man gegen die Meinung? Einem Mädchen, das alleine reist, folgt der schlechte Ruf von selbst.

Am Montagabend um sieben Uhr wanderte ich durch die Hallen des Firpos und schaute mich um. Prinz Abdul war nicht zu sehen. Es ist wohl besser so, dachte ich – etwas verletzt war ich schon an gewissen Punkten meines Wesens. Leider endete die Geschichte von dem Prinzen Abdul erst zwei Monate später. Auf dem Heimweg traf ich den Doktor. «Heute haben Sie sich Japan verscherzt, Katharina. Sie hätten umsonst auf einem Frachtschiff fahren können. Der Herr Kleeblatt hat hundert Rupien in die japanische Wohlfahrtskasse gegeben, um Stimmung für Sie zu machen. Sie sind nicht geschickt, Sie haben alle beleidigt wegen Ihrer Absage – nichts mehr zu machen.» So sprach der Doktor und lächelte mitleidig. Ich hielt mich vor Schreck am Stevencourt-Gebäude fest. Ja, ich war mir im Licht gestanden.

Ich harrte dann weiter auf glücklichere Zufälle – auf Boris wegen Nepal, auf Bericht von Wirbelwind, dessen Schwager mit einem leeren Auto nach Kaschmir fahren sollte, ich erwartete Nachrichten von Surata und Mr Roy. Ich würde heute noch warten, wenn ich im Warten nicht gestört worden wäre.

Eines Mittags holte mich Chatterjee, das Männlein von der Rampur-Party, ab. Er kam vor der ausgemachten Zeit. Taghur, der ‹dumme›, führte ihn geradewegs in mein Zimmer, wo ich noch mit meiner Erscheinung beschäftigt war. «Oh, ich komme gerade recht, um zu sehen, wie die Sonne aufgeht.»

Wir speisten im Grand Hotel. «Ich habe einen Auftrag für die Dekoration eines Landhauses – ich wollte Sie fragen, ob wir die Arbeit gemeinsam machen könnten. Wenn Sie einverstanden sind, fahren wir heute hinaus, um das Haus zu besichtigen, es gehört einem steinreichen Händler, einem Marvari.» (Die Marvaris bilden eine Händlerkaste. Sie sind reich, die Leute sagen, wenn man mit ihnen handelt, wird man arm, aber das wusste ich damals noch nicht.)

«Lieber Chatterjee», antwortete ich, «ich wollte eigentlich diesen feuchten Ort bald verlassen, denn ich kann nicht endlos meinem Gastgeber zur Last fallen.» – «Ach, Miss Katharina, das ist die kleinste Sorge, ich werde Ihnen diese Sorge abnehmen, ich werde alles tun, damit ich im Lichte der Sonne arbeiten kann.» – «Chatterjee, Sie verwechseln die Sonnen, nur die Sonne am Himmel scheint für jeden.» – «Miss Katharina, die Sonne auf der Erde muss jedem scheinen, der sie bescheiden betrachten will, sie scheint dem Künstler, denn der Künstler braucht viel Sonne, ohne Sonne kann er nicht arbeiten.» – «Wie viele Sonnen brauchen Sie im Ganzen, Chatterjee, um zu arbeiten, eine Sonne haben Sie doch schon zu Hause, nicht wahr?» – «Ach ja, aber warum sind Sie so grausam und versetzen mich in die Wirklichkeit? Ich bin verheiratet worden, das geht bei uns, ohne dass man sich's versieht. Ich hatte sie nie gesehen vor der Hochzeit. Sie ist schön, ich muss es sagen, und sie ist mir ergeben, aber sie kann mir nicht folgen, sie erfasst die Seele des Künstlers nicht, sie kann mir nicht nachschweben in meine Höhen, doch sie ist treu und geduldig. Ich habe ihr gesagt, dass ich Sie heute treffen werde.»

Wir fuhren dann hinaus zur Besichtigung des Landhauses. Das Haus ist so gebaut wie sonst keines auf der Welt. Vorne ist es spitz und hinten rund, es stellt ein Schiff dar. Es hat runde Fenster, ein Oberdeck und ein Zwischendeck. Im Speisesaal

ist über einem Fenster ein Schiff im Sturm gemalt. Dem Besitzer dieses ungeheuerlichen Gebäudes war die gegenwärtige Einrichtung verleidet, er pflegt sie alle zwei Jahre zu ändern. Durch sämtliche Räume führte er uns und strahlte immer mehr, je großzügiger unsere Anregungen wurden. «Diese Wand muss heraus – hier alles Glas, dort ein Fresko», schlug ich vor. Chatterjee sagte: «Die Türen sind nicht echt genug für ein Schiff – und die Betten sind im Schiff übereinander und nicht nebeneinander ...»

Babu war nicht ganz eingenommen von meinen Plänen. «Lassen Sie diesen Chatterjee vorerst einmal mit mir sprechen», sagte er. Eines Abends musste ich die beiden Herren also zusammenführen und dann im Nebenzimmer warten. Babu erklärte mir nachher: «Der alte Marvari ist nicht bereit, für Ihre Arbeit auch nur eine Rupie vorauszuzahlen. Sie müssen wissen, dass Sie von diesen Leuten nie mehr als den Vorschuss bekommen ... Ich habe Chatterjee gesagt, dass Sie noch diese Woche wegfahren werden. Ich schenke Ihnen eine

Fahrkarte nach Kaschmir, wann wollen Sie fahren?» – «– – dann nächste Woche, danke, Babu.»

Beim Cocktail des ägyptischen Gesandten erschien Arun, meine schöne Entdeckung von der Rampur-Party. Arun setzte sich neben mich. Das Urweib war auch da, es schaute von weitem zu, wie Arun sich mit mir unterhielt. Arun wirkte aus der Nähe eigentlich noch viel besser als von ferne. Er hatte ein Gesicht wie ein italienisches Gassenkind, und Augen – ich weiß nicht, wie Samt vielleicht, und ganz traurig, wahrscheinlich wegen dem Urweib, der Arme. Arun trug goldene Schnabelschuhe und einen Stehkragen am Rock. Wir sprachen über ganz andere Dinge, als man bei Cocktails zu sprechen pflegt. Das Urweib hatte Arun immer im Auge, währenddem sie anderweitig unterhalten wurde. Plötzlich stand sie auf und kam zu Arun, und ich hörte sie auf Englisch sagen: «Ich bin müde, Liebling, lass uns nach Hause gehen.» Auch Arun stand auf. «Verzeihen Sie», sagte er zu mir. Sie verabschiedete sich von allen. Mich übersah sie in der Hast. Arun flüsterte im Vorbeigehen: «Sie werden von mir hören.» Dann gingen beide hinaus. Zweifellos war das Urweib sein eigenes Weib.

Ich hörte am nächsten Tag wirklich von Arun, aber nur durch seinen Freund Kulbir, der mich zu treffen wünschte. Kulbir war leider kein Arun. Er sah aus wie ein Meisterboxer, oder auch wie ein Schwarzhändler. Kaum hatte er mich gesehen, wünschte er, jeden Abend mit mir auszugehen. Als ich ihn zum zweiten Mal traf, schenkte er mir einen seidenen

Schal, auf dem goldene Elefäntlein gestickt waren. Am dritten Tag fragte mich Kulbir, ob ich ihn heiraten wolle.

Kulbir arbeitete nur am Samstagnachmittag. Beim Pferderennen muss er Pferde zählen, oder irgendetwas.

Eigentlich war Kulbir ein Sikh, doch ging er mit der Zeit und legte Bart und Turban ab. Kulbir kann man nicht dumm nennen. Sicher war er schlau, aber was in Gesprächen über das Sicht- und Greifbare hinausging, da kam Kulbir nicht mehr mit. Er hielt sich überhaupt gerne an das Greifbare im Besonderen.

Als ich vor ihm einmal von Arun sprach, flackerte ein Teufelslicht in Kulbirs Augen auf.

An meinem letzten Nachmittag wurde mit Kulbir und vielen anderen aufs Land hinausgefahren zum Picknick. Man fuhr ausgerechnet zum Schiffshaus jenes alten Marvaris, das ich mit Chatterjee vor einer Woche besichtigt hatte. Es stand öde und leer, wie ein Gespensterschiff.

Ein Jüngling mit dunkelbrauner Haut kam auf mich zu und sagte: «So, Sie sind vo Züri, dasch denn scho na luschtig.» Ich schaute ihn ziemlich dumm an. Er erklärte dann noch, er sei Ariel, Aruns Vetter, und er habe in Zürich die Kantonsschule besucht. Das sagte er alles auf Schweizerdeutsch.

Gegen Abend tanzten wir auf dem Zwischendeck unter den letzten Monsunregentropfen. Ich tanzte immer mit Ariel. Kulbir schaute uns zu. Auf einmal führte er mich am Arm beiseite und flüsterte mir eindringlich zu: «Glaube nicht, dass ich dich morgen zum Bahnhof führen werde.»

Der Tag meiner Abreise nach Kaschmir folgte. Doktor Wendel sagte beim Abschied, dass er für mich eine Unterkunft wüsste, falls ich nach Kalkutta zurückkäme.

Babu schenkte mir zum Abschied ein Kleid aus Nordindien und dazu gestickte Schnabelschuhe.

Babus Sekretär begleitete mich zum Bahnhof. Kulbir erschien dann auch. Er kaufte mir Früchte und ein Magazin zum Lesen. Der Sekretär sagte zum Bahnschaffner, man müsse auf mich aufpassen.

Achtes Kapitel

Ich reiste diesmal in einer besseren Klasse, nämlich in der zweitletzten. Ich saß wiederum im Damenabteil, zusammen mit einem anglo-indischen Mädchen, das sehr dick und gemütlich war. Kaum war der Zug in Bewegung, fing das Mädchen an zu essen, um die Linie zu wahren. Sie half auch mir die Linie wahren, und ich aß, so viel ich bekam, denn ich wusste nicht, woher ich das übernächste Essen bekommen würde. Als es dunkelte, packte das Mädchen sein Bettzeug aus und gab mir ein Kopfkissen, dann legte man sich auf die lange Bank. Vor dem Einschlafen schloss das Mädchen alle Fenster, prüfte die doppelten Riegel an der Tür und löschte das Licht. Manchmal in der Nacht klopfte jemand an den Stationen an

unsere Tür, dann sagte das Mädchen: «Lass sie nur klopfen, es sind Männer.»

Als es tagte, zog sich das Mädchen um. Es schlüpfte in einen Rock aus hellblauem geblümten Nachthemdenstoff. In Kanpur stieg das Mädchen aus. Dann war ich allein im Abteil – lange Zeit.

Ich schaute aus dem kleinen vergitterten Zugfenster in die Ebene. Es war immer noch Monsunwetter, der Himmel bleiern und alle Farben verwässert wie ein blasses Aquarellbild. Nur das Saftgrün der Reisfelder leuchtete im Vordergrund. Wir fuhren an Lehmdörfern vorbei. Man sah jetzt keine Palmen mehr. Die Farben wechselten allmählich von verwaschenem Grün zu verwaschenem Ocker, Hügel stiegen. Wir hatten die Tropenzone verlassen.

Babus Sekretär hatte mir verboten, vor Delhi aus dem Zug zu steigen, aber im Bahnhof von Ahmednagar ging ich doch ein wenig auf und ab. Als ich wieder einsteigen wollte, lief mir einer nach, der eine weiße Eisenbahnermütze trug, und fragte mich, ob ich nicht lieber in der zweiten Klasse fahren wolle, es sei da vorn ein Abteil frei. «Ja gerne», sagte ich. Er nahm mein Säcklein und führte mich in ein sauberes Abteil, in dem nur eine Bank stand. Der Zug rollte an. Ich sah gerade noch, wie draußen einige Männer das gewisse Lächeln lächelten – der Mensch mit der weißen Kappe schloss die Tür hinter sich –, und ich war allein mit ihm im Abteil, und der Zug rollte.

Er schaute mich an. «Fürchten Sie sich?», fragte er. «Nein, jetzt nicht, sonst fürchte ich mich oft, aber vor Ihnen nicht, ich habe gleich gesehen, dass Sie ein Ehrenmann sind.» – «Ich, o ja, natürlich, ich bin ein Ehrenmann. Wissen Sie, ich fühlte Mitleid, als ich Sie in die schlechte Klasse einsteigen sah …

Ich dachte, dass Sie sicher mit jemand sprechen möchten ... und wissen Sie, ich spreche gerne mit englischen Mädchen, sie sind alle so klug und lustig, und ich muss immer lachen ... Und nun sagen Sie, wie gefallen Ihnen die indischen Männer?» – «Die indischen Männer? – Ganz gut, solange sie mich in Frieden lassen.» – «Lasse ich Sie nicht in Frieden – oh, ich bin ein guter Mann, und ich bin Bahnoffizier, ich muss mich um die Zugpassagiere kümmern.» Er rückte etwas näher. «Können Sie mir erklären, wie alle diese Schalter hier funktionieren, bitte?» – «O ja, natürlich.» Er stand beflissen auf und zeigte mir, wo man drücken muss, damit der Zug steht, wie man das Fenster öffnet, das Licht andreht, wo man zieht, damit es spült, und wo man drückt, damit das Wasser kommt. Und dann hielt der Zug an. «Sie entschuldigen mich einen Moment, nicht wahr?», sagte er, «ich habe an der Station zu tun.» Er stieg aus. Ich verriegelte hinter ihm die Tür. Als der Zug anrollte, klopfte er an die Tür. Ich gähnte aus dem Fenster. «Ich werde jetzt ein wenig schlafen – Sie haben wohl noch andere Passagiere zu betreuen.» Er blickte ein bisschen säuerlich meinem Abteil nach, das ohne ihn davonfuhr.

In Delhi half er mir beim Umsteigen.

Eine Nacht lang lag ich auf dem Zugboden im überaus bevölkerten Damenabteil. Ich lag vor der gewissen Türe. Wer musste, der hatte über mich hinwegzusteigen. Mit dem Kopf lag ich auf meinem Waschlappen. Wer von den Damen nicht auf dem Boden schlief, schlummerte auf der Bank im Schneidersitz, mit dem Kind im Schoß.

In Amritsar stieg ich unbeschützt um. Einige Stunden fuhr ich im Abteil mit einer amerikanischen Missionarsfamilie.

Von Pathankot weg saß ich in einem Autobus auf dem Ehrenplatz, ganz vorne neben dem Führersitz. Der Chauffeur, ein Sikh, der gestreifte Pyjamahosen trug, bedeutete mir, dass mein Platz die erste Klasse sei. Ich war das einzige Mädchen unter lauter dunklen Männern mit gefurchten Berggesichtern. Es gab zwar noch einen Amerikaner, ganz hinten im Autobus, in der sogenannten dritten Klasse, den ich nicht interessierte, denn er trug einen Fotoapparat bei sich, der ihn intensiv beschäftigte.

Mitten im Gelände wurde angehalten. Es stand da eine Holzbaracke, wo Pässe und Visum für Kaschmir kontrolliert wurden. Im Prinzip stand jeder Passagier unter Spionageverdacht.

Nach zwei Stunden fuhren wir weiter. Mein Sitz und das ganze große Auto bestanden aus Blech, es war hart, wie immer ich mich setzte. Als die Straße noch schlechter wurde, zog ich meine Jacke aus und setzte mich darauf. Der Chauffeur fragte mich alle fünf Minuten, ob es mir gutgehe.

In den Geröllhalden tauchten plötzlich goldene Türme auf und dann eine Stadt, die von weitem aussah wie die Geröllhalde selber, an der sie hing. Wir fuhren in die Stadt hinein und waren in Jammu. Es wurde angehalten, und alle Leute stiegen aus. Der Chauffeur sagte, dass wir hier übernachten. Ich erschrak, denn ich war finanziell nicht auf diese Übernachtung vorbereitet.

In der Stadt existierte ein Dak-Bungalow, wo man für zwei Rupien übernachten konnte; so weit und zu einer Suppe reichte es bei mir gerade noch.

Am Abend ging ich spazieren, kühl war es wie schon lange nicht mehr. Die Luft war klar und trocken. Ich ging auf die goldenen Türme zu, die zum Tempel einer Hindu-Sekte gehören. Am Tempeleingang stand ein Mann, der ließ mich nicht eintreten. «Kein Zutritt für Fremde.» Als ich mich umdrehte, standen einige Jünglinge hinter mir. Ich ging weiter und drehte mich wieder einmal um, da standen dreißig Jünglinge hinter mir. Ich ging schneller, aber es fing an laut zu werden hinter mir. Ich schaute zurück – da rauschte hinter mir eine rauhe Menge von Männern, lauter Männer in allen Größen und Farben, ein entsetzlicher Anblick. Ich blieb stehen vor Schreck. Ich wurde umringt und konnte keinen Schritt weitergehen. Alle Männer starrten mich an, einige lachten ganz frech. Ich bemerkte, wie sich jetzt einer durch das Gedränge zwängte, er kam auf mich zu: «Was wollen Sie?», fragte er. «Meinen Frieden will ich.» – «Kommen Sie mit mir.» Er führte mich in eine Baracke und verriegelte dreimal die Tür hinter uns. Draußen polterte die Menge an die Tür, sie johlte und schrie. «Hat man hier noch nie fremde Leute gesehen?» – «Das schon, aber nicht Frauen, die so herumgehen wie im Kino. Sind Sie vom Film?» – Ich hörte, wie draußen ein Fahrzeug anhielt und wie der menschliche Lärm schwächer wurde. Die Polizei holte mich ab und führte mich im Auto in mein Quartier. Der Polizeihauptmann entschuldigte sich für die «Rückständigkeit der Bevölkerung». Es lärmte noch lange vor dem Dak-Bungalow, aber es stand nun eine Wache vor dem Haus.

Am anderen Morgen schauten merkwürdig viele Leute zu, wie unser Autobus wegfuhr.

Wir fuhren bergauf und immer bergauf, über viele kahle grüne Berge, und wenn ich dachte, jetzt sind wir dann oben auf dem Berg, dann tauchte dahinter wieder ein Berg hervor. Auf jedem Berg war noch ein Berg. Und wenn ich dachte, dort

ist die letzte Kurve, dann kam wieder eine – endlos. Es wurde kalt. Manchmal begegneten wir Herden von grauen Ziegen mit langen Haaren und Hörnern wie Schraubenzieher. Von einer dieser Ziegen musste meine Jacke stammen, auf der ich gerade saß. Wir fuhren durch Dörfer, die aussahen wie ein Stück Berg. Auf manchen Dächern wuchs Gras.

Auf halbem Weg wurde angehalten. Ich versuchte einen Brotkuchen zu kaufen, aber der Spezialpreis für Fremde überstieg meinen Barbesitz.

Der Mann hinter mir im Auto, ein dicker Unterländer, wahrscheinlich ein Marvari, fragte mich, ob ich Zucker esse, und dann fing er an, mich zu bescheren mit Zuckerkugeln, mit Marzipan, Mandelkuchen und Honigfladen. «Alles ist hausgemacht – wunderbar, nicht?», sagte er. Ich aß und aß, bis mir der Zucker aus den Augen stieg, der Mann hörte nicht auf mit seinem Zuckerkugelsegen. Als ich einfach nicht mehr essen konnte, ließ ich ein Stück nach dem anderen still in meine Tasche sinken, kaute aber weiter mit leerem Mund und lobte den Zucker über alle Maßen. Der Mann hatte große Freude an meinem Appetit, und ich an meinem wachsenden Vorrat. Für morgen, dachte ich, denn ich wusste noch nicht, wie es morgen weitergehen würde, ich hatte auch noch keine Ahnung, in welcher Form ich wohnen würde, ob ich zu den Christen gehen, oder ob ich einfach an ein Haus klopfen würde und fragen, ob ich hier wohnen darf.

Einmal kam doch die letzte Kurve, dann ein Tunnel, und nun fuhren wir fast in der Luft. Weit unter uns lag eine breite gelbe Ebene. Hinter der Ebene lagen blassviolette und zuhinterst weiße Berge, weit, weit weg im Dunst. Mitten in der

gelben Ebene lag eine lange rötliche Bodenwelle, sie lag da wie ein Krokodil. Wir fuhren nun immerzu bergab, der niedere Hintergrund wurde immer höher, wir fuhren hinunter bis auf die gelbe Ebene, und da war das Krokodil auf einmal ein hoher Berg. Ich sah seltsame Häuser aus Holz und Lehm, die alle auf einem aufgeworfenen Erdhügel standen, vielleicht ist diese Ebene manchmal ein See. Es war Nacht, als wir Srinagar erreichten. Gleich beim Aussteigen wurde ich angebrüllt von einem Haufen von Männern mit Pelzkappen. «Memsahib Hausboot – Hausboot Memsahib – zwölf Rupies – zehn Rupies – sieben Rupies.» – «Zwei Rupies», sagte ich. «Yes, yes – mein Hausboot zwei Rupies», das rief zuerst einer, und dann riefen es alle. Der Amerikaner mit dem Fotoapparat kam plötzlich auf mich zu, nahm mein Säcklein und sagte: «Hören Sie nicht auf die Kerle, das sind alles Schwindler. Kommen Sie zuerst einmal ins Hotel – und Ihr Hausbootwallas geht aus dem Weg – marsch.»

Nachts um zehn Uhr stand ich vor dem englischen Hoteldirektor des Nedou-Hotels. «Ihre Preise sind so unerschwinglich für Studenten.» Er schaute mich drei, vier Sekunden lang an. «Ist Ihnen der halbe Preis zu viel?» – «Ja», sagte ich.

«Sekretär – geben Sie der Memsahib ein Zimmer – ohne Verrechnung», und zu mir sagte er: «Der Speisesaal ist links um die Ecke.»

Neuntes Kapitel

Srinagar liegt am Dal-Lake, das ist ein untiefer See mit vielen Inseln. Auf einigen Inseln steht ein Haus, sonst nichts; manche Inseln sind zwanzig Zentimeter hoch und einfach Gemüsebeete. Im See stehen Bäume. Man kann mit dem Ruderschiff durch ganze Alleen fahren. In der Wasserallee sieht man den Himmel nicht, man sieht auch das Wasser nicht. Oben sind goldgrüne Blätter und unten schwimmt auf dem Wasser ein grüner Teppich, eine Frau taucht ihre Hand in die grüne Fläche und zieht daraus Schlingpflanzen hervor, die nachher gekocht und gegessen werden.

Durch die Stadt ziehen sich unendlich viele Kanäle. Die Gondola heißt dort Schikara, sie hat ein Dach und gestickte Vorhänge.

An den vielen Wassern stehen beängstigend alte Häuser aus Holz und Lehm. Manche Häuser stehen nur noch auf einem Bein, neigen sich zur Seite oder lehnen sich ans Nachbarhaus. Man sagt, sie standen schon immer so.

In Srinagar kann man auf dem Wasser leben, entweder im kleinen, schmalen Volksboot oder im komfortablen Fremdenboot. Ich wohnte auch im Hausboot, ganz allein mitten im See. Ich sah von meinem Schiff aus nur Berge, eine alte Festung, Wasser und Wasserbäume.

Mein Hausboot war ein schönes Stück. Es hatte drei Zimmer mit allem, was der Mensch braucht, mit geschnitzten Möbeln, mit Teppich und Vorhängen. Auf dem Dach konnte man spazieren gehen und braun werden, wenn man hätte wollen, aber in Kaschmir will man eher weiß als braun werden.

Der Hausbootmann verlangte keinen Vorschuss. Jumma war überhaupt ein guter Mann. «Ich werde Memsahib wie kleine Schwester halten», hatte er gesagt, als ich einzog.

Das Essen im Hausboot war ein Spaß. Ali Mohammed, Jummas Sohn, bediente englisch. Ich aß ganz allein, aber jeden Abend im schönen weißen Kleid. Hammelfleisch, Reis und Gemüse wurde mir in der Regel aufgetischt, zum Nachtisch Apfel- oder Birnenkompott. Kaschmir ist berühmt für seinen Obstreichtum.

Mein Bad nahm ich in einer runden Zinnschüssel – es war ein tägliches Trauerspiel, inmitten toter kleiner Fischlein, die das heiße Wasser nicht überlebt hatten. Am Morgen aber schwammen die Fischlein fröhlich im kalten Waschwasser herum.

Am zweiten Tag besuchte mich ein staatlicher Fremdeninspektor und fragte, ob ich zufrieden sei, und ob er etwas für mich tun könnte. Ich sagte zu ihm, er solle mir helfen, Bilder zu verkaufen. «Oh, ich kenne viele reiche Männer, wir werden Ihre Bilder ausstellen, malen Sie zehn Bilder – bis nächste Woche.»

Ich fing also an zu malen, jeden Tag. Ich dichtete auf das Papier Sonnenauf- und -untergänge, Berge, Wasser, Wald, Feld und Leute.

Eines Tages ging ich mit Briefen auf die Post. Auf dem Weg traf ich den Fremdeninspektor. «Meine zehn Bilder für die Ausstellung sind fertig.» – «Ach so, für die Ausstellung. Vielleicht, Miss Katharina, kommen Sie mich heute Abend besuchen, wir werden dann alles besprechen, wir werden ungestört sein, Miss Katharina. Sie sind eine nette junge Dame, ich kann viel für Sie tun.» Er schaute mich an mit einem Blick, der nur so klebte. Ich brachte kein Wort mehr hervor, nur eine Drehung um die eigene Achse. Ich war kaum einige erschreckte Schritte weitergegangen, als mich einer ansprach. Er behauptete, er sei der reiche Shafti, man nenne ihn nur Prinz. Der Mensch schaute eher unterweltlich aus, obwohl er noch ziemlich jung war. Er hatte grüne Schleimaugen, ein Schwammgesicht und Hände, die so schlüpfrig waren wie eine Seife im Bad. «Ich weiß nicht, wie mir geschehen ist», sagte er, «ich könnte alles für Sie tun. Wollen Sie meine Freundin werden – Sie werden alles haben.» – «Danke, ich habe schon einen anderen Beruf», sagte ich, und: «Zeigen Sie mir bitte die Post.» – «Oh, bitte geben Sie mir doch Ihre Briefe, ich werde sie auf die Post bringen. Kann ich noch etwas für Sie tun?» – «Ja, ein Bild können Sie mir abkaufen.» – «Ich werde Bilder kaufen, so viel Sie haben.» Shafti nahm leider Gottes meine Briefe mit zur Post, acht Briefe – keiner davon ist je angekommen. Einer von den Briefen sollte nach Aden gehen, an Donald den Blonden. Noch am selben Tag hat Shafti herausgefunden, wo ich wohne. Er kam «wegen der Bilder», aber er kaufte keines – die Bank sei schon geschlossen. Dafür brachte er mir eine gestickte Jacke. Die Jacke war wunderschön, und ich nahm sie. Ich ahnte schon, dass ich nicht hätte sollen, aber ich nahm sie halt doch. Shafti fragte dann gleich, ob ich mit ihm dort drüben in jenem stillen Hausboot nachtessen wolle, er habe schon bestellt. «Nein, Shafti, ich habe hier schon bestellt.» – «So – ich komme wieder – morgen bestimmt.» Er trat nun auf mich zu – da tönte ein Ruderschlag. «Es kommt jemand, Shafti.» – «Oh, Sie lassen sich abends von Männern besuchen, wird dann aufhören. – Sie wissen, ich werde wiederkommen – morgen.» Er sprach draußen Unverständliches mit Jumma, dann ließ er sich von dannen rudern. Jumma trat ein. «Shafti feiner Mann, Memsahib, Shafti reicher Mann, guter Mann.»

Dann kam Baleshwar, der Mann, der mir das Hausboot verschafft hatte, herein und brachte mir Früchte und Blumen. «Ich störe, nicht wahr, verzeihen Sie. Aber es musste sein. Kennen Sie diesen Mann, der eben bei Ihnen war? Der Mann hat Sie heute Nachmittag angesprochen, nicht wahr? Hier wird jeder Fremde bewacht – es sind Unruhen im Land. Ich kam, um Sie zu warnen, bevor es zu spät ist. Sprechen Sie nicht mit diesem Mann. Sprechen Sie mit niemand.» – «Ach, Mr Baleshwar, ich bin doch ein harmloser Mensch, was kann mir schon geschehen, und ich bin viel vernünftiger, als ich aussehe.»

Am nächsten Morgen kam eine alte Frau, die Französisch sprach. «Ich bin Madame Collin aus Lyon. Ich komme, mit Ihnen zu sprechen. – Liebes Kind, Sie glauben, dass alles so ist, wie Sie es haben möchten. Aber es ist nicht so. Ich kam, um Sie zu warnen. Es ist wahr, was Ihnen Mr Baleshwar gestern Abend gesagt hat. Sie sind jung und leichtsinnig.» – «Ja, ja, ich werde aufpassen, Madame – essen Sie ein paar Früchte?»

Schon wieder tönte ein Ruderschlag. Madame Collin ging eilig weg. Jumma kam und sagte: «Großer Mann kommt, Jusuf Sahib, ganz großer Mann, will Memsahib sehen, Jusuf Sahib viel Geld, viel Geld.» Ein eleganter Mann kam herein. Er hatte ein gutes und kluges Gesicht. «Nennen Sie mich Jusuf», sagte er in gutem Englisch, «vielleicht kann ich Ihnen behilflich sein. Ich habe etwas zu sagen in diesem Land. – Sie sollten sich sonst niemand anvertrauen – es ist gefährlich. Wie gefällt Ihnen Kaschmir? – Haben Sie die Mogul-Gärten schon gesehen?» – «Nein, Jusuf.»

Jusuf führte mich in einem eleganten Wagen – im Fond saß sein Diener – zu den Mogul-Gärten. Das sind alte Gärten, die die Mogul-Könige oberhalb des Dal-Lake am Berghang anlegen ließen, in Form von Terrassen. Auf der obersten Terrasse steht ein Häuschen, aus dem eine Quelle fließt. Das Wasser fließt von Terrasse zu Terrasse in einem Kanal mit vielen niederen Springbrunnen. In der Anlage der Gärten wurden nur viereckige Formen angewendet. Sie sind eingesäumt von Blumen und von Bäumen, so groß, wie ich noch keine gesehen habe, die Tschenar-Bäume. Am Ausgang jedes Gartens verneigten sich drei Männer, als wir vorbeigingen, und ein Knabe überreichte mir jedes Mal einen Blumenstrauß.

Im vierten Garten stand Tee und Kuchen für uns bereit. Im fünften Garten stand schon der Mond am Himmel. Jusuf sprach vom Mond, er schaute ihn lange an, und dann mich. «Katharina, wollen Sie nicht in Kaschmir bleiben? – Sie könnten alles haben, Sie würden hier glücklich sein.» – «Ich kann nur im eigenen Land glücklich sein, Jusuf.»

Wir kamen zu einem Waldhaus. «Ich habe den Schlüssel zu diesem Haus, gehn wir hinein!» – «Nein, Jusuf.» – «Nicht? –

Gut – alles beruht auf gegenseitigem Verstehen –» – «Fahren wir zurück, bitte, Jusuf.» Jusuf blickte mich erstaunt an – aber er ging mit mir zum Auto.

Während der Fahrt sprach Jusuf kein Wort. Bevor ich die Schikara bestieg, sagte er noch: «Gute Nacht – ich verstehe Sie nicht, aber wir werden trotzdem Freunde sein. Lassen Sie mich wissen, wann Sie in die Berge fahren wollen, ich stehe zu Ihrer Verfügung.»

Schon ganz früh am anderen Morgen ruderte es. Ein junger Krämer kam und fragte, ob er mir seine Teppichfabrik zeigen dürfe. In seiner Schikara wurde ich durch die Stadt geführt. In der Teppichknüpferei arbeiteten ganz kleine Kinder und uralte Männer. Ich versuchte, einen Teppichknopf zu machen, aber der Knopf misslang, und das Kind neben mir lachte, es war ganz blass und mager.

Der junge Krämer führte mich in einer Tonga – das ist eine messingbeschlagene Pferdekutsche, die klingelt beim Trab – in die Holzschnitzerei und in die Stickerei. Ich sah, wie alte halbblinde Männer mit Gold und bunter Seide stickten. Sie stickten aus dem Kopf, das heißt aus dem Stegreif, in Farbzusammenstellungen und Motiven, wie sie niemandem und nirgends, nicht einmal in Paris, einfallen.

In der Tonga wurde ich durch die Stadt auf trockenem Weg zurückgeführt. In den Gassen wandelten Leintücher, darin sind Frauen, die etwas auf sich geben. Wer nichts auf sich gibt, zeigt sein Gesicht. Frauen, die alles auf sich geben, die sieht man überhaupt nicht auf der Straße. Die Haltung der kaschmirischen Männer mir gegenüber versteht sich somit von selbst.

Als ich zurückkam, lag vor dem Hausboot eine Schikara, ich erschrak – im Zimmer saß Shafti finsteren Blickes. Auf seinem Knie lag ein Taschentuch bereit. «Sie sehen sehr müde aus, meine Dame, wann sind Sie gestern nach Hause gekommen? – Ich weiß alles, ich habe meine Leute, das müssen Sie wissen. – Vor drei Jahren war jener Mensch noch ein Bettler. Ich – ich war immer der reiche Shafti. Und ich stamme nicht aus diesem schmutzigen Land – ich bin Perser.» – Er fuhr mit bebender Stimme fort: «Sie haben mich zerbrochen.» Dabei führte er das Taschentuch an die Augen. Oh, wie war ich dumm in jenem Moment, es packte mich die Rührung: «Shafti, nicht weinen, Sie haben keinen Grund, wirklich nicht.» Shafti ließ das Taschentuch sinken. «Katharina, wann gehen wir zum Nachtessen dort hinüber?» – «Shafti, ich muss zuerst noch einige Bilder malen –» Ein Ruderschlag – Baleshwar kam herein – schon wieder ausgerechnet jetzt … die beiden standen sich gegenüber. Ich vergaß zu atmen. Beide schauten sich jetzt an – beide nickten freundlich –, Shafti ging. Baleshwar ließ sich langsam in einen Sessel sinken, dann nahm er eine Nuss vom Teller, knackte sie auf – und lehnte sich zurück. «Wollen Sie nicht in die Berge fahren, Katharina?» – «Wie kann ich?» – «Da, nehmen Sie etwas von mir, aus Freundschaft, aber verschwinden Sie – noch heute.» Man kann nicht immer gleich verschwinden auf Befehl. Ich packte jedenfalls ein kleines Bündel und ging noch am gleichen Tag Schuhe kaufen, wie sie die Hirten tragen. Dem Schuster war ich ein Rätsel. Er zeigte mir immer wieder gestickte Pantöffelchen, ich aber blieb bei meinen Hirtenschnabelschuhen. Durch Jumma ließ ich Jusuf wissen, dass ich morgen in die Berge fahren möchte.

Am Abend kam Shafti wieder, gerade als ein Händler bei mir seine Schmuckstücke ausgebreitet hatte. Shafti sprach mit dem Händler, nahm eine Kette und fragte, ob sie mir gefalle. «Ja.» – «Ich schenke sie Ihnen – die Kette ist aus echtem Gold, kostet fünfhundertzwanzig Rupien.» Die Kette war natürlich aus Messing, aber ich glaubte und strahlte, obwohl mir nicht ums Strahlen war. Der Händler packte ein und ging.

Dann zog Shafti die Vorhänge zu. «So – nur keine Angst haben, du hast ja eine Kette bekommen.» Shafti kam ganz nah – ich wich zurück –, da sah ich etwas – durch den Spalt zwischen den Vorhängen hatte sich etwas Weißes bewegt. «Halt, Shafti, ein Mann – ein Mann – in Weiß vor dem Fenster, Shafti.» Ich rief es ganz laut. «Oh, du siehst den Mond.» Shafti schlug den Vorhang zurück – ein Schiff fuhr draußen lautlos vorbei, darin saß ein Mann in Weiß. Shafti zog den Vorhang ganz zu, in diesem Moment lief ich hinaus und rief Jumma. «Jumma», sagte ich, «Jumma, Sie müssen hierbleiben, ein Mann streicht ums Haus, bleiben Sie hier bei uns.» Jumma setzte sich in eine Ecke auf den Boden. Shafti blickte ganz verstört. Ich sprach noch eine Weile über alles Mögliche, aber Shafti hörte nicht recht zu. Er ging dann bald weg. «Morgen wird uns niemand stören –», sagte er noch, mit bösem Blick.

Aber morgen fuhr ich in die Berge. Jusuf holte mich ab – ein wenig spät – und führte mich hinauf nach Pahalgam. Erst gegen Abend kamen wir an. «Es ist nun zu spät, um hinaufzureiten», sagte Jusuf. «Das ist mein Bungalow, Sie können hier übernachten.» – «Werden Sie zurückfahren?» – «Nein, Katharina.» Er lächelte in unausstehlicher Weise. «Jusuf, warum sind Sie so beharrlich?» – «Ich wäre nicht beharrlich, hätten nicht andere das Glück …» – «Jusuf!» – «O ja, ich weiß es, ich kann mich auf meine Leute verlassen.» Ich dachte an den Mann in Weiß von gestern Abend. Ich fasste mich, so gut es ging. «Jusuf, einer von uns verlässt diesen Ort.» Jusuf ging. Er ging ohne ein weiteres Wort. Ich blieb und übernachtete in seinem Bungalow; er war bewacht von einem Schafhirten. Außerdem war Ali Mohammed auf Jummas Befehl mitgekommen, um mich zu bedienen.

In der Morgendämmerung wurde das ganze Gepäck auf Pferde geladen, und wir ritten bergwärts. Hinter uns liefen drei Pferdetreiber mit Ruten in der Hand. Unsere Pferde waren klein und launisch. Sie gingen immer am äußersten Rand des Saumpfades. Unter mir gähnte der Abgrund. Die Kaschmirponys tragen sonst noch breitere Lasten als mich, sie gehen am äußersten Rand, damit die Last an der Bergseite nicht anstößt.

Wir ritten durch ein Tal gegen die Grenze von Tibet. Die Gegend erinnerte mich an die Schweiz. Das Tal war ein wenig tiefer als bei uns, die Berge höher, der Weg länger, die Schafhirten sind ein wenig brauner, und sie stricken Strümpfe. Einige von den Hirten haben flache glatte Gesichter und Mandelaugen, was bis jetzt bei uns noch nicht aufgetreten ist. Die Grenze zum Mongolischen war hier eben nicht weit.

Auf einer höckerigen Wiese verlangte ich zu rasten. Ali Mohammed bediente mich mit Kompott und Kartoffeln, er selber aß Reis. Nach dem Essen sagte er: «Memsahib wissen, dass wir auf Friedhof sitzen, jeder Hügel ein Grab.»

Spät in der Nacht tappten wir hinauf in die Lehmhütte. Drinnen brannte ein Feuer, ich sah zuerst nur Nebel, denn eine Frau wischte den Boden. Sie trug ein Brett auf dem Kopf, darüber hing ein weißes Tuch. Ihr Haar war in hundert dünne Zöpflein geflochten. Ich zeichnete sie. Bewegungslos wie ein Denkmal saß sie da, währenddem ich zeichnete. Es entstand das einzige gute Bild, das von mir existiert. Heute liegt es irgendwo in Indien. Die Frau löschte dann das Feuer, ging hinaus, und wir rollten uns in unsere Decken, Ali Mohammed, die drei Pferdetreiber – und ich.

Ich schlief schlecht in jener Nacht auf dem Lehmboden. Ich träumte vom Nesselfieber, und als ich am Morgen in meine Spiegelscherben schauen wollte, da sah ich darin nichts als meinen Mittelpunkt, die Nase, das ganze Gesicht hatte im Spiegel keinen Platz mehr, weil es verschwollen war – die Wanzen! Es kam gleichzeitig das Kratzen und die Unruhe in mich, und ich lief davon. Ich lief aufwärts zu einem Ort, wo es nur noch Gras und Steine gab, und Aussicht auf das weiße Dach der Welt. Von jener Aussicht malte ich ein mittelmäßiges Bild, den ganzen Tag malte ich daran herum.

Als die Sonne errötete, sah ich tief unter mir vier Ameisen heraufkriechen, das war mein Gefolge, das mich suchte. Sie brachten mir mein Pferd und eine Jacke, da merkte ich, dass es eigentlich kalt war. Im Halbdunkel ritt ich, so wie das Pferd es wollte, kopfvoran senkrecht zu Tal.

Das Hausboot war geschlossen, als wir zurückkamen. Ali ruderte gleich weiter zur nächsten Insel, wo ein Fest tummelte; da war Jumma zu finden. Er saß am Boden mit vielen anderen Männern und Knaben und rauchte eine lange Pfeife, die in einem Topf steckte. Es roch bestrickend. Ein mageres Kind mit langen Haaren und Fußschellen tanzte und sang. In wunderlicher Weise wackelte es mit dem Kopf, das heißt, es schob den Kopf auf dem Hals hin und her. Ali erklärte mir, dass das Kind ein verkleideter Knabe sei. Jumma flüsterte mir zu, dass Shafti mich gesucht hatte. Er musste plötzlich nach Kalkutta fahren und hätte mich mitnehmen wollen. Ich glaube, Shafti war abgereist worden.

Aber Shafti hatte seine Nachfolger. Ali Hassan kam zwar mit rein kommerziellen Absichten. Er verkauft Stickereien, Geschnitztes und Teppiche. «Wenn Sie von mir ein Bild kaufen», sagte ich zu Ali Hassan, «dann kaufe ich dafür ein Tischtuch von Ihnen.» Ali Hassan ließ mit sich sprechen, und er ließ sich Bilder zeigen. Vor allem gefiel ihm mein «Sonnenuntergang hinter der Festung». «Was kostet dieses Bild für armen Mann?» – «Für armen Mann hundertzwanzig Rupien.» – «Oh, Memsahib, eine Stunde Arbeit, hundertzwanzig Rupien zu viel, ich male eine Stunde – drei Rupien.»

«Da ist Farbe, Ali Hassan, malen Sie eine Stunde lang, wenn ein Sonnenuntergang daraus wird, dann bezahle ich hundertzwanzig Rupien.» – «Memsahib sehr schlau handeln, Bild very good, ganz wie Natur, ich armer Mann zahle sechzig Rupien.» – «Neunzig Rupien, Ali Hassan.»

Ali Hassan überlegte einen Tag lang. Es überlegt sich in Kaschmir nicht so schnell. Am nächsten Tag kaufte er das Bild für achtzig Rupien. Das war mein erstes großes Geschäft. Nach der Bezahlung fragte mich Ali Hassan, ob ich in sein Schlafzimmer ein Wandgemälde malen würde. «Memsahib wissen, ich bin ein reicher Mann, ich kann zahlen tausend Rupien, zweitausend Rupien für Wandgemälde …» Das Schlafzimmergeschäft kam nie zustande, weil ich nicht gern in Schlafzimmern male.

Eines Tages hörte ich, dass Jumma draußen längere Zeit mit jemand sprach. Ich sah, wie ein Trinkgeld gewechselt wurde. Jumma kam herein und fragte mich, ob ich einen jungen anständigen Offizier empfangen wolle – der Offizier folgte ihm gleich auf dem Fuße. Er kam als Kunstinteressent, aber er sprach nicht lange von der Kunst, das heißt, er kam auf die

Tanzkunst zu sprechen und lud mich ein zum Tanz im Srinagar-Klub am Samstagabend. Captain Dulli sah stattlich aus, wie jeder, der aus Panjab stammt, und er hatte – wie es sich für indische Offiziere gehört – betörend englische Manieren, deshalb nahm ich die Einladung recht gerne an.

Der Tanzabend war ein wenig beschwerlich, weil der Offizier ungehalten war über die Anwesenheit meiner lieben Freunde, und über Kumar, seinen Kollegen, der einmal mit mir getanzt hatte. «Kumar ist ein Schurke den Frauen gegenüber, nehmen Sie sich vor Kumar in Acht», sagte Dulli zu mir. Ausgerechnet auf dem Heimweg in der Schikara wollte er mit mir Aussöhnung feiern, aber gerade da war ich gegen die Aussöhnung. «Eine Wahrsagerin hat mir aus der Hand prophezeit, dass ich durch ein fremdes Mädchen unglücklich werde. Sie sind dieses Mädchen, ich weiß es, ich kann schwören … Seit einem Monat habe ich nicht mehr geruht, bis ich Sie gefunden habe. In Jammu habe ich Sie zum ersten Mal gesehen, damals, als Sie vom Pöbel bedroht wurden.» – Die Wahrsagerin hat vielleicht recht behalten, ich bemühte mich wenigstens in dieser Richtung.

Es erwies sich später, dass sich an unserem Streit Kumar, der Dritte, gefreut hatte. Am Sonntagmorgen zahlte Captain Kumar Jumma die Trinkgeldgebühr, um zugelassen zu werden. Es versteht sich von selbst, dass Kumar mit mir über Dulli sprach. «Er ist ein Schurke», sagte er, «den Frauen gegenüber, nehmen Sie sich vor Dulli in Acht.»

Ich ritt am Montag mit Kumar nach Gulmarg, um den Nanga Parbat zu sehen. Als wir jene gewisse Aussichtswiese erreichten, war der Nanga Parbat weg. Es gab nur Wiese, Wald und dann gleich Himmel, dort wo der Berg stehen soll. Kumar erklärte mir, dass die Bergspitze drei Handbreit über dem Wald, senkrecht über jener Holzhütte liegt. Ich kann also eigentlich sagen, dass ich den Berg gesehen habe.

Es fing bald an, mit Nachdruck zu regnen. Mein Pferd hinkte beim Abstieg. Kumar gab mir sein Pferd zum Reiten. Er selber ging zu Fuß und führte es. Auf einmal scheuten die Pferde. Sie gingen keinen Schritt weiter – es war gegen Abend. Kumar blieb stehen, sagte nur noch – – st – – und entsicherte seine Pistole. Alles war still außer dem Regen und dem Rauschen tief im Tal. Es war unheimlich. Unendlich lange, so schien es mir, standen wir bewegungslos, und doch war es nur eine Viertelstunde. Als wir die ersten Häuser erreichten, fing Kumar wieder an zu sprechen – «Es waren die Bären», sagte er, «sie steigen jeden Abend ins Tal zum Wasser.»

Ich kam noch triefend ins Hausboot. Jumma gab mir eine seltsame Wärmflasche und bestand darauf, dass ich sie mit mir ins Bett nehme. Die Wärmflasche war ein mit offener Glut gefülltes Körbchen, das der Mensch in Kaschmir unter der Bettdecke hält und damit einschläft.

Die Händler konnten es noch immer nicht lassen, mich zu belästigen, die Händler sind das Zweithartnäckigste in Kaschmir. Einmal kam wieder ein Halskettenmann, den überredete ich selber zu einem Porträt gegen eine Jadekette. Als er am nächsten Tag erschien, war Kumar gerade bei mir auf Besuch. Der Händler sagte, er wolle das Bild bei sich zu Hause gemalt haben. Kumar übernahm für mich die Antwort: «Scher dich dorthin, woher du kommst.»

Kaum hatte Kumar das Hausboot verlassen, da kam schon wieder einer. Der wollte meine Bilder sehen. Er sei Mäzen, sagte er, und er habe schon eine gewisse Bella Fontaine, eine Künstlerin, unterstützt. Er bot mir sein Waldhaus an zu Studienzwecken. Ein Bild wollte er im Moment nicht kaufen – erst nach meinen Studien im Waldhaus. Das Waldhaus lockte mich gar nicht. «Ich bin hier ganz zufrieden, Sir, und ich habe meine Studien über Kaschmir bereits abgeschlossen.» – «Wissen Sie, Miss, dass Sie in großer Gefahr sind. Ich höre vieles – ich kann Sie aber retten – durch meine offizielle Position. Wir werden das alles in Ruhe heute Abend beim Nachtessen besprechen», sagte er zu mir, und zu Jumma: «Richte das beste Nachtessen für zwei.» Dann ging er weg. Der Mensch hatte ein pockennarbiges Gesicht und kleine Augen, die stechen. Das was im Auge weiß sein soll, war bei ihm gelb.

Als er hinter den Wasserbäumen verschwunden war, verließ auch ich das Hausboot, ich ging Kumar suchen und fand ihn im Kaffeehaus.

Kumar wurde blass, als er die Geschichte vom Pockennarbigen vernahm. Er verließ sofort das Kaffeehaus. Ich sah, wie er im Gehen zu seiner Waffe griff. Ich wartete.

Nach einer Stunde kam Kumar zurück und sagte, es sei jetzt alles in Ordnung. Er ging dann den ganzen Tag keinen Schritt mehr weg von mir. Er führte mich in der Schikara durch die Kanäle von Srinagar, er zeigte mir das Haus seines Vaters und die Moschee. Auch in der Nacht wollte er mich bewachen, aber ich hielt das nicht für nötig; spät genug verließ er das Schiff. Einmal erwachte ich in jener Nacht – Ruderschläge – dann wieder Stille – das war die letzte Aufregung gewesen in Kaschmir. – Am nächsten Morgen kam Kumar und hieß mich einpacken. Er gab mir einen Briefumschlag, darin lag eine Flugkarte nach Delhi. Lieber Kumar.

Merkwürdig viele Leute standen im Flugbüro herum und schauten mich an. Kumar begleitete mich bis zum Flugzeug und gab mir eine Militärmütze. Ich gab Kumar einen Armreif. Er sagte: «Wie ein Fels bleiben, Katharina, denke immer daran.»

Als ich im Flugzeug saß, stand Kumar draußen rechts vom Flügel und lächelte nicht …

Die Landung in Delhi sah ich von der Führerkabine aus – der Pilot war mir gewogen.

Zehntes Kapitel

Wenn der Autobus vom Flugplatz kommt und in der Stadt anhält, dann ist die Fahrt leider beendet, und man muss aussteigen, auch wenn man nicht möchte. Also musste auch ich aussteigen, damals in Delhi, obwohl ich nicht wollte, ausgerechnet in Delhi musste ich aussteigen, wo ich nichts zu tun hatte.

Delhi ist nämlich ein schrecklicher Ort, es ist dort heiß, wenn es nicht heiß zu sein hat, zum Beispiel im Oktober, und vor allem findet man die Stadt nicht, denn es gibt die Stadt nicht. Es gibt nur Bäume und Gärten, und hie und da ein verstecktes Haus. Wenn man jemand fragt, wo denn die Stadt sei, dann sagt er: «Hier.» Ich weiß nicht, was die sich dort unter einer Stadt vorstellen, ich zumindest stelle mir darunter Schaufenster vor. Eine Stadt steht schließlich da wegen der Krämer, und die Krämer leben schließlich von ihren Schaufenstern. Einer sagte mir: Schaufenster gebe es in Alt-Delhi, hier sei eben Neu-Delhi. Ich ging dann nach Alt-Delhi. Dort aber fällt man in den Laden hinein, wenn man sich ans Schaufenster lehnen will, die Schaufenster sind nämlich nicht vorhanden.

In einer Telefonkabine in Neu-Delhi ruhte ich mich aus von der Besichtigung der beiden Städte, und ich rief einen Mann an, der ein Bergwerk besitzt. Der Mann war aber gerade in Kalkutta, als ich in Delhi war, und war gerade in Delhi gewesen, als ich in Kalkutta gewesen war, ein trauriger Zufall, denn ich trug einen Brief von Babu an diesen Mann in der Tasche.

Ich rief dann noch den Charat Ram an, Besitzer einer Baumwollmühle. Charat Ram bedauerte, dass er sich nicht an mich erinnern könne, dabei hatte ich doch vor einem halben Jahr seine Frau in unzählige Wiener Geschäfte hinein- und unverrichteter Dinge wieder hinausgeführt, bis ihr endlich eingefallen war, dass sie eigentlich Dirndlkleider und Steirer Anzüge für ihre Kinder kaufen könnte. Ich versuchte es dann noch mit der Frau Charat Ram, die erinnerte sich schleierhaft und ungern, immerhin sagte sie, ich solle mich morgen früh zu ihr bemühen. In gewissen Fällen ist «bis morgen früh» eine lange Zeit. Ich verließ die Telefonkabine und ging wieder weiter.

Ein freches Auto fuhr hart an mir vorbei, und als es vorwärts an mir vorbei war, fuhr es noch einmal rückwärts an mir vorbei. Eine Frau stieg aus – die Shalu vom Schiff – von der ASIA – die ganz schöne Shalu, o Wunder. «Hello! Katharina, wohin willst du mit deinem Sack. – Warum kommst du nicht mit uns? – Weißt du noch, ich hatte dich doch eingeladen.» – «Ich fahre gerne mit dir, Shalu, ich habe gerade sehr viel Zeit.»

Es ergab sich alles Weitere von selbst. Ich bekam mein Zimmer und mein Bett mit rosaroten Leintüchern, und ein hellblaues Badezimmer im Hause von Shalus Schwiegervater, einem üppigen west-östlichen Haus, wo die Haustüre aussieht wie ein vergoldeter Tresor, denn Shalus Schwiegervater ist Bankdirektor.

In jenem Haus wohnte die ganze Familie im weitesten Sinn. Die Hauptpersonen darin sind – nach außen – Mohan,

der Sohn und seine Shalu. Diese Ehe ist eine klassische Kombination: Er reich, sie schön und beide üppig in Zerstreuung und Vergnügen. Shalu zeigte mir eines Morgens ihre Saris. Sie besitzt deren siebenhundertachtundfünfzig.

In der Regel gingen wir abends aus, Mohan, Shalu und ich, zu Partys oder in üppige Tanzlokale.

Tagsüber ging ich meine eigenen Wege, zuweilen per Rad. Wer lange sucht, der findet in Neu-Delhi doch eine Art Platz, der mit Schaufenstern eingesäumt ist. Der Platz ist rund und *so* groß, dass man immer nur ein Achtel davon ins Blickfeld

bekommt. Es gibt da einen Laden, der heißt Elfenbeinpalast, wo man unerhörte Dinge kaufen kann. Im Schaufenster des Elfenbeinpalastes standen ein Sessel und eine Truhe aus Elfenbein. Lange blieb ich vor dem Elfenbeinpalast stehen, so lange, bis einer herauskam und fragte: «Memsahib wollen hereinkommen?» Ein Elfenbeinpalast-Diener nahm mein Fahrrad unter sein Auge, und ich folgte dem Krämer.

Dieser Krämer verkauft alles, was dem Menschen vom Ur- bis Uhrmenschen gefällt. Ich sah Elfenbeinschmuck, der so fein wie ein Spinngewebe geschnitzt war, daneben silber- und goldgestickte Samttaschen und ein ganzes großes Schiff aus Elfenbein, dann die hohlen Böhnlein, die gefüllt sind mit hundertfünfzig Elfenbeinelefanten, und ein geschnitztes Kästchen, das rot leuchtete, weil darin ein weißes Licht brannte. Die Krone des Krames war ein ganzes Zimmer aus Elfenbein, sechs Stühle, ein Tisch, ein Sofa, eine spanische Wand und ein Kästchen. Ein Vater und sein Sohn sollen daran ein ganzes Leben lang gearbeitet haben. Das beste Stück im Laden aber war eine Elfenbeinkugel mit Löchern, durch die man ineinander acht Kugeln sieht, die sich alle frei bewegen lassen. Das ganze Ding ist von Hand aus einem Stück geschnitzt.

«Ich muss jetzt gehen», sagte ich, und «danke, es war schön, besonders die Kugel.» – «Dreißig Rupien die Kugel, Memsahib.» – «Ich kann nichts kaufen, ich muss zuerst meine eigene Ware verkaufen.» – «Memsahib auch verkaufen?» – «Ja, ich male Bilder und verkaufe sie.» – «Darf ich Bilder sehen, Memsahib, bitte morgen wiederkommen, großer Bruder wird da sein. Hier kleines Geschenk, kleine Erbse mit zwölf Elefanten darin, aber bitte morgen wiederkommen.» Unter der Tür flüsterte er weiter: «Da drüben ist anderer Elfenbeinpalast,

Memsahib dort auch Schaufenster anschauen, bis Mann herauskommt, Memsahib wird sehen.»

Ich ging hin und schaute ins Schaufenster, bis ein Mann herauskam und mich bat, den Laden von innen anzusehen. Ich trat ein und sah wieder das Elfenbeinschiff, das leuchtende Kästchen, die Böhnlein und die Kugel. Ich sagte wieder dasselbe wie vor zehn Minuten, und es geschah wieder dasselbe, «... hier kleines Geschenk, Glückselefant, und Erbse mit zwanzig Elefanten gefüllt ... Memsahib morgen wiederkommen, Bilder zeigen, vielleicht wir machen Geschäft ...»

Ich kam am anderen Tag mit meinen Werken, zuerst zum zweiten Elfenbeinkrämer und dann zum ersten. Mit dem zweiten machte ich kein Geschäft. Er riet mir, in indischer Kunst zu machen, ich aber sagte ihm, dass man sich in der Kunst weniger um das Geschäft als um die Ehrlichkeit bemühen sollte.

Im ersten Elfenbeinpalast erwartete mich der große Bruder. «Diener, bring Kaffee und Kuchen», sagte er, als ich eintrat. Der große Bruder war der erste Mensch, der von meinen Bildern hingerissen war. Er kaufte meinen «Wald nach dem Sonnenuntergang». Ich bekam einen Scheck über achtzig Rupien und dazu als Geschenk – die Elfenbeinkugel.

Nach einer Woche fand ich Neu-Delhi nicht mehr so schrecklich wie am ersten Tag. Ich fühlte mich sogar schon fast wie zu Hause in Delhi, aber eben deshalb musste ich daran denken, wie ich weiterkomme, denn sobald man in der Fremde frech genug ist, um sich wie zu Hause zu fühlen, kriegt man eine Ohrfeige, die einen in die Fremde zurückversetzt. Diese Überlegung machte ich einmal, als ich auf den Stufen des Triumphbogens von Neu-Delhi saß. – Also was nun? Neunzig Rupien hatte ich in meiner Tasche, eine unheimliche Summe. Damit konnte ich entweder nach Kalkutta oder nach Ceylon, oder mit dem Flugzeug nach Agra, oder zum Nawab von Rampur fahren, oder fünfundvierzig Elfenbeinelefanten kaufen.

Währenddem ich so saß und sann, schlich ein Jüngling heran und fragte, ob er mir etwas helfen könne. «Ja», sagte ich, «raten Sie mir, was man tut, wenn man zu viel Geld hat.» Er lächelte und sagte: «Ich weiß nicht, ich habe noch nie zu viel Geld besessen, vielleicht würde ich Bücher kaufen oder reisen, wie Sie.» – «Und was tun Sie, wenn Sie kein Geld haben?» – «Dann denke und lebe ich wie Diogenes – aber Miss … wie ist Ihr Name, warum fragen Sie mich das alles?» – «Mein Name ist Katharina – weil ich zu viel Geld habe, um zu denken, und zu wenig, um zu reisen.» – «Mein Name ist Ravi, ich habe zu viel, um zu verhungern, komm, wir gehen Kaffee trinken, ich habe ein Motorrad.» Er winkte seinen Freund heran und sagte etwas Indisches zu ihm, wahrscheinlich musste der jetzt zu Fuß nach Hause gehen, währenddem ich hinten auf einem wildfremden Motorrad ins Kaffeehaus fuhr.

Ravi wusste fast mehr als ich, und ich musste mich hüten, tiefer in den Existentialismus und in die moderne Kunst einzudringen, sonst hätte Ravi plötzlich an eine weiße Wand gesprochen. Ravi ist überzeugter Philosophiestudent.

«Es ist traurig», sagte Ravi, «dass denkende Menschen arbeiten müssen, die Arbeit hindert am Denken.» – «Ja», sagte ich, «deshalb reise ich.» Ravi war frech genug, mir zu sagen, dass einen denkenden Menschen wie zum Beispiel Kant das Reisen nicht reizte. Wenigstens waren wir nun wieder beim Reisen angelangt. «Heute Nachmittag fahre ich mit einem

Freund nach Agra, willst du mitfahren?» – «Gerne, Ravi, ich bin immer fürs Fahren.» Ravi ging telefonieren. Als er zurückkam, sagte er, dass jenes Auto inzwischen ein Rad verloren hätte; damit wurde der Plan Agra zunichte. Aber Ravi hatte noch einen anderen Freund, dessen Freund morgen nach Nainitaal fahren soll, Rampur liegt am Weg nach Nainitaal.

Es kam dann so weit, dass ich noch am selben Tag einen Expressbrief an Seine Hoheit den Nawab von Rampur sandte, mit der Ankündigung meiner Ankunft. Ravi hat mir zwar prophezeit, dass ich in Rampur geistig absterben werde, aber ich glaubte ihm nicht, das heißt, ich glaubte ihm nicht gerne.

Wieder einmal zog ich mein Säcklein oben zu, machte einen dicken Knopf und versprach jedermann einen Brief. Dann stieg ich ins Auto des Colonel Singh und des Majors Singh-Lamba.

Elftes Kapitel

Eine unendliche blaue Straße durch die gelbe trockene Ebene – hie und da ein Ochsenkarren, obenauf einer, der schlief – oder eine Büffelherde – manchmal Frauen in weiten Röcken und gelben Tüchern, Lasten auf dem Kopf tragend.

Auf halbem Weg wurden wir im Auto auf einen Eisenbahnzug verladen und über den Ganges geführt, der in der Regenzeit zwanzig Kilometer breit wird und die Straße überschwemmt. Zu meiner Zeit war die Strecke noch feucht; im Halbdunkel sah ich unter uns Sand, Wassertümpel und Buschwerk.

Als wir wieder von selber rollten, war es Nacht. Einmal warteten wir eine Stunde lang, bis die Bahnschranken geöffnet wurden. In Indien werden die Bahnübergänge nur freigegeben, wenn einmal ein Auto kommt, und auch dies nur, wenn gerade ein Bahnwart da ist. Einmal saß ein Tier auf der Straße in unserem Licht – dann knackte es unter uns. «Nur ein Schakal», sagte Colonel Singh und lachte.

Es war spät in der Nacht, als wir einer langen hohen Mauer entlang, durch ein offenes Portal an zwei leeren Wachthäuschen vorbei, durch eine Allee fuhren. Wie im Film blieben wir vor einem weißen Palast stehen. Zwei Männer in Uniform öffneten die Wagentüre und führten uns in eine Wachtstube. Nach einer Weile kam ein großer runder Mann herein und sagte, er sei Major Manzur, Sekretär Seiner Hoheit. Er stand verschlafen in dünnen weiten Hosen und einem ziemlich langen Rock, der nicht ganz zugeknöpft war – es lohnt sich das Zuknöpfen nicht, vom Bett zum Bett. Ich sagte, ich sei die, die den Expressbrief geschickt habe und jetzt eben da sei. Manzur hatte nie etwas von einem Expressbrief und viel weniger von meiner Person gehört. Ich fühlte mich ganz am unrichtigen Ort, aber Manzur sagte, es sei alles in Ordnung, er fragte meine Begleiter sogar, ob sie nicht erst morgen weiterfahren wollten – nein, das wollten sie nicht. Eine Zeitlang wurde ich durch endlose Gänge und Hallen und über Marmortreppen geführt, es schien mir, als ginge ich im Kreise herum. Vor einer Zimmertür sagte Major Manzur gute Nacht und entfernte sich.

Mein Zimmer wirkte englisch. An den weißen Wänden hingen Pferdebilder und Ansichten von London. Goldene Kugeln zierten das Messingbett. Das ganze Badezimmer war aus Marmor, auch die Badewanne, ja selbst der Gegenstand, auf den man sich zuweilen setzen muss.

Früh am Morgen ging jemand auf bloßen Füßen durch mein Zimmer. Ich blinzelte ein wenig und sah einen schwarzen halbnackten Bodenwischer, einen Palmwedel in der Hand tragend, mit dem er wohl die toten Fliegen in die Ecke wischen mochte. Dann kam einer mit rot-weiß-goldenem Turban, auf dem er ein Tablett mit meinem Frühstück trug.

Später fragte Manzur nach meinem Befinden. «Seine Hoheit», erklärte er, «Seine Hoheit können sich gut an Memsahib erinnern – Seine Hoheit sind heute unpässlich.» Nach dieser offiziellen Meldung knöpfte Major Manzur seinen steifen Rockkragen auf. Inoffiziell wirkt Manzur bedeutend überzeugender. Sobald sein oberster Knopf geöffnet ist, fängt er an zu kichern, und seine Äuglein werden klein wie Striche. Vom vielen Kichern streben seine Mundwinkel aufwärts, auch wenn er ernst sein möchte. Ich erleichterte Manzur das Kichern, indem ich ihm einige von meinen Reiseschwänken erzählte. Er und der Sessel wackelten vor Lachen ohne Ende. Zuletzt sagte Manzur, ich solle mich dann wieder einmal so anziehen wie gestern, die schwarzen Hosen und die Kavalleriemütze – «es hat mir halt gar gut gefallen, es war *so* unternehmend, solche Sachen sieht man nie an diesem langweiligen Ort».

Um wieder auf ernste Dinge zu kommen – Manzur fand meine Bilder recht schön, aber er sagte, man interessiere sich in der Gegend mehr für Ölbilder als für Wasserbilder. «Sie müssen unsere Hofgalerie sehen, wenn Sie so malen würden …»

Potz! Was es da zu sehen gab, in der Hofgalerie. Manzurs oberster Rockknopf war während der Führung geschlossen. «… in diesem Saal befinden sich Werke von diplomierten englischen Meistermalern, dieses Bild da heißt: ‹Der König der Wälder›, – dort ist ‹Die Gewalt der Natur›. Sie sehen, wie natürlich das schreckliche Toben des Gewitters gemalt ist … und das Alpenglühen, man sieht sich selber im Abendrot auf der Bergspitze stehen – seinerzeit hat man Hunderttausende pro Stück dieser Bilder bezahlt … Eines unserer Bilder ist weltberühmt, die ‹Herzogin von Braganza›, wir haben es nicht gewusst, bis eine Französin das Bild sah und erklärte, dass dieses berühmte Werk in Europa für verschollen gelte …»

In den ersten Tagen wurde das Essen im großen Speisesaal serviert. Ich aß zusammen mit dem französischen Kämmerer Seiner Hoheit. Manzur hatte mich gefragt, ob ich westlich oder östlich essen wolle. «Ich esse alles», hatte ich erklärt, so aß ich täglich zwei Menüs nebeneinander, nach meiner bewährten Art auf Vorrat. Ich hätte natürlich viel mehr essen können, wenn sich mir nicht die Wände auf den Magen gelegt hätten, an den Wänden des Speisesaales hingen nämlich Albträume in Gestalt von vier gigantischen Bildern – schlecht verhüllte spielende Jungfrauen im Walde. Die Jungfrauen sollen früher in der Halle des Schwimmbassins gehangen haben, doch dort hatten die Werke der feuchten Luft wegen Schaden gelitten.

Der Palast im Ganzen ist so kostbar wie möglich gebaut.

Am Rand des französischen Parkes steht ein englisches Lusthaus, der Teich ist äußerlich barock, innerlich so undurchsichtig wie der Hintergrund.

Am zweiten Tag saß noch Herr Hotz aus Kilchberg bei Zürich bei Tisch. Herr Hotz hat sich vor vielen Jahren in Indien einige Hotels zugelegt und ist damit ein reicher Mann geworden. Er hat einen roten runden Kopf und darauf einige weiße Haare. Wenn der Herr Hotz fertiggegessen hat, dann knöpft er als guter Schweizer seinen Rock auf, hängt die Daumen in die Hosenträger, streckt seine Beine unter dem Tisch aus und lehnt sich zufrieden an die hohe Stuhllehne. Was Herrn Hotz besonders interessant macht, das ist seine genaue Kenntnis über den Hintergrund des Hauses Rampur. Zum Beispiel weiß er, wer die Maharani gewesen war oder was sie hätte werden sollen. Er weiß, woran der vorvorletzte Thronerbe gestorben ist, nämlich anders, als es heißt, er weiß vom Hofschatz und von der schrecklichen Geschichte eines jeden in der Ahnengalerie. Herr Hotz versteht sogar etwas von der Kunst, denn er kaufte von mir kein Bild. Er sagte, so wie ich könnte er auch malen. Herr Hotz blieb nur einen Tag in Rampur. Mit Magenverstimmung verabschiedete er sich.

Dann wurde es still – nicht im Hause, aber um mich. Das Essen wurde mir ins Zimmer gebracht, und als ich das Zimmer einmal verließ, um den Park zu betreten, winkte Major Manzur seinem Diener, der mir den Weg zurück zeigen musste. Es waren männliche Gäste eingezogen. Fünf Tage lang wohnte ich ausschließlich in meinem Zimmer. Ich aß darin, badete, malte und schlief. Tagelang lag ich auf dem Bett und wartete, auf dass etwas geschehe. Tagelang überlegte ich mir, ob ich morgen wegfahren solle, oder ob vielleicht gerade morgen etwas geschehen würde. Ich sprach mit niemand, ich sah nur alle vier Stunden einen stummen Diener, der mir leise das Essen hinstellte.

Es waren mühsame Tage – Tage, wie sie im Leben zuweilen wiederkehren – mit dem Hängen in der Luft wie die Wolken am Himmel und dem Heimweh nach der Erde, das ein Dasein manchmal vernebelt. Am fünften Tage schlich ich mich zur Hintertür hinaus, um Luft zu schnappen. Ich begegnete dabei Banti, der Prinzessin, die ebenfalls schlich. Banti befand sich gerade auf ihrem täglichen Schlich zum Vater. Ihr Problem war, von Männeraugen ungesehen zum Vater zu schleichen. Gewöhnlich gingen ihr drei Diener voraus, die die Bahn frei von Männern zu halten hatten. Es war ein mohammedanischer Hof. Durch unser gemeinsames schleichendes Schicksal wurden wir gute Freunde.

Banti war blass und schön. Wenn sie durch die Hallen wandelte, glich sie einem Engel. Die Enden ihres Schulterschals flatterten hinter ihr wie Flügel. Wir zwei bewunderten uns gegenseitig. Banti bewunderte meine Bilder, ich bewunderte ihre Strickarbeit und ihre Gewänder. Banti war erst sechzehn Jahre alt. Bis vor einem Monat hatte sie eine amerikanische Klosterschule in Darjeeling besucht, dann wurde sie vom Vater nach Hause geholt und ihr mitgeteilt, dass man einen Bräutigam ausgesucht habe. Im Dezember wird Bantis Hochzeit sein, da wird sie ihren Bräutigam zum ersten Mal sehen. Ich fragte Banti, ob sie sich freut. «O ja», sagte Banti, «ich freue mich – meine Schwestern sind alle glücklich geworden nach der Hochzeit.» Ich beneidete Banti, sie hat vielleicht keine Probleme, aber vielleicht hat auch Banti manchmal Nebel ums Gemüt, das weiß man nicht. Sie hat traurige Augen, und sie lächelt selten.

Am Sonntag führte mich Manzur im Auto durch Rampur. Er sah es ungern, dass ich einmal aus dem Wagen stieg und durch die engen staubigen Gassen ging, aber es hat sich gelohnt, denn ich habe den Mehlmarkt gesehen. Manzur schickte den Diener hinter mir her. In Rampur gibt es viele dunkle Gassen, Mauern und dahinter weiße Türme und Mi-

narette. Mitten in Rampur steht eine alte Festung, die frühere Residenz seiner Hoheit. Manzur zeigte mir ihren Privatbahnhof und die weiße Privateisenbahn. Seine Hoheit soll früher nicht ohne seine vierzig Köche gereist sein. Heute wird etwas eingeschränkt gelebt, man muss sich mit der Hälfte begnügen. Wenn die Maharani auf Reisen geht, wird sie verschleiert und im verhängten Wagen bis hart an die Tür des weißen Zuges gefahren, damit sie vor unbefugten Blicken geschützt in die Bahn huschen kann. In Rampur haben Frauen verschleiert zu sein, sie gehen im Purdah, sagt man.

In einem Haus von Rampur wurde etwas gefeiert, ich weiß nicht, was, jedenfalls führte mich Manzur zu dem Fest. Vor dem Haus stand eine Rikscha, die mit einem großen schwarzen Tuch verhängt war. Als wir ausstiegen, kroch unter dem Tuch eine schwarze Schleiergestalt hervor. «Oh, da ist schon Fatma, mein Weib», rief Manzur, «sie hat auf uns gewartet.» Fatma führte mich in einen großen Hof, wo viele Frauen herumsaßen. Ich befand mich offenbar in einem Harem. Fatma schlug ihr Gesichtsfenster auf, sie war im Festschmuck. Alle Frauen waren reich mit Gold behängt. Manche trugen ein Geflecht aus Gold und Edelsteinen auf der Stirn, andere einen Nasenring – Gold, wo Platz war im Gesicht. Als ich mich niedersetzte, scharten sich etwa siebzig Frauen um mich und schauten mich an. Offensichtlich suchten sie meinen Schmuck. Sie suchten lange, denn ich trug keinen. Ein junges Mädchen löste ihren Schal vom Kopf und hängte ihn mir um. Darauf nahm jede etwas ab und behängte mich über und über mit Gold, bis ich aussah wie ein Schaufenster. Aus den Gesichtern um mich herum schloss ich, dass ich herrlich ausgesehen haben muss. Ich durfte in einen Spiegel schauen und staunen. Es fehlte mir allerdings der Nasenring, aber ich war gegen ein drittes Loch in der Nase. Leider blieb auf die Dauer nichts von all dem Gold an mir hängen.

Ich wurde dann wieder bis zum Tor geführt, dort von einem Mann entgegengenommen und zum nächsten Tor hinein in den Männertrakt gebracht. Eine allgemeine Heiterkeit brach aus, als ich eintrat. Manzur war besonders vergnügt über seine Idee. Er spielte mir ein ganzes Theater vor. Scheinbar ließ er sich nicht stören, tat tiefe Züge aus der Wasserpfeife, fing laut zu diskutieren an, streckte sich wohlig aus, warf aber alle Augenblicke Blicke zu mir herüber, ob ich ihm zuschaue. Ich saß auch am Boden, aber auf drei Kissen, und betrachtete, wie es sich so leibt und lebt im Männerharem. Manzur fragte mich, wie es mir unter den Männern gefalle. «So gut, dass ich gar nicht mehr weggehen werde.» Manzur übersetzte – ein Lachsturm.

Ein großes weißes Tuch wurde am Boden ausgebreitet. Jeder bekam einen Teller, und die Speise wurde aufgetragen. Die Männer tauchten weiche Brotfladen in eine grünliche Sauce und nagten Hammelknochen. Es geschah alles von Hand. Manzur genoss. Er kaute wie ein Löwe und aß und aß. Er öffnete zuerst den obersten Knopf. Mit jedem neuen Teller voll Hammelfleisch öffnete er einen weiteren Knopf. Die grüne Sauce ergoss sich nur so um ihn herum, und sein Gesicht glänzte. «Very good – very good», sagte er zu mir, zwischen zwei Knochen. Ich aß Eier und Bananen astweise. Manzur hatte dies für mich bestellt, er kannte meine Eigenheiten. «Sie essen ja gar nichts», sagte er mit einem Hammelbein zwischen den Zähnen, dabei war ich beim sechsten Ei und der zehnten Banane. Als das weiße Tuch endlich einem

Schlachtfeld glich, zeigte Manzur Ermüdungserscheinungen. Er legte einen halb abgenagten Knochen mit einem tiefen Seufzer auf die Seite und schaute verloren ins Weite. Dann wankte er dem Waschtrog zu, um seinen Kopf zu waschen. Die anderen wankten ihm nach. Nach der ganzen Prozedur saß man wieder beisammen und kaute Holz, Nelken und Betel. Manzur war jetzt stiller geworden, er verdaute. Mit der Zeit brachen wir auf. Auf dem Heimweg erzählte mir Manzur, dass jetzt ein heiliger Mann im Palast wohne.

Eines Tages brachte der Diener einen Zettel in mein Zimmer, worauf stand, ich solle dem Diener folgen. Gehorsam ging ich hinter dem Diener her und kam in einen hellen Empiresalon, in dem saß und erhob sich – mit ausgesprochen verbindlichem Lächeln: Prinz Abdul. Mich schauderte wie damals. Der Prinz trug einen weißen Anzug aus glitschigem Stoff und war rasiert, dass er glänzte. Er streckte mir seine Hand entgegen und sagte in öligem Ton: «Es freut mich – aber ich bin eigentlich noch immer böse, seit damals, Sie wissen – zwei Stunden habe ich auf Sie gewartet im Saturday-Klub, und Sie sind nicht erschienen – es war mein erster Misserfolg.» – «Lieber Prinz, es war mir nicht möglich an jenem Abend.» – Ich fand es nicht für nötig zu erwähnen, dass ich im Firpos gewartet hatte, denn Abdul war schnell versöhnt – er hatte ein Anliegen, ein rein künstlerisches: «… Sie haben verstanden, nicht wahr, als Künstlerin? – Künstler sollen sich in der Arbeit gegenseitig unterstützen, nicht wahr? … die Poesie der Formen und Linien … ich in der Dichtung, Sie in der Malerei.» Ich hatte der sorgfältigen Rede einfachen Sinn schon lange verstanden. Also Abdul brauchte, wie ich für die Malerei, so er für seine Rosen- und Liliendichtung ein Modell, und eben, ob ich so gut wäre ... Man muss gar vieles hören, wenn man von niemand sichtbar beschützt wird.

«Ich glaube, ich eigne mich nicht, lieber Prinz.» – «O doch, ich weiß ... Sie werden es nicht bereuen, ich kann Ihnen helfen.» – «Mir ist nicht zu helfen, Abdul.» – «Sie werden sicher nicht mein erster Misserfolg werden.» – «Ich glaube doch, ich bin nicht zu ändern, lieber Prinz.» – «Jede Frau ändert sich bei richtiger Behandlung, ich bin ein erfahrener Mann.» – «Ich werde jetzt gehen, Abdul, ich fühle mich nicht ganz wohl.» – «Sie leben unnatürlich, Katharina ... ich erwarte Sie heute Abend im Zimmer Nr. 333, mein Diener wird Sie abholen.» – «Sie sind ein gläubiger Mensch, halten Sie sich an die Natur, leben Sie wohl, Prinz.» – «Es gab Zeiten, da geschah in diesem Haus, was wir wünschten, sehen Sie nicht die vielen Diener im Haus, sie sind uns alle unterwürfig.» – «Ja, ich sehe sie alle, alle, leben Sie wohl, Prinz.»

Ich ging in mein Zimmer und fragte den lieben Gott, was ich jetzt tun solle. Dann begab ich mich zu Manzur und bat ihn, mich zum heiligen Mann im Palast, von dem er mir erzählt hatte, führen zu lassen.

Ich durfte mit dem heiligen Mann speisen.

Er war ein alter Mann mit langen weißen Haaren. Sein Name lautet: Seine Heiligkeit Mohammed Hassan Saijad. Neben ihm saß sein Sohn. Ich sprach lange mit dem heiligen Mann. Am Anfang ließ er mir durch den Übersetzer sagen, dass er im Gespräch mit einer Frau etwas gehemmt sei, denn er habe noch nie mit einer Frau diskutiert. Seine Heiligkeit ist Mohammedaner. Es folgen ihm einige hunderttausend Seelen aus allen Religionen. Mohammed Hassan Saijad anerkennt jede Religion, er glaubt aber, dass jeder der großen Propheten auf den Erkenntnissen eines früheren Propheten aufbaut, für ihn hat somit der letzte Prophet, nämlich Mohammed, die höchste Form der Erkenntnis erreicht. Mohammed Hassan Saijad ließ mich fragen, ob ich mitfahren möchte an den Ort seines Wirkens. Ich sagte freudig zu.

Bald nach dem Essen sollte aufgebrochen werden. Ich ging und packte in Eile meine Dinge. Für Seine Heiligkeit stand das Auto Seiner Hoheit zur Verfügung. Seine Hoheit war bei der Wegfahrt zugegen und geruhte auch, ein paar höfliche Worte mit mir zu wechseln. Man fuhr durch Flüsse, Felder und Dörfer. Menschen warfen sich vor unserem Wagen in den Staub.

Als Mohammed Hassan Saijad in Bareilly vor seinem Haus ausstieg, strömten viele Männer zusammen und küssten die Füße des heiligen Mannes. Als ich aus dem Wagen kroch, machten sie Gesichter, als ob der Mond vom Himmel gefallen sei.

Wir traten durch eine weiße Mauer in einen Hof. Der heilige Mann schritt auf eine kleine Marmormoschee zu, in der ein blumengeschmückter Kasten lag. Er legte vor dem Kasten den Kopf auf die Erde. Sein Jünger sagte zu mir: «Seine Heiligkeit betet vor dem Sarg seines Vaters.»

Die Frau des heiligen Mannes ließ eine eiserne Kiste herbeischaffen – das war ihr Tresor. Mit leuchtenden Augen legte sie die köstlichsten Edelsteine vor mich hin. Zuletzt hängte

sie mir eine Kette um den Hals – «Geschenk für Sie», bedeutete mir ihr Sohn, der dabeistand. Eines ihrer Gewänder musste ich anziehen, es war mir zu weit.

Die liebe Frau war sehr besorgt um mich. Wo mein Mann sei, ließ sie mich fragen. «Zu Hause, er muss arbeiten», sagte ich, ich wollte sie nicht dadurch enttäuschen, dass ich ihr erklärte, ich hätte keinen Mann.

Der heilige Mann ließ mich zu sich rufen. Er zeigte mir alte persische Malereien. Nachher ließ er mich fragen, ob ich auf der Welt einen Menschen habe, dem ich helfen möchte. Ich sagte ja. Er zog aus seiner Weste ein kleines zusammengefaltetes Brieflein und reichte es mir. «Seine Heiligkeit lässt fragen, ob Sie nicht noch einem Menschen helfen möchten» – ich sagte wiederum ja. Mohammed Hassan Saijad gab mir ein zweites Brieflein und ließ erklären, dass jene Menschen das Brieflein immer auf sich tragen sollen, so werde ihnen geholfen werden. Sein Jünger schrieb mir die heilige Adresse auf.

«Wenn Sie in Not oder Bedrängnis sind, dann schreiben Sie oder telegraphieren Sie an Seine Heiligkeit. Die Kräfte Seiner Heiligkeit werden Ihnen helfen, sie reichen weiter, als die Welt reicht. Seine Heiligkeit hat schon vielen Menschen auf der ganzen Welt geholfen.»

Als ich mich im Harem verabschiedete, schenkte mir die liebe Frau noch ein Kleid, das sie in der Zwischenzeit schnell für mich genäht hatte.

Seine Heiligkeit ordnete aus freien Stücken an, dass ich mit dem Auto Seiner Hoheit nach Delhi gebracht werde. Mit einer sonderbaren Ruhe und einem Gefühl der Geborgenheit machte ich mich auf meinen weiteren Weg.

Bei der Eisenbahnbrücke wartete tief in der Nacht wahrhaftig der brave Colonel Singh mit seiner Frau auf das Verladen. Ich stürzte auf ihn zu, als ich ihn entdeckte. «O Katharina, wie lustig, dass wir uns wieder treffen – warum fahren Sie nicht gleich mit uns weiter –, schicken Sie den Wagen Seiner Hoheit doch zurück.» So kam es, dass ich im Wagen des Colonel Singh weiter auf das Verladen wartete. Es warteten noch drei andere Autos. Auf einmal kam ein Engländer auf uns zu und fragte Colonel Singh: «Würde es Ihnen etwas ausmachen, wenn wir uns in einer Schlange aufstellen?»

Zwölftes Kapitel

Ich fuhr mit dem Zug nach Agra und mit der Pferdekutsche zu dem weltberühmten Grabmal Taj Mahal. Ich fand es in Wirklichkeit nicht so schön, als es sich im Glaskästchen ausnimmt, denn im Glaskästchen sieht man keine Leute, das heißt, keine Männer (Leute sind in Indien nur die Männer). Taj Mahal sah ich zusammen mit zweihunderttausend Leuten, in der mondhellsten Nacht des Jahres. Leider war ich neben dem Grabmal der zweithellste Fleck, und als ich sichtbar wurde, vergaßen die Leute ihre ursprüngliche Absicht und

wandten sich der Betrachtung des kleineren hellen Fleckes zu. Um mich schwoll die Menge. Man drängte von hinten, man stieß, man wollte sprechen, man rief, man schrie in allen Sprachen, nur nicht in Schweizerdeutsch. Heiß kroch mir das Zittern den Rücken hinauf.

Auf einmal aber, als die Not am größten war, kam die Polizei zu zwei Dutzenden, um mich zu retten. Sie machte mit dem umgekehrten Gewehr ein Loch in den Tumult – ich rannte durch das Loch davon, quer durch Leute, Park und Teich. Der Tumult wollte mir nachrennen, aber es entstand Unordnung in den eigenen Reihen – einer stieß den anderen, und keiner konnte einen Schritt tun.

Draußen vor dem großen Tor fing mich die Hilfspolizei auf. Die Hilfspolizei bestand aus drei Studenten, einem Anglo-Inder, einem Sikh und einem Prinzen von Patjala. Diese drei waren besonders pfiffige Köpfe. Zwei von ihnen bewachten mich, und der Dritte holte eine Purdah, in die ich mich dann begab. Sie reichte mir zwar nicht bis auf die Schuhe, aber die Hosenstöße, die unter der Purdah hervorschauten, wurden von der Nacht verschluckt. So wandelte ich als braves Muselmanenweib mit meinem männlichen Schutz durch die Nacht. Durch das Augengitter konnte ich nicht gut sehen, aber der Anglo-Inder führte mich gerne an der Hand. Der Anglo-Inder brachte Verpflegung, der Sikh gab mir eine Wolldecke, und der Prinz löste eine Fahrkarte nach Delhi.

Am Bahnhof war ich wieder unverhüllt. Ich saß allein in einem vornehmen Abteil. Als der Zug anfuhr, schossen plötzlich zwanzig Männer auf die halboffene Tür meines Abteils zu und zwängten sich herein; sie machten nicht den Eindruck, als ob sie in dieses Abteil gehörten. Ich zog sofort meine Wolldecke über den Kopf. Nach einer Weile zupfte es an der Decke. Als ich aufschaute, hielt mir einer mein Ukulele hin und sagte: «Sing.» Da sang ich mit möglichst fester Stimme: «Alle Vöglein sind schon da …» Als das Lied aus war, hielt der Zug. Bevor die Männer das Abteil verließen, musste ich zwanzig Rupienscheine mit meinem Autogramm versehen.

Ein weiteres Stück fuhr ein Offizier in meinem Abteil, der sagte zu mir, dass er in derselben Division diene wie ich. «Sind Sie von Zürich oder von Delhi?», fragte ich ihn. «Sie sind von Delhi, denn Sie tragen die Mütze meiner Division, die sechzehnte Kavallerie» – Ja, ich trug Kumars Mütze.

In Delhi holte ich mein Säcklein ab und kaufte eine unvornehme Fahrkarte über Benares zu meinem Stammplatz Kalkutta. Kalkutta liegt am nächsten bei Japan.

Das Damenabteil im Kalkutta-Express war so voll, dass viel herausfiel, wenn man die Tür öffnete, deshalb setzte ich mich in ein leeres Normalabteil. Aber auf einem indischen Bahnhof spricht sich schnell herum, wer wo sitzt – ich blieb nicht lange allein im Abteil. Von Anfang an verkroch ich mich unter meine Wolldecke. Ich fühlte, wie mich zehn Augen durch die Decke stachen. Plötzlich wurde an der Decke gezupft, und jemand fragte: «Memsahib krank?» – «Ja.» – «Memsahib sehr krank?» – «Ja, Cholera.» Bei der nächsten Station stiegen alle aus.

Später setzte sich wieder einer zu mir ins Abteil. Er wollte sprechen, aber ich blickte säuerlich. «Memsahib krank?» – «Ja, Kopfweh.» Seine Hand verirrte sich in meiner Richtung. «Demarkationslinie ist zwischen den Bänken», sagte ich. «Oh, ich wollte nur helfen wegen Kopfweh, Indien kein Kopfweh, Indien Kopf pressen, Kopf massieren.» Mein Kopfweh verging dann ohne Pressung.

In Benares stieg ich aus, denn dort wohnt der Swami Agehananda. Früher hat der Swami Agehananda eigentlich Poldi Fischer geheißen, als er noch aus Wien war. Heute aber heißt der Poldi Fischer Swami Agehananda und ist aus Benares. Er liest Hindu-Philosophie an der Hindu-Universität in Benares. Ich suchte den Poldi in der ganzen Stadt. Er war nicht in seiner Zelle, nicht in der Universität, nicht in Benares. Zwei Studenten teilten mir mit, dass der Swami sich auf Missionsreise befinde. Ich war traurig, denn der Poldi war doch aus Wien.

«Zurück Bahnhof», sagte ich zum Rikschamann.

Nach einer Weile holten mich die beiden Studenten auf Fahrrädern ein und fragten, ob sie mir helfen könnten, und ob ich die Stadt ansehen wolle. «Ja», sagte ich, denn ich war betrübt und allein, und mein Zug war weggefahren. «Aber ich brauche auch ein Fahrrad.» – «Nehmen Sie meines, ich fahre mit meinem Freund zusammen», sagte einer, und zum Rikschamann: «Rikschawalla, was kostet es?» – «Acht Rupien.» – «Hier hast du zwei Rupien, und sei damit zufrieden, ich kenne deine Preise.»

Benares ist eine heilige Stadt. Als wir durch das Gewimmel und durch die heiligen Straßen fuhren, dachte ich daran, dass Religion wohl nicht mit Sauberkeit zusammenhängt, doch dann kamen wir zum heiligen Wasser, zum Ganges, dort kann man sich im Namen der Religion vom Übel der Welt reinwaschen. Jeden Abend um sechs Uhr wandelt der fromme Mann – es gibt deren Millionen – zum heiligen Bade. Zu diesem Zweck führte eine breite Treppe hinunter zum Fluss. Auf der Treppe sitzen alte Frauen mit geschnittenen Haaren, wie man sie bei uns in Kunstkellern trägt. Es sollen dies Witwen sein. Früher hat man die Witwen verbrannt, heute pflegt man sie nach Benares zu bringen.

Wir fuhren weiter durch den Seidenmarkt, und die beiden Buben kauften mir ein gesticktes Tuch. Später gingen wir essen in einem indischen Gasthaus. Ich bestellte eine Eierspeise. Der Wirt schaute mich ganz unklug an, er hatte keine Ahnung von einer Eierspeise. Aber ich wünschte meine Eierspeise, so begleitete ich den Wirt in seine Küche und kochte meine eigene Eierspeise. Der fromme Mensch isst in Benares sonst keine Eier und selbstverständlich kein Fleisch.

In der Nacht fuhr ich nach Kalkutta, wieder im vollen Damenabteil.

Dreizehntes Kapitel

Es läutete. Ach, ich wälzte mich auf die Beine, wickelte mich in das Leintuch, auf dem ich gelegen hatte, und tappte zur Tür. «Oh, wie wundervoll, nach so langer Zeit die Sonne aufgehen zu sehn.» – «Chatterjee, was fällt dir ein, das Lever der Sonne darf man nicht stören.» – «Katharina, ich störe die Sonne nicht, ich bin nur ein stiller Sonnenanbeter.» Chatterjee kam herein. «Du wohnst beinahe unanständig romantisch, Katharina, so wohnt man sicher in Paris.» – «Es ist leider mein Schicksal, unanständig zu wohnen, Chatterjee.» – «Wie kommst du zu diesem lauschigen Ort?» – «Das Häuschen gehört einem europäischen Doktor, den ich kenne, er hat es mir als Notwohnung überlassen, mit vielen Drohungen allerdings. Es sollen nämlich neben mir hier auch die weißen Ameisen wohnen, die alle meine Sachen essen werden, und die großen braunen Käfer, die gern Aquarellbilder essen. Ich schaue alle Augenblicke in den Kasten, ob meine Sachen noch da sind, und in der Nacht halte ich eine Kerze in der Hand und bewache meine Bilder.»

Es läutete wieder, und ich befand mich immer noch in meinem umgewickelten Leintuch. «Es ist nur mein Freund», sagte Chatterjee und ging öffnen. Es kam natürlich nicht nur einer, sondern gleich drei Freunde Chatterjees herein. Am Anfang staunten sie etwas über meine wunderliche Aufmachung, aber nur am Anfang. «Das ist ein wundervolles Haus», sagte einer, «ich habe gelesen, dass man drüben an solchen Orten Feste feiert.» – «Gibst du ein Fest?», fragte Chatterjee. – «Zuerst muss ich meine Bilder loswerden.» – «Oh, Miss Katharina, in einer Woche werden wir alle Ihre Bilder verkauft haben», sagte ein Freund. Im Orient wird viel gesagt, aber wie das Sagen gemeint ist, darauf kommt man erst mit der Erfahrung.

Chatterjee hatte immer noch Kunstpläne mit mir. «Der frühere Auftrag, das Schiffshaus», sagte er, «ist nicht interessant, ich kenne einen viel reicheren Mann, den Mr Singania.» Zu Mr Singania gingen wir eines Morgens hin. Er wohnt in einem dämonisch modernen Haus. Als ich Singania zum ersten Mal sah, trug er ein weißes Kimonohemd mit Knöpfen aus Edelsteinen. Singania ist rund, als Zeichen des Reichtums. Er führte uns in ein Zimmer mit dunkelgrauen Wänden. An der Decke hing eine Wolke aus Gips. «Dieses Zimmer sollte ein wenig ausgeschmückt werden», meinte Singania. Chatterjee fing an auszumessen. «Miss – wir begeben uns unterdessen in den Salon.» Singania führte mich in ein dunkelblaues Zimmer. «So, Sie sind Schweizerin, die Schweizer sind ehrliche Leute, ich weiß es. Verstehen Sie, ich möchte insbesondere mit Ihnen verhandeln, ich liebe den Geschmack von Mr Chatterjee nicht sehr. Wo wohnen Sie?» – «An der Russel Street sechs», sagte ich treuherzig. «Gut, ich werde heute Abend gegen sechs Uhr bei Ihnen vorbeikommen.»

Jetzt kam Chatterjee herein. Wir empfahlen uns.

Chatterjee interessierte sich, was Singania zu mir gesagt habe. Er lächelte befriedigt, als er es erfuhr. «Jetzt müssen wir klug sein», sagte er, «denn wir wollen ein gutes Geld aus dem Alten quetschen. Also höre, du darfst nicht ganz steif sein, wenn er ein wenig freundlich wird, du bekommst von mir einen Entwurf, den du ihm dann vorlegst, verstehst du?» – «Aber Chatterjee, wir machen doch den Entwurf zusammen.» – «Ach, es ist doch nicht wichtig, woher der Entwurf kommt, ich mache ihn ja auch nicht selber. Wichtig bist doch nur du im Spiele, verstehst du denn nicht?» – «Chatterjee, was hältst du vom Wandgemälde über der Fensterfront, wie es der Alte will, es wird unmöglich aussehen.» – «Du bist so dumm, schön oder nicht, das ist ganz egal. Je mehr wir sein Haus vollsalben können, desto mehr fließt daraus.»

Beim Doktor Wendel aß ich zu Mittag, wie immer. «Ich werde eine Arbeit machen für einen gewissen Mr Singania, haben Sie schon von seiner Existenz gehört?» – «Singania, das ist doch ein Marvari. Geben Sie Acht. Machen Sie keinen Strich ohne Vorschuss.» – «Aber Doktor, was tun Sie, wenn ein Patient kommt, der keinen Vorschuss zahlt?» – «Dem rate ich, viel Wasser zu trinken und nicht Betel zu kauen.»

Singania kam. Der Entwurf lag noch nicht vor, aber ich sprach von unseren Plänen. «Mr Singania, vor allem muss die Gipswolke herunter.» – «O nein, das ist nicht möglich, ich habe zweitausend Rupien dafür bezahlt, ein englischer Meistermaler hat sie doch entworfen. Mir gefällt sie selber nicht, aber so viel Geld, denken Sie.» – «Aber Mr Singania, wenn …» Singania war nicht ganz bei der Sache, er schaute mich abwesend an … «Ich – ja, ich muss meinem Vater ausgearbeitete Entwürfe zeigen – mein Vater entscheidet.» (Singania ist etwa sechzig Jahre alt.) «Mr Singania» – ich fasste ein Herz, «Mr Singania, werden Sie die Hälfte vorauszahlen bei Übergabe der Entwürfe?» – «Oh, was denken Sie, Sie vertrauen mir nicht – ich zahle nie voraus – ich kann doch nicht bezahlen, wenn nichts gemacht ist – aber Miss Katharina – Sie sprechen immer vom Geschäft ...» Er nahm die Brille ab und blinzelte mich in meiner ganzen Länge an. «Sie sind doch aus geschäftlichen Gründen hier, Sir?» – «Miss Katharina, Sie sind gar nicht nett zu mir, ich bin kein schlechter Mann und ich könnte viel für Sie tun.» – «Ich bin doch ausgesprochen freundlich.» – «Sie könnten viel netter sein.» Er schaute sich im Zimmer um. «Wo schlafen Sie eigentlich ... Wissen Sie, Miss Kat ...» – Es läutete. Singania fuhr zusammen.

«Wer ist das? Oh, mein Ruf – verstecken Sie mich – ich bin ein Mann von Ehre, Miss – ich darf hier nicht gesehen werden – öffnen Sie nicht, ich bitte Sie, Miss Katharina.» Er zitterte am ganzen Leib. – Draußen stand Chatterjee und gab mir den Entwurf. Ich blinzelte, und er ging.

«Wer war es, Miss Katharina – kommt er herein?» – «Ein Freund von mir, er wird in fünf Minuten wiederkommen.» – «Ich gehe jetzt schnell weg, rufen Sie mich an, Miss Katharina, wenn Sie entworfen haben, ich werde kommen, dann sagen Sie aber Ihrem Freund, dass Sie nicht da sind.» – «Ja, auf Wiedersehen, Mr Singania.»

Ich erklärte Chatterjee gelegentlich, dass mit Singania nicht zu handeln sei und dass ich lieber Bilder verkaufen möchte. «Dann musst du dich in deiner Malerei umstellen. – Was interessiert unsere Leute der Wald, auch wenn er von Rembrandt ist – Menschliches wollen sie sehen, exakte, natürliche Malerei ...»

Ich versuchte dennoch, meine Wälder zu verkaufen, aber

es ging nicht recht. Nicht einmal Babu war für ein Bild zu haben. Ich versuchte, alte Bekanntschaften aufzufrischen. Einmal rief ich Mr Sabu an, den von der Rampur-Party, aber der Mann hatte mich aus dem Gedächtnis verloren. – Die Familie Kleeblatt malt selber. – Jedermann schickte mich weiter zu einem Freund. Frau Kleeblatt schickte mich zu einem Schweizer, der in Kalkutta eine Kuchenfabrik betreibt. Dieser Schweizer kaufte kein Bild, er sagte, er hätte schon schönere Bilder gesehen, dafür durfte ich jeden Morgen ein Stück Kuchen in der Kuchenfabrik essen. Leider musste ich dies dann lassen, weil seine Frau später verbreitete, «ich hätte es mit ihrem Mann».

Der Schweizer selber aber behauptete, ich hätte es mit Indern, denn er hätte an einem Morgen jemand mein Häuschen verlassen sehen. Immerhin schickte er mich mit meinen Bildern zu einer Schweizerin. Diese sagte zu mir, dass sie keine Bilder brauche, und zu anderen sagte sie: «Die soll nicht reisen, wenn sie nichts hat – unsereiner reist auch nicht.» Aber zuletzt besuchte mich eine ganze Schweizer Familie und kaufte ein Bild – als Hochzeitsgeschenk für die Tochter. Hundert Rupien bekam ich dafür.

Eines Tages besuchte ich Kulbir. «Ich hatte die Hoffnung längst aufgegeben, dich wiederzusehen – warum hast du nie geschrieben?» – «Kulbir, ich schreibe nie, ich verspreche es nur.» – «Katharina, ich bin schwer krank gewesen», er machte noch immer ein erschütternd leidendes Gesicht. «Katharina, ich brauche viel Liebe, um gesund zu werden. Du darfst mich nicht mehr so ärgern wie damals – es könnte meinen Tod bedeuten.» – «Kulbir, am Ärgern sind meist mehrere Leute schuld, es beruht jedenfalls auf Gegenseitigkeit.» Kulbir stand plötzlich auf und wollte mich bei der Hand nehmen. «Folge mir», sagte er. – «Nein, warum?» – «Das wirst du sehen, komm – – ich vertrage keine Aufregung – komm!» Er fasste mich am Arm. «Lass mich los, Kulbir.» Er hatte glasige Augen. Jetzt hielt er mich fester. «Du musst mir gehorchen, du kannst gar nicht anders.» – «Kulbir, lass mich bitte, bitte los.» Ich schaute ihn an. Kulbir atmete laut. Jetzt riss ich mich los. – Ich rannte durch die Türe aus dem Haus, und weiter durch die Straßen, bis mein Atem erschöpft war. Kulbir folgte mir nicht, er war ja krank und schwach. Mein seidenes Halstuch war bei ihm geblieben. An meinem Arm blieben blaue Flecken. Auf diesen Schreck hin weilte ich einen Tag lang still im Häuschen.

Es kam dann ein Brief von Kulbir, und einmal kam er selber, aber ich öffnete die Türe nicht, sondern schloss Fenster und Laden. Dem Doktor erzählte ich von dem Menschen in seinem Wahn. «Da haben Sie Glück gehabt», sagte er, und «wissen Sie überhaupt, was die Leut' über Sie sagen?» – «Ich kann es mir vorstellen, Doktor, aber ein Ruf steht oft außerhalb des eigenen Vermögens.» – Doktor Wendel fragte mich jeden Tag, wann ich diesen üblen Ort verlassen werde. «Sobald es reicht für übers Wasser, Doktor, ein Bild habe ich ja schon verkauft.» – «Sie werden Ihre Künste nie loswerden.»

Einmal – vielleicht zur Abschreckung – führte mich der Doktor in die Chinatown, in eine Opiumhöhle. Gegen ein Trinkgeld wurden wir durch viele Gänge, Türen und Keller in eine Höhle geführt. Da lagen fünf magere Chinesen halbnackt und ganz verrenkt auf Tischen, unter ihrem Kopf lag ein Stück Holz. Sie rauchten lange dünne Pfeifen. Es war fast dunkel. Nur einen kurzen Blick durften wir in die Höhle tun, dann wurden wir wieder hinausgeführt. Wir gingen noch ein

Stück zu Fuß durch die Chinatown. Der Doktor deutete auf ein Schaufenster, in dem Zangen und faule Zähne ausgestellt waren. «Das ist die Werkstatt des chinesischen Zahnarztes.»

Auch die brennenden Ghats hätte ich ansehen sollen, Tote werden dort verbrannt, und ihre Asche in den Fluss gestreut: Aber ich konnte mitten in der Stadt genug Tote sehen. Sie wurden oft vorbeigetragen, die Füße und die Hände rot bemalt, auf einer Bahre liegend.

Zuweilen gehen Schellenklingler hinter einer Totenbahre her, meist aber geben nur die vier Bahrenträger dem Toten das Geleit. Ich habe nie jemanden gesehen, der sich nach der Bahre umdrehte, höchstens mich selber am Anfang. Man gewöhnt sich …

Eigentlich lebte ich unter Toten, denn – ach, im Häuschen starben täglich unzählige Käfer, und es roch nach Tod. Oft trieb mich das Grausen aus dem Häuschen. Einmal, als mich dieser Trieb wieder erfasst hatte und ich die Türe zur Flucht öffnete, da fiel eine Gestalt kopfüber zu mir herein – ein Toter – nein – er bewegte sich und stand langsam auf. Er hatte, an meiner Tür lehnend, geschlafen, wie es schon so viele vor ihm getan hatten. Ich habe oft nicht recht gewusst, ob die an der Straße Liegenden tot oder lebendig waren, sie können so tief schlafen, dass es aussieht, als ob der Geist sie verlassen hätte.

Eines Abends besuchte mich Seine Heiligkeit, Poldi Fischer, das heißt, Swami Agehananda aus Benares. Ich erschrak, als ich die Türe öffnete, denn der Poldi ist so groß, dass ich seinen Kopf zuerst gar nicht sah, Poldi ist ein Asket, aber man sieht es nur seiner Kleidung an. Er trägt eine gelbe Kutte und Sandalen. Sein Haar ist bis auf den Grund geschoren.

Eine Nacht lang saß ich mit dem Poldi im Häuschen und plauderte. Es war eine lustige Nacht, denn mit dem Poldi lässt sich gut reden und lachen. Der Poldi weiß alles, von Buddha bis Plato und Heidegger.

Poldi wurde nachdenklich, als ich zu ihm sagte, er solle doch wieder zurückkehren. Ich erzählte ihm von der Oper und vom Konzerthaus, vom Franzl, der jetzt einen Schnurrbart trägt, und von der Liesel, die geheiratet hat, und deshalb nicht mehr in Philosophie macht.

Poldi erzählte mir von sich. Vor fünf Jahren hatte er an der Universität in Wien abgeschlossen und fuhr dann gleich nach Indien, weil ihm die Art gefiel, wie man da denkt und lebt. Poldi wurde in Indien bald heilig. Wenn man in Indien heilig werden will, muss man zu Fuß durchs ganze Land gehen, nur eine Schale in der Hand, man muss viel wissen und wenig wollen von der Welt. Das alles und sich selbst beherrscht der Poldi. Während einiger Monate des Jahres liest er Philosophie in Benares, in der übrigen Zeit zieht er verkündend durchs

Land. Der Poldi hält mich leider für verrückt, vielleicht hat er recht. Er sagte, ich solle doch in Benares weiterstudieren, aber ich bin doch nicht so verrückt, wie er glaubt.

Als es unversehens fünf Uhr morgens geworden war, sagte ich zu Poldi, er solle sich jetzt auf dem Sofa ausruhen, und ich legte mich auf mein hartes Bett. So geschah es. Als ich erwachte, war der Poldi nicht mehr da.

Ich habe im Häuschen selten schlafen können, es war mir viel zu ungeheuerlich – die großen Käfer, die Schlangen und die Menschen in ihrem Wahn. Vor dem Läuten fürchtete ich mich am meisten. Eigentlich war ich froh, dass Chatterjee mich oft aufsuchte, weil sich die Geister unter unserem Gespräch nicht so laut rührten. Chatterjee hielt sich für anständig genug, um mich zu den unmöglichsten Zeiten aufsuchen zu dürfen. Wahrscheinlich war Chatterjee der Grund, der die klatschenden Gemüter von Kalkutta so erregte.

Aber Chatterjee ist ein netter Mensch, abgesehen vom Geschäftlichen. Wenn ich ihm Geschichten erzählte, dann schaute er weltentrückt ins Leere. Wenn ich Lieder spielte, schloss er die Augen. Chatterjee brachte oft einen neuen Freund mit. Ein älterer Freund von Chatterjee sagte zu mir: «Natürlich könnte ich ein Bild kaufen, aber was nützt es mir, wenn Sie nachher wegfahren?» Und dann war da noch Freund Asharam. Asharam war besonders beflissen, mir zu helfen. Er führte mich mit meinen Bildern zu einem Mann, der sein Hemd mit Brillantknöpfen schließt. Jener Mann sagte, wir sollen morgen wiederkommen. Als wir morgen wiederkamen, war er abgereist. Asharam wollte mich zu drei Maharadschas führen, aber wenn ich mit Asharam etwas vereinbarte, kam er nie früher als drei Stunden zu spät. Wenn er jedoch nicht zu spät kam, dann kam er viel zu früh, was leicht zu Komplikationen führen kann.

Eines frühen Morgens besuchte mich Chatterjee. Ich befand mich natürlich erst in meinem Leintuch. Chatterjee übersah das Negligé taktvoll lächelnd. Wir plauderten eine Weile. Plötzlich läutete es. – Peinlich – ich im Leintuch, Chatterjee hier – wer denkt schon unschuldig, wenn das Schuldige leichter auszudenken ist. In meiner Not schob ich Chatterjee in den Raum links von der Treppe und flüsterte ihm zu: «Bitte, verschwinde leise im richtigen Moment.» Dann ging ich öffnen: – Asharam.

Ich führte ihn in den Raum rechts von der Treppe, fing dort an, vor Asharam in lauter Weise den Boden zu wischen und drehte den Wasserhahn ganz auf. Als Chatterjee unter dem Lärm verschwunden sein musste, führte ich Asharam in den Raum links von der Treppe. Ich kleidete mich an im Raum rechts von der Treppe. Wieder läutete es. Ich öffnete die Tür links von der Treppe. «Asharam, bitte verschwinde im geeigneten Moment.» Dann ging ich öffnen: Der Diener des Doktors. Ich führte ihn in den Raum rechts von der Treppe …

Einmal ging ich mit Asharam tanzen. Für ihn war das Tanzen eine große Lust, ich aber litt sehr unter Asharams Komplikationen in den Füßen. Asharam ist ein Kavalier, er sagt es selber. An jenem Abend war er ganz besonders beflissen, mich zu beschützen. «Darf ich die Ehre haben, Sie bis in Ihr Gemach hinein beschützen zu dürfen?», fragte Asharam beim Abschied vor meiner Türe. «Ich danke Ihnen, Asharam, für Ihren Schutz bis vor meine Türe, gute Nacht.» Asharam empfahl sich mit dem schönen Wort: «Ich bin dem Gebieten der Dame tief ergeben.» Asharam liebt das gepflegte Wort.

Am nächsten Tag schenkte mir Asharam einen violetten Edelstein, den ich einen Tag lang besaß. Er nahm ihn nach einem Tag wieder mit zur Fassung in einen Ring. Ich habe den Ring leider nie zu sehen bekommen.

Bei Doktor Wendel war manchmal ein Herr Schleier zu Besuch, der Deutsch spricht. Herr Schleier sieht so pfiffig aus, dass ich ihn einmal fragte, ob er wisse, wie man umsonst nach Japan kommen kann. «Umsonst nach Japan?», sagte er, «umsonst nach Japan, das ist nicht einfach, aber es ist möglich, mit gewissen Beziehungen. Ich werde mich mal umsehen.» Herr Schleier sieht fast zu pfiffig aus, deshalb ließ ich die Angelegenheit mit gutem Gewissen auf der langen Bank ruhen.

Einmal erhielt ich einen Brief von Baleshwar: «Ich hoffe, Sie sind unversehrt in Kalkutta angekommen … Auch ich bin wieder zurückgekehrt zu meiner Arbeit … Möchten Sie mich hier in Chaibasa besuchen? Sie sollen sich nicht fürchten, ich glaube, Sie kennen mich.»

Ich weiß, dass ich mich nicht fürchten muss, wenn Baleshwar es schreibt. Doktor Wendel wusste das nicht. «Sie rennen in Ihr Verderben. – Das ist eine Mädchenfalle.»

Doch ich kenne Baleshwar, er ist kein Mädchenfäller. Ich wollte Baleshwar besuchen, denn ich fand, dass es mir in Kalkutta zurzeit nicht besonders gutgehe.

Vierzehntes Kapitel

Ich fuhr gute Klasse, doch ich war nur halb zufrieden, des Mannes in Uniform wegen, der behauptete, er hätte das Recht, in diesem Abteil zu fahren, es sei dies kein Damenabteil. Die andere Frau im Abteil gab ihm laut zu verstehen, dass er hier nicht «voisinieren» dürfe. Als die Nacht zur Hälfte um war, stieg er endlich aus, eine Station vor mir.

Die andere Hälfte der Nacht wartete ich im Damenwartesaal schlafend, bis mich die Saalwärterin aufrüttelte und auf den Zug deutete, der draußen stand.

Äußerst unwillig fuhr ich weiter, zwei Stationen. Ich hätte ebenso gut zu Fuß gehen können. Als es hell wurde, fuhr ich durch Hügelland.

In Chaibasa wusste ich nicht mehr weiter, denn niemand holte mich ab, und niemand wusste, in welchem Zusammenhang ich mit der Gegend stand. Ich fragte den einzigen Mann, der einen westlichen Hemdkragen trug, ob er den Baleshwar kenne. «Yes, yes, big boss Baleshwar Sahib.» (Ja, ja, der große Chef Baleshwar Sahib.) – «Wo wohnt Baleshwar Sahib?» – «Ich zeige Memsahib.» Er winkte ein «Klein-Taxi» heran. Darin fuhren wir ein bisschen bergauf, ein

bisschen bergab, durch ein erstaunlich sauberes Dorf zum letzten Haus weit draußen im Gelände.

Ich ging durch einen Garten, in dem die Blumen säuberlich in Reih und Glied standen, wie es sich gehört für den Chef der Gegend. Das Haus stand offen, aber kein Mensch war zu sehen – ich hatte doch ein Telegramm geschickt? – Vielleicht werde ich hier verkauft, dachte ich beim Eintreten. Es war ein ganz schönes Haus – außen rot, aus unbehauenen Steinen, und innen weiß mit hellgrünen Vorhängen. Seit Genua wieder einmal Vorhänge. Ich stand in einem Raum und sah Bambusmöbel mit Blümchenkissen, Perserteppiche, Leopardenfelle, einen enormen Radio, das größte Möbelstück im Raum – keinen Lampenschirm, dafür Neonröhren. An den Wänden hingen Fotos, lauter kleine und große Baleshware. Nichts sah zum Fürchten aus, nicht einmal der Mann, der jetzt eintrat. Er war nicht erstaunt über mich, vielleicht war er zu alt, um erstaunt zu sein.

Ich sagte, dass ich zu Baleshwar Sahib komme. «Baleshwar Sahib verreist, kommt heute vielleicht, morgen vielleicht, Memsahib warten.» Der alte Mann führte mich ins Tröpfelbad und dann in einen Raum, in dem ein Himmelbett mit rosaroten Leintüchern stand. In dem Hause war alles so beruhigend anzusehen, wie wenn es eine Frau eingerichtet hätte.

Der alte Mann sagte, ich solle Mustaf rufen, wenn ich etwas brauche. Dann ging er, und ich legte mich aufs Bett.

Gegen Abend erwachte ich und trat ans Fenster. Draußen saß der alte Mustaf auf den Fersen und legte die Stirn in die Wiese – jetzt muss es sechs Uhr sein, und Mustaf muss ein Mohammedaner sein. Bald darauf wurde ein Telegramm ins Haus gebracht – mein eigenes.

Etwa um sieben Uhr hörte ich ein Auto: Baleshwar. Ich hörte ihn mit Mustaf sprechen. Strahlend kam er herein. «Sie fürchten sich gar nicht im Haus eines fremden Mannes?» – «Keineswegs, hier bin ich und hier bleib ich. Sie wissen, dass ich mich selten fürchte.» – «Ja, das weiß ich, Karina, Sie sind so leichtsinnig wie vor zwei Monaten, weil Sie keine Ahnung haben, woran Sie in Kaschmir vorbeigegangen sind. Wissen Sie, wie viel Mühe mich meine Rolle als Schutzengel gekostet hat? Shafti ist nicht von selbst abgereist, Jusuf hat *mich* respektiert und nicht *Sie*. Sie wissen nicht, was man über Sie gesprochen hat. Sie waren übrigens spionageverdächtig – und Sie lächeln noch immer?»

«Es ist ja alles gut abgelaufen, Baleshwar.» – «Es ist noch nicht vorbei, Sie laufen täglich dem Tiger vor die Zähne.» – «Ach, Baleshwar, ich weiß doch, was Schaf ist und was Tiger.» – «In einem fremden Land können Sie das nicht wissen. Meine Leute sind keine Schafe. Wie können Sie wissen, ob ich ein Schaf bin? Ja, ich bin ein Schaf, weil Sie mich verpflichten durch Ihr Vertrauen ...» Nach dem Essen saßen wir im Zimmer mit den grünen Vorhängen. Baleshwar erzählte aus seinem Leben, vom Krieg, von der friedlichen indischen Revolution und von seiner Reise nach Europa. Baleshwar ist jetzt ganz allein auf der Welt.

Am anderen Tag begleitete ich Baleshwar auf einer Dienstfahrt. Wir fuhren auf einer roten Straße durch niederes Dickicht. Vor einem Dorf, wo ein Bachbett eingedämmt werden musste, wurde Baleshwar von zwanzig Bauern erwartet. Währenddem Baleshwar mit ihnen verhandelte, spazierte ich um das Auto herum. Ich war in einen großen weißen Schal gewickelt, damit man meine Hosen nicht sah. Baleshwar hatte es so gewollt. Zwischen Bäumen sah ich Lehmmauern, die mit roter und gelber Lehmfarbe angestrichen waren: das Dorf.

Nach einer Stunde kam Baleshwar, und wir fuhren zurück. Baleshwar erzählte mir von seinem Geschäft in jenem Ort: Eine Frau war von ihrem Mann weggegangen zu einem anderen. Dieser andere aber ging von ihr weg zu einer anderen. Der arme Baleshwar hatte nun zu entscheiden, wer die Frau jetzt nehmen muss. «An Ihrer Stelle hätte ich die Frau genommen», sagte ich zu Baleshwar. – Er lächelte nur.

Tags darauf trug ich einen Rock und Kniestrümpfe, Baleshwar hatte es so gewollt.

Wir fuhren an jenem Tag auf offiziellen Besuch. Am Vormittag besichtigten wir von einem Rollwagen aus einen Berg, der abgetragen wird, weil er innen rot ist, noch röter als die Straße und die Erde in der Umgebung. Ich sah ein Heer von barfüßigen Frauen und Männern, die in großen Körben auf dem Kopf den Berg abtrugen.

Am vierten Tag wohnte ich lediglich und genoss es, von zwei bewaffneten Männern bewacht zu werden. Baleshwar hielt im Dorf Gericht.

Am Abend telefonierte es. Baleshwar sprach Indisch. Ich verstand nur drei Worte – bagh ... royal bengal ... Beim Nachtessen wollte es Baleshwar auffallen, dass ich müde aussehe – ich soll heute früh schlafen gehen. «Nein, Baleshwar, ich komme mit.» Baleshwar lächelte: «In gewissen Fällen – verstehen Sie also – es ist nichts für Frauen – ich möchte, dass Sie hierbleiben, Karina.» – «Baleshwar, ich bin ein Globetrotter, ich möchte mitfahren – bitte, Baleshwar.» – «All right!»

Baleshwar holte Handschuhe, Kappe, Gesichtsnetz, Polarjacke und Wadenbinde. Alle diese Dinge mussten wir anziehen.

Zuletzt nahm Baleshwar sein Gewehr, und wir fuhren in den schwülen Abend hinaus.

Wir fuhren durch wildes Hügelland, durch Busch und Wald. Drei bewaffnete Männer erwarteten uns in einem Dorf. Im Jeep fuhren wir weiter, durch ein Bachbett, über Wiesen, Sträucher, Steinblöcke – einfach durch. Manchmal dachte ich, dass wir von jenem Stein dort aufgespießt würden, aber wir rollten darüber hinweg. Dann wieder fuhren wir auf der Kippe, aber es fuhr immer weiter. Mein Gesichtsnetz litt unter den Zweigen, die mir ins Gesicht schlugen. Ich sagte nichts, die anderen sagten auch nichts. Als der Motor abgestellt wurde, surrten die Moskitos weiter. Auf leisen Sohlen schlichen wir lange, aber nur fünfhundert Meter weit. Ich triefte in meinem Mückenpanzer. Neben einem toten Kalb, dessen Bauch von der Bestie weggefressen worden war, sollte die Nacht verbracht werden.

Ich schaute in den Himmel, weil ich einen Hochstand suchte, aber die Bäume reichten alle nur bis zu meinem Haarwuchs. Zehn Meter vom Kalb entfernt stand eine Laubhütte, in die wir zu fünft krochen. Wie erbärmlich ich mich in der Laubhütte ausnahm, kann ich nicht zeichnen, weil es dunkel war, ich könnte nicht einmal so traurig zeichnen, wie ich hockte. Ich hockte schmerzlich schief. Bewegen durfte ich mich nicht, weil es geraschelt hätte. Die Hütte raschelte, wenn man nur mit den Augen zwinkerte. Ich litt schauerlich an allen Krämpfen. Schließlich fing ich doch an, mich zu bewegen, pro Minute verschob ich mich um einen Zentimeter, ich musste, sonst fehlte mir heute ein Bein. Da plötzlich sagte einer – st –, ich verlangsamte mein Tempo. Um mein Haupt surrte es stechenderweise. Ich ließ es stechen, denn die ande-

ren ließen es auch. Natürlich konnten die anderen zumindest schmerzlos hocken, weil sie ihr Leben lang so hocken.

Durch ein Loch in der Hütte sah man das tote Kalb. Über der Leiche, an einem Strauch, hing eine Glühbirne, die dann im Moment brennen wird. Der neben mir hielt einen elektrischen Schalter in der Hand.

Es war schaurig still, hie und da fiel ein Blatt von der Laubhütte. Jetzt um neun Uhr musste er kommen. – Ein Hund bellte – jetzt – nein – wieder alles still. Mir war nicht geheuer. –

Vielleicht schleicht er schon hinter jenem Strauch, drei Meter von uns. Und wenn er von hinten kommt, an der Laubhütte vorbei, dann riecht er zuerst uns – und vergisst das Kalb, keiner schaut nach hinten. Hoffentlich kommt er nicht. – Da knackte ein Zweig. Der Lauf blitzte in der Nacht – dann wieder nichts. Es war schon halb zehn – zehn – elf – nichts, und ich litt.

Um Mitternacht ging eine allgemeine Bewegung durch die Laubhütte. Um Mitternacht kommt er nicht, er kann erst wieder zum Frühstück kommen – in der Dämmerung. Ich hockte jetzt besser und schlief sozusagen ein.

Um vier Uhr morgens ging die zweite Bewegung durch die Laubhütte. Jetzt kann er wiederkommen. Mir war schon ganz gleich, ob er kommt oder nicht, lieber nicht. Man wartete in erregter Stille. Es dämmerte – das Kalb lag noch immer traurig da. Wir warteten bis sechs Uhr – der bengalische Königstiger ist nie zu seinem Opfer zurückgekehrt.

Am Abend saß ich mit Baleshwar zum letzten Mal im Zimmer mit den grünen Vorhängen. Baleshwar war beherrschter als ich, denn er konnte sprechen.

«... und wenn Sie einmal nicht mehr weiterwissen, später, und nicht wissen wohin, dann kommen Sie. Mein Haus ist immer da für Sie. Das rosarote ist Ihr Zimmer, es wird immer so bleiben, wie Sie es verlassen haben ... und viel später, wenn Sie ein kleines Mädchen haben, dann soll es zu mir kommen, damit ich ihm erzählen kann von seiner Mutter ... und hier, Karina, ein Stück Seide aus meinem Land für Sie, und da ist ein Stein, Sie werden ihn brauchen auf der Reise, sparen Sie ihn so lange wie möglich . . . und eine Wolldecke, für Japan. Sie bedenken ja selber nichts, nicht die Kälte und nicht die Gefahr. Es muss immer jemand denken für Sie. Aber jetzt ist es Zeit, der Kalkutta-Express fährt in einer halben Stunde.»

Und wir fuhren zum Bahnhof.

«Verriegeln Sie die Abteiltüre gleich – lassen Sie keinen Menschen herein, und denken Sie daran, man darf Sie nicht einmal am Zugfenster sehen ... Goodbye.» Er ging, bevor der Zug rollte. Es war Mitternacht, als der Zug anfuhr. Ich saß am besten Ort des Zuges, in gekühlter Luft. Mit der Wolldecke für Japan deckte ich mich zu.

Ich war ganz allein im Abteil – und überhaupt ...

Fünfzehntes Kapitel

«Da bin ich wieder, Doktor, zurück von der Mädchenfalle.» – «Hab ich nicht gesagt, Sie sollen bleiben?» – «Warum, ist doch alles in Ordnung.» – «Hätten wieder ein Schiff gehabt, gratis nach Japan. Der Herr Schleier hat eine Stelle gefunden, so halt pro forma, als Handtüchelherausgeberin – Sie sind zu spät gekommen!» Ich eilte hinüber zum Herrn Schleier, der sich gerade im Lever befand. Vom Badezimmer aus rief er mir zu: «Pech gehabt, mein Fräulein, kommt aber wieder zurück, vielleicht sind Sie dann noch da.»

Das Häuschen und alles stand noch so, wie ich es verlassen hatte, die Käfer, die weißen Ameisen und das offene Fenster.

Ich stellte gerade das Säcklein ab, als es läutete. Ich schaute aus dem Fenster: Unten stand mit bösem Blick: Shafti – Shafti, Teppichhändler aus Kaschmir.

«Ich wollte fragen, wie es geht – öffne mir.» – «Shafti, der Bodenwischer … der Bodenwischer kehrt gerade aus.» – «Miss, du musst wissen, niemand wagt Shafti zu überlisten … gib mir die gestickte Jacke zurück … sofort.» Ich warf das schöne Stück aus dem Fenster. «Shafti hat seine Leute – in Kaschmir und in Kalkutta, warte nur … Shafti ist schrecklich, wenn er hasst.» Shafti ging, die Jacke auch. Und ich verließ das Häuschen.

Zuerst wanderte ich ziellos in der Stadt herum, auf einmal fing ich wieder an zu denken. Da kam Asharam auf mich zu.

«Kann ich etwas für dich tun?» – «Ich weiß nicht wohin, Asharam.» – «O Katharina, es wird meiner Schwester und mir eine Ehre sein, dich in unserer Villa als Gast zu empfangen. Ich werde meinem Diener sofort Anweisung geben. Am Abend werde ich dich abholen.»

«Danke, Asharam. Ich gehe unterdessen einpacken.»

Auf dem Heimweg dachte ich an Chatterjee, der einmal gesagt hatte: «Verlasse dich nie auf Asharam.»

Asharam kam spät in der Nacht und führte mich in seine Villa. Auf dem Weg bat ich Asharam, keinem Menschen zu sagen, wo ich zu finden sei. «Oh, du kannst auf meine Diskretion zählen. Chatterjee hat mich eben gefragt, ob du noch in Kalkutta bist, ich habe ihm gesagt, dass ich keine Ahnung habe und dass ich dich selber überall suche.» – Seltsam, dachte ich.

Wir waren mittlerweile an Asharams Villa angelangt. Ein Knabe öffnete – der Diener Bhgoban.

Mein Zimmer hatte zwei vergitterte Fenster ohne Glas, dafür mit Fensterläden, die beinahe in die Fensteröffnung passten. Das Zimmer war groß genug für das Bett. Es war kein Himmelbett, sondern eine Holzkiste mit zwei Wolldecken, eine zum Draufliegen und eine zum Zudecken. Im Zimmer stand auch ein Schaukelstuhl – eigentlich ein gewöhnlicher Stuhl, aber da er im Lauf der Zeit ein Bein eingebüßt hatte, schaukelte er, wenn man sich daraufsetzte. An der Decke verliefen braune Striche wie Äste – die Bahnen der weißen Ameisen, die einmal das Haus aufessen werden. Von der Decke herunter hing ein Kabel und an dessen Ende eine Glühbirne, die manchmal brannte, aber nicht immer. Wenn ich aus dem Zimmer trat, stand ich gleich wieder im Freien, aber im ersten Stock, das Balkongeländer fehlte teilweise.

Asharam entschuldigte sich, dass der Boden nicht gewischt sei, er habe im Moment nur einen Diener, den Koch. Bhgoban brachte mir eine Tasse warmes Wasser zum Waschen. Erstaunlich, dass Bhgoban Wasser brachte, er ist doch Koch.

Der Tröpfelbadboden war ein wenig schlüpfrig, vielleicht vom Moos, ich weiß es nicht genau, es gab kein Licht im Tröpfelbad und auch kein Fenster.

Vor dem Schlafen wollte ich die Türe verriegeln, aber das war nicht möglich, der Riegel war am falschen Türflügel angebracht. Am richtigen Türflügel sah man nur noch, wo der Riegel angeschraubt gewesen war.

Asharam brachte mir einen Schlafrock, den ich aber nie anzog, ich trug etwas von mir, das besser schließt.

Als ich schlafen wollte, kamen die Mücken und hinter ihnen Asharam, mit einem Moskitonetz. Er band eine Schnur an die Glühbirne, und an die Schnur band er das Netz. Die Vorrichtung wirkte nicht ganz überzeugend. Leider war Asharam dann immer noch nicht müde. Er setzte sich in den Schaukelstuhl, ich mich auf den Bettrand. Asharam verfolgte jede meiner Bewegungen und sagte, dass er schüchtern sei wegen seiner braunen Haut. «Recht so, Asharam, bleibe nur schüchtern, weißt du, die Schüchternheit ist eine Tugend.» Asharam lächelte. «Du bist böse.» Ich fragte ihn, wo eigentlich seine Schwester sei. «Im Spital zurzeit, sie wird bald zurückkommen.» – «So», sagte ich, und peinlich, dachte ich. –Sonst lebte niemand in der Villa. Wenn die wüssten, zu Hause …

Obwohl ich todmüde war, beschäftigte ich Asharam an jenem Abend mit meinen Erzählungen aus Wien. Asharam blickte verzückt ins Weite. «Das ist der Ort, wo ich leben müsste», hob er an, «weißt du, ich bin Dichter …», und Asha-

ram fing an, langsame Laute zu sprechen und halb zu singen mit tiefer Stimme und weit offenen Augen, jetzt erhob er die Arme und stand auf. Er brummte noch immer, manchmal laut, dann wieder leise. Mit den Händen fuhr er in der Luft herum wie eine Fledermaus. Er hing in einem kurzen blauseidenen Schlafrock, der mit goldenen chinesischen Schiffen bestickt war. Jetzt schrie er laut – dann ließ er ermattet die Arme sinken und setzte sich zufälligerweise neben mich. Ich setzte mich in den Sessel. «Warum setzest du dich in den Sessel?» – «Damit ich dich besser bewundern kann, Asharam.» Asharam reckte sich. «Auch mein Großvater war ein großer Mann – ein Fürst, er wurde vom Volk gefürchtet. Mich fürchtet man auch. Niemand wagt mir zu widersprechen. Es ist eine Macht in mir – ein Dämon, wenn ich böse bin. Ich kann Leute verzaubern. Jener Mann auf dem Bild an der Wand war mein Lehrer. Er ist jetzt tot, er wurde hundertachtundneunzig Jahre alt. Seine Macht ist auf mich übergegangen. Ich spreche immer mit ihm …» Asharam sprach noch lange von der Macht. Schließlich stand ich auf.

«Asharam, du musst dich schonen, sonst verlässt dich die Macht. Du siehst müde aus, geh schlafen.»

Ich nahm ihn bei der Hand und führte ihn hinüber in sein Zimmer zu seinem Sofa. «So, jetzt auf Sofa liegen … hier ist die Decke … zugedeckt, und jetzt betest du zum Meister – gute Nacht, Asharam.» Asharam war jetzt ganz undämonisch.

Ich ging in mein Zimmer und fiel schon schlafend quer aufs Bett. Tagsüber lag Asharam im blauen Schlafrock auf dem Sofa. Oft schlief er. Ich fragte ihn einmal, was er den ganzen Tag tue. «Meditieren», antwortete Asharam.

Abends aber, wenn ich müde war, da war Asharam hellwach. Ich hatte meine liebe Mühe mit ihm. Asharam sprach gerne von seinem Dämon. Er erzählte, dass er mit seinem Blick einmal einen Mann getötet habe.

Übrigens hörte ich von Asharams Schwester nichts mehr. Vielleicht hat er gar keine Schwester. Jedenfalls kam sie nie aus dem Spital.

Eines Abends besuchten wir ein Konzert, das heißt, einen Wettstreit der größten Sänger Indiens. Ich verstand nicht viel von dem Gebotenen. Die Sänger brummten wie Bären, immer in zwei tiefen Tönen. Asharam erklärte mir, dass die klassische indische Musik nicht geschrieben sei, sondern von den

Sängern fortwährend gedichtet werde. Vier Stunden lang hörten wir zu. Asharam war gefesselt von den beiden Tönen. Er befand sich zu dem Anlass in höchster Gala, dem langen dunklen Rock mit dem Stehkragen, es fehlte allerdings der zweitoberste Knopf samt Stoff, aber das störte den Gesamteindruck weiter nicht. «Asharam», sagte ich bei Gelegenheit, «Asharam, du siehst göttlich aus in dieser Kleidung, so schön, dass ich dich immer darin sehen möchte.» Von da an trug Asharam statt des Schlafrockes Gala Tag und Nacht.

In der folgenden Zeit besuchte ich viele Reisebüros wegen meines Transports nach Japan. Angefangen hatte ich beim Reisebüro Cook, aber ich war nur einmal dort, denn diese Firma beschäftigt sich mit seriösen Reisenden, sie ist für mich deshalb ungeeignet. Von Cook weg wanderte ich in eine Gegend, wo man zwar vielen Menschen, aber außer Bettlerinnen keiner Frau und kaum einem weißen Mann begegnet. Das Klima ist dort nicht ganz *so* gut wie in den übrigen Stadtteilen, denn es riecht noch mehr, aber in der Hafengegend ist das gesamte Wassertransportwesen versammelt. Ich kenne jeden Winkel und jeden Türwart im Hafenviertel von Kalkutta. Ich hatte dort meinen Stammbettler, den kleinen Buben, der sich täglich mir nach durch die Menge pflügte, mit seinem Schwesterlein auf dem Arm, das noch immer bewusstlos lebte.

Ich wusste die wöchentlichen «Hafen-Nachrichten» auswendig, und ich kannte von jedem Schiffsbüro den Direktor, denn ich habe sie alle besucht. Ich habe sie gefragt, ob ich mit einem ihrer Schiffe nach Japan fahren darf, und dafür Kinder oder Hunde, Pferde oder Matrosen hüten kann. Etwa zweihundertmal habe ich aufgezählt, was ich alles kann und möchte.

Die exotischen Direktoren waren sehr erstaunt über mich. Meist sagten sie, ich solle im Hause nebenan fragen. In der Regel hatte ich im Hause nebenan bereits vorgesprochen.

Mit europäischen Schiffsdirektoren sprach ich über die internationale Verständigung und über die Hebung der Reisekultur und Senkung der Reisezivilisation. Man lächelte und schickte mich weiter. Kurz gesagt, ich hausierte.

Oft dachte ich am müden Abend, wie viele Jahre lang ich wohl über die Straße ins Haus nebenan geschickt werde. Die Dänen schickten mich zu den Norwegern, die Norweger hatten Verständnis, weil sie im Moment kein Schiff in den Fernen Osten laufen hatten. Die Franzosen waren charmant, aber nicht zu haben für Ausnahmen, sie hätten mich nicht einmal zahlenderweise in die Deckklasse zugelassen, wegen des «Ansehens der weißen Rasse».

Einen Tag lang war ich ratlos, dann aber fiel mir der kleine japanische Mann bei der Mitsui-Linie ein, der immer lächelt und sehr freundlich ist. Ich sprach mit ihm ein wenig über die Kultur und über die Völkerverständigung, und dann so beiläufig erwähnte ich mein Leid um das Visum. «Kommen Sie am Donnerstag mit mir zu unserem Konsul, wir werden sehen.»

Am Donnerstagnachmittag wurde auf dem japanischen Konsulat ein unleserlicher Stempel in meinen Pass gedrückt – ein Transitvisum. – Transit: weil es nichts kostet, ansonsten aus keinem besonderen Grund. Mit dem Transitvisum darf man allerdings nur eine Woche im Lande bleiben, aber ich dachte, im Lande selbst wird sich alles geben. Man wird heute selten behördlicherseits ins Meer geworfen. Übrigens hat der japanische Konsul in gütiger Weise bei der Visumerteilung Verschiedenes übersehen. Vor allem war ich ihm dankbar, dass er nicht fragte, wohin ich nach dem Transit durch Japan fahren werde, ich hätte es nicht gewusst. Einer Eingebung folgend, fragte ich eines Tages den Direktor des Great Eastern Hotels, ob er einen womöglich westlichen Gast habe, der meine Hilfe brauchen könnte, weil ich Sprachen sprechen und auf der Schreibmaschine schreiben könne. Noch am gleichen Tag wurde ich von einem Belgier angestellt.

Von da an übersetzte ich jeden Abend von fünf bis sieben Uhr schreckliche Telegramme über den Gehalt an Phosphor und Silicium im Eisenerz. Die Arbeit war blöde. Der Belgier fragte mich oft, ob ich nicht zu müde sei. Einmal sagte ich ja, weil ich die Buchstaben verkehrt sah, und da schrieb er selber weiter. Nach der Arbeit aß ich mit dem Belgier zu Nacht und dann wurde ich im Taxi den langen Weg nach Hause geschickt.

Er war ein guter Mann, der Belgier, aber er sagte jeden Tag, dass ich der leichtsinnigste Mensch sei, den er je getroffen habe. Dennoch nahm er das Nachtessen nicht gerne allein zu sich. Manchmal schaute er mich an und fragte, ob ich krank sei, weil ich so weiß sei im Gesicht.

Einmal fragte der Belgier, bei wem ich wohne. «Bei einer Familie», sagte ich. «Aus wem besteht diese Familie?» – «Aus Eltern und Kind», ich konnte doch wirklich nicht sagen … «Wie alt ist das Kind?» – «So etwa wie ich.» – «Das nennen Sie

Kind?» – «Sie haben mich doch auch eben ein Kind gescholten.» – «Das Kind ist ein Sohn, nicht wahr, wie verhält er sich?» – «Eben, wie ein Kind.» – «Katharina, ziehen Sie sofort aus von jenem Ort.» Der liebe Mann schaute mich streng und zweifelnd an. Ich hatte mich schon lange nicht mehr im Spiegel gesehen, denn Asharams Spiegelscherbe war gerade groß genug für ein Auge, zudem gab es kaum ein Tageslicht in der Villa.

Auch Babu hatte mich vor einigen Tagen gefragt, ob mir etwas fehle. Natürlich fehlte mir etwas, aber das konnte ich wirklich niemandem sagen, weil sich alles so sonderbar anhört.

Ich hatte schon viele Nächte nicht mehr geschlafen, wegen Asharam, dem Kind. Das Kind wollte nie schlafen, wenn ich schlafen wollte. Wenn ich am Abend nach Hause kam, dann wollte das Kind Geschichten hören. Ich erzählte nächtelang Geschichten. Ich erzählte ohne Atempause, um Asharam nicht aus seinen Vorstellungen herauszureißen.

Eines Nachts überraschte mich Asharam außerordentlich. Er kam und sprach: «Ich habe beschlossen, dich zu heiraten. Meine Freunde wissen es. – Ist es dir in zwei Wochen recht?» – «Aber Asharam!» – «Was, du willst nicht, Katharina?»

«Asharam, du musst doch zuerst meinen Vater fragen, man fragt doch überall auf der Welt zuerst den Vater.» – «Auch bei euch? Das hätte ich nicht gedacht, man spricht doch ganz anderes über euch …» – «Nein, Asharam, wir sind nicht so leicht zu haben, wie es aussieht.» – «Gut, dann werde ich deinem Vater einen Brief schreiben. – Ich werde ihm schreiben, dass du den schönsten Schmuck bekommen wirst.» – «Aber Asharam, wenn ich mit dir verheiratet bin, dann nützt mir doch der Schmuck nichts mehr.» – «Ich verstehe dich nicht. Du bist ein unbeschütztes Mädchen, und ich nehme dich trotzdem, wer wird dich denn sonst nehmen?»

«Ach Asharam, sorge dich nicht um mich, es sind schon viele Mädchen ohne Mann in den Himmel gekommen. Aber du, Asharam? War dein Meister verheiratet?» – «Mein Meister lehrt, dass man im Alter von zwanzig bis dreißig Jahren eine Familie gründen soll. Von dreißig bis vierzig lebt man für den Erfolg in der Welt, und erst nach vierzig zieht man sich zurück in die Einsamkeit.»

In manchen Nächten, wenn mir keine Geschichten einfielen, spielte ich und sang Asharam Lieder vor. Eine Zeitlang hielt ich diese mühsamen Nächte aus, aber plötzlich bekam ich Nerven. «Asharam, wir sind müde, geh schlafen, bitte.» – «Nein, ich kann nicht schlafen.» – «Asharam, einer von uns geht weg.» – «Das ist mein Haus, darin geschieht nach meinem Willen.» – «Gut, dann verlasse ich dieses Haus, und zwar gleich jetzt.» Ich stand auf. «Ich lasse dich nicht gehen», er fasste mich am Arm, da gab ich ihm eins hinter die Ohren. Asharam ließ mich los, rannte hinaus und schlug laut brüllend um sich. Ich hörte draußen Töpfe fallen, Scherben klirren, krachen, toben, brüllen – Asharam war leider verrückt geworden.

Als alles zerschlagen war, hörte ich ihn auf und ab gehen mit langen Schritten, indisch murmelnd. Ich schlief darob ein – endlich wieder einmal.

In der Frühe kam Asharam und sagte, es hätte ihn in der Nacht der Wahnsinn ergriffen. Er habe nun mit seinem Meister gesprochen, und er werde dieses Haus verlassen, ich könne bleiben. Ich ging in die Stadt, um einen Ort zum Leben zu suchen. Ich fragte im Kloster und bei der Mission. Im Mädchenheim war noch ein Bett frei.

Am späten Abend kehrte ich in die Villa zurück, um mein Säcklein zu holen. Asharam öffnete mir wortlos die Tür. «Guten Abend, Asharam.» – Keine Antwort. – «Asharam … guten Abend.» – Stille. – Ich schaute in sein Gesicht – der Dämon war in ihm.

«Ich weiß, wer er ist – er hat Angst vor mir, er hat dich nicht bis vor mein Haus begleitet – Ihr beleidigt mich – Ihr lacht über mich – Ihr glaubt alle, ich sei ein Idiot – alle, alle. – Ich gehe zu deinem Freund und verlange Satisfaktion – dein Freund wird büßen – büßen.»

Asharam schwenkte hölzern und marschierte in festem Schritt und Tritt im Takt die Treppe hinunter – tap – tap – tap – tap. Hinter dem Rücken hielt er, halb versteckt, aber so, dass ich es sehen musste, das rostige Schwert seines Großvaters.

Ich stellte mein Bett hinter die Türe und wartete.

Nach langer Zeit klopfte es. «Öffne die Tür.» Ich antwortete nicht. «Öffne die Tür, sofort.» – Er klopfte lauter. «Ich schlage die Tür ein.» Er hämmerte mit dem Schwert. – Ich schob das Bett zur Seite, Asharam trat ein, mit steifem Blick. «Lebt er noch, Asharam?» – «Ihr lacht alle über mich – dein Freund war zu feige zum Kampf. Oh, ich hätte ihn töten sollen – ich fühlte Mitleid – und er wollte lachen – ich werde nicht ruhen, bis ihr mich alle ernst nehmt, ihr alle … alle.»

«Asharam, ich gehe jetzt.»

Asharam fiel auf die Knie. – «Verlasse mich nicht, o Katharina – ich werde es nie wieder tun, du vernichtest mich, wenn du gehst – bleibe – ich werde fortan dein Bruder sein – gehe nicht, gehe nicht ...» Asharam war auf seiner Bühne. «Leb wohl, Asharam, es ist besser so.» Ich ging hinaus – Asharam schwankte hinter mir. «Oh, ich Idiot», rief er auf der Treppe und schlug sich auf die Stirne. Die Mauern im Hof waren bekränzt mit vielen weiblichen Köpfen – die Nachbarinnen, die etwas gehört hatten. Ich ging ins christliche Mädchenheim.

Sechzehntes Kapitel

Ich wurde in eine Zelle geführt, sah ein Bett und schlief darauf ein. Ich schlief, bis ich erwachte, und ich erwachte, weil es schnatterte. Es schnatterte beruhigend von allen Seiten, ich war ja im Mädchenheim. Meine Zelle stand mitten in einem großen Saal. Die Zellenwände reichten nicht bis zur Decke.

Von links neben meiner Zelle rief es indo-englisch: «Sheila, weißt du schon, dass eine Neue in die Zelle zwischen uns eingezogen ist?» Von rechts rief es: «Eine Neue – was für eine?» – «Eine Fremde, soviel ich weiß – etwas Extravagantes, glaube ich.» Ich schlief dann wieder ein.

Wenn es nicht geklopft hätte, dann schliefe ich heute noch in der Zelle 38 in den Kleidern auf dem Bett. Der Türwart brachte einen Zettel, worauf stand: «Mookherjee.» Das war ein Händler, der sich für meine Bilder interessiert und sie in sein Geschäft genommen hatte.

Im Wartesaal unten wartete er auf mich. Als ich das Mädchenheim verlassen wollte, lief mir die Wärterin nach und fragte, wohin ich gehe. Mookherjee antwortete für mich: «In die Kirche.» – «Ich habe einige Ihrer Bilder verkauft», sagte er; «hier sind dreihundert Rupien – wann fahren Sie?» Später erfuhr ich, dass Mookherjee wahrscheinlich die Bilder selber gekauft habe.

Über mein Bildergeschäft staunte Doktor Wendel sehr, er hatte stets gesagt, dass hier kein Mensch so ein Bild kaufen würde. In jenen Tagen erfuhr ich vom Doktor, dass Mr Singania ihn in etwas ungeduldiger Weise nach mir gefragt habe, weil er auf gewisse Entwürfe von mir für eine Zimmerausstattung warte. Ich rief Singania einmal an. «O Miss – ich habe immer gewartet. Wann kann ich bei Ihnen vorbeikommen?» – »Ich wohne nicht mehr im Häuschen, Mr Singania, ich wohne jetzt im Mädchenheim.» – «Im Mädchenheim? Oh, welche Enttäuschung, sagen Sie, könnten Sie nicht für einen Tag ins Häuschen ziehen, nur für einen Tag?» – «Nein, Mr Singania, ich kann Sie höchstens im Kaffeehaus treffen.» – «Oh, das hat keinen Sinn, so öffentlich, aber vielleicht im Kino, sagen wir um drei Uhr vor dem Cinema Globe – abgemacht …»

Während ich Punkt drei Uhr vor dem Kino wartete, ging ein schwarzer Mann an mir vorbei, der Asche auf Haut und Haar trug, sonst nichts. In der Hand hatte er einen langen Stab, der fast so dünn war wie er selber. Er schaute niemanden an, nur ins Weite, wie wenn er weiter sähe als wir alle. Sadhu heißt ein solcher heiliger Mann. Hinter ihm marschierte Mr Singania mit recht unheiligem Blick. Ich dachte nichts Böses,

als er mich ins Kino einlud. Ich war nur verblüfft, als uns der Platzanweiser mit beruflicher Miene in eine sehr private Loge führte. Mr Singania interessierte der Film, der gerade lief, aber nicht. «Ich will Ihnen helfen, Miss Katharina, aus reiner Freundschaft», raunte er. Ich fragte ihn, was eigentlich mit dem dunkelgrauen Zimmer geschehen sei, das ich hätte dekorieren sollen. «Oh, ich habe den Auftrag einem anderen Künstler gegeben, weil ich von Ihnen nichts mehr gehört habe – aber ich will Ihnen trotzdem helfen – ich bin ein guter Mann. Wissen Sie, ich habe einen Freund, dem ich von Ihnen erzählt habe. Er ist gewillt, alles für Sie zu tun, ein ganz reicher Mann, viel reicher als ich. Mein Freund besitzt eine Kunstsammlung. Er sammelt – wie soll ich es erklären – eben, ja, was man sonst hier weniger sieht. Sie verstehen. Er zahlt Ihnen für ein Bild, was Sie wollen, ich will Ihnen nur helfen, Miss Katharina. Könnten Sie solche Bilder malen? Mein Freund liebt die exakte natürliche Malerei. Wir haben uns schon alles ausgedacht, mein Freund und ich, um Ihnen zu helfen. Er wird für einen Tag ein Hotelzimmer mieten, und Sie werden uns dort Ihre Bilder vorführen, nicht wahr, Miss Katharina?» – «Warum ein Hotelzimmer, Mr Singania, nur um die Bilder vorzuführen?» – «Ach, man kann da in Ruhe alles besprechen, ich werde dann gehen, damit Sie mit meinem Freund ungeniert verhandeln können. Bedenken Sie, mein Freund ist ein reicher Mann.» – «Sie können Ihrem Freund sagen, dass ich mich eigentlich nur mit der Kunst an sich befasse und dass er vorläufig kein Hotelzimmer bestellen soll.»

«Miss Katharina, wir tun ja alles nur für Sie, warum sind Sie so unfreundlich?» Singania fing nun an zu jammern. Ich blickte steif auf die Leinwand, ohne zu sehen, was gespielt wurde. «Seien Sie vernünftig, Miss.» – «Jetzt habe ich genug, Mr Singania», ich sprang auf. Singania fiel vor Schreck mit großem Gepolter vom Stuhle. Glücklicherweise schoss man gerade auch auf der Leinwand. Unten im Saal wurde es unruhig. Singania erhob sich zitternd vom Boden. «Ich habe einen Nervenschock – Nervenschock – verstehen Sie, was sind Sie für ein Mensch, Miss. – Ich gehe jetzt – rufen Sie mich an.» Singania verließ die Loge. Zehn Minuten später ging ich hinaus. Der Platzanweiser schaute mir nach und dachte sich das Seinige.

Von der englischen Schiffsgesellschaft erhielt ich eines Tages die Mitteilung, dass ich auf der «Sirdhana» einen Schiffsplatz haben könne, Kalkutta–Tokio für vierhundert Rupien, Abfahrt gegen Ende November. Ich bat darauf den blonden Engländer, den Schiffsplatz freizuhalten, sich aber mit der Bezahlung zu gedulden. Mein großes Geld war nämlich inzwischen zur Hälfte ins Mädchenheim geflossen. Ich hatte allerdings etwas aus meiner täglichen Arbeit für den Belgier zu erwarten, doch ich bin in Indien zu der Erkenntnis gelangt, dass man nur das wirklich besitzt, was man in sich oder auf sich hat.

Ich besuchte nun den Direktor vom indischen Radio, dem ich erklärte, dass ich Lieder spielen und singen könne. «Unser Programm ist auf Monate hinaus festgelegt, wir können immerhin eine Probe mit Ihnen machen.» Bei der Probe sang ich drei Lieder vor.

Einige Tage später wurde ich ersucht, eine halbe Stunde lang europäische Wiegenlieder auf Schallplatten zu singen. Leider wusste ich nur zwei Wiegenlieder, die ich in fünf Minuten absinge, aber dafür viele andere, die ähnlich klingen. So ging ich trotzdem zum Wiegensingen.

Ich wurde in einen grünen Käfig gesperrt, die Tür fiel hinter mir ins Schloss. An der Wand brannte ein rotes Licht. Sobald das Licht grün wurde, hatte ich loszusingen.

Ich sang und sang und sang ein Lied nach dem anderen. Ich musste singen ohne Pause. Nach zwanzig Minuten drohte ein Stimmunglück, aber es drohte nur. Ich sang weiter. In der sechsundzwanzigsten Minute kroch etwas über meine linke Halsmandel in Richtung Luftröhre. Ich schluckte und sang weiter, ich musste, mir wurde heiß, aber ich sang. Plötzlich vergaß ich zu atmen – da knackte es – das rote Licht, dreißig Minuten waren erfüllt.

Man kam herein, beglückwünschte mich und fragte, ob ich meine Wiegenlieder hören möchte. «Nein, danke», konnte ich nur noch heiser krächzen. Meine Nerven hätten es nicht überstanden, mich noch selber zu hören. Für jene peinliche halbe Stunde bekam ich vierzig Rupien.

Vom Radio weg ging ich ins Kaffeehaus zur Erholung. Als ich eintrat, ging Chatterjee mit beleidigter Miene hinaus. Ich wusste, dass Chatterjee mein stilles Verschwinden aus dem Häuschen tief empfunden hatte. Umso freundlicher begrüßten mich Frau Kleeblatt und der uralte Professor Weidheim, die sich gerade beim Tee und Plaudern befanden. Der Professor freute sich im Besonderen über mich. Er freute sich über jeden, der hereinkommt, denn für ihn ist das Kaffeehaus ein Hörsaal, in dem er liest. Je voller das Kaffeehaus, desto glücklicher ist Professor Weidheim, und desto lauter spricht er. Er spricht besonders laut, auch weil er schlecht hört. Sein Fach ist Orientalistik, aber für Professor Weidheim ist jedes Zündholz ein Thema. Sein Wissen ist universal.

Professor Weidheim sprach gerade über das Studium des

Menschen in Bezug auf seinen anthropologischen Hintergrund, und deutete mit dem Zeigefinger auf mich: «Fragen Sie jeden Menschen, mit dem Sie zu tun haben: Was ist Ihr anthropologischer Ursprung?» In diesem Moment trat ein kleiner stämmiger Mann ins Kaffeehaus, mit kleinen Schlitzaugen hinter einer großen Brille. Er schaute sich um und kam jetzt auf unseren Tisch zu. «Ah, der General!», rief der Professor. Frau Kleeblatt stellte mir vor: «General … aus Nepal.» Der General setzte sich. Frau Kleeblatt lenkte jetzt das Thema auf mich und meine Pläne. Da fühlte sich der Professor überflüssig und brach auf. Wir schauten ihm noch nach, wie er mit seinem schwarzen Stöcklein mit Silberknauf auszog. Ein himmelblaues Buschhemd hing ihm über seine weißen Leinenhosen.

Frau Kleeblatt sprach nun immerfort von mir, und wie ich mein Fahrgeld verdienen könnte. Schließlich fragte sie den General: «Haben Sie keine Idee, General, vielleicht könnte man auf der nepalesischen Gesandtschaft eine kleine Gesangsparty arrangieren.» – «Ich glaube, ich kann helfen», sagte der General. Unter seinem Schutze verließ ich das Kaffeehaus. Er begleitete mich zum «Great-Eastern-Hotel», wo ich noch für den Belgier zu arbeiten hatte.

Ich traf den General am nächsten Tag. Er sagte, dass er viel für mich zu tun gedenke, und ich freute mich. Am übernächsten Tag sagte er wieder, dass er mir helfen werde, und auch am dritten Tag. Am vierten Tag war Sonntag, an dem das Helfen endlich geschehen sollte. Ich wartete den ganzen Nachmittag auf den General und seinen Freund, der ein Bild von mir ausgesucht hatte und es nun kaufen wollte. Es erschien niemand. Am Montag kam der General allein und sagte, dass ihm der

Türwart gestern erklärt hätte, ich sei nicht da. Wie sich alles wirklich verhalten hatte, weiß ich heute noch nicht.

Vom Bilderkauf sprach der General nicht mehr. Dafür zeigte er mir einmal sein unbewohntes Haus in Kalkutta. Von außen sah es aus wie eine riesige runde Plakatsäule, von innen wollte ich es nicht anschauen, denn Plakatsäulen verleugnen sich auch von innen nicht.

«Ich besitze einen Palast in Assam, wollen Sie mit mir dorthin fliegen, ich werde eine Tigerjagd veranstalten», fragte der General. – «Nein, General, mein Schiff wird in einer Woche fahren.» – «Oh, wenn Sie mich nach Assam begleiten, dann sende ich Sie nachher mit dem Flugzeug weiter, wohin Sie wollen.» Ich wollte trotzdem nicht mit dem General nach Assam fliegen. «Sie sind ein erstaunliches Mädchen», sagte er. Am sechsten Tag hatte der General wieder mit mir im Kaffeehaus sitzen wollen, aber er kam nie wieder. Ich sah ihn später einmal mit etwas Blondem im Auto vorbeifahren. Der General aus Nepal plaudert eben gerne mit europäischen Mädchen – «weil sie so sportlich eingestellt sind», hat er einmal gesagt.

In fünf Tagen sollte mein Schiff, die «Sirdhana», in See stechen. Ich war noch weit entfernt vom Besitz des Fahrgeldes. Mir wurde langsam schwindlig. Tagelang kroch ich auf meinem Bett in der Zelle herum und grübelte über meine neblige Zukunft Es kam der Tag, wo mich der Doktor fragte, wie ich mir übrigens den Rückweg von Japan vorstellen würde. So weit hatte ich noch nie gedacht. «Wenn Sie schon in Japan sind», sagte der Doktor, «dann können Sie gleich hinten herumfahren. Wird leichter gehen.» Ich lächelte über diesen lächerlichen Vorschlag. In der Nacht darauf konnte ich wieder einmal wegen mangelnden seelischen Gleichgewichts nicht schlafen. Ich wälzte mich hin und her, vom Kopfende ans Fußende und zurück. Plötzlich dachte ich an den lächerlichen Vorschlag. – Auf der anderen Seite wird es leichter gehen – es ist ja nur ein See dazwischen – und wenn ich nicht hinten herumfahre, dann muss ich zweimal vorne herumfahren – noch einmal durch Indien – nein, das würde ich nicht überleben, zweimal Indien – nein. Mich kitzelte was auf einmal vom Magen her.

Um neun Uhr rief ich den blonden Engländer vom Schiffsbüro an, dass die «Sirdhana» übermorgen ohne mich nach Japan fahren könne.

Um zehn Uhr sagte Miss Alberts durch die Brille zu mir:

«… das kann jeder sagen – nein – wir lassen keine Abenteurer in unser Land herein – kommen Sie wieder, wenn Sie alle Bedingungen erfüllen können …» Ich gefiel dieser amerikanischen Vizekonsulin in Kalkutta gar nicht. Schade, dass sie kein Knabe ist, dachte ich, über viele Sachen lässt sich mit Knaben doch besser sprechen. Ich verließ Miss Alberts wie der Pudel nach der Dusche. Es war mir ja vollkommen unmöglich, die Bedingungen für ein amerikanisches Transitvisum zu erfüllen, die da waren: Besitz von sämtlichen bezahlten Schiffskarten von Kalkutta bis Japan, Japan bis Amerika und von New York bis Europa. Und weil ich ein besonders unerwünschtes Element war, verlangte diese Miss Alberts von mir die Vorweisung eines Autobusbilletts von San Francisco bis New York, als Abschreckung, das ist etwa so, wie wenn ich einen Platz in der Straßenbahn für sechs Monate später reservieren lassen wollte.

Um elf Uhr jenes traurigen Tages empfing ich meine zweite Dusche vom Reisebüro. Die drei Schiffskarten zusammen hätten sechsmal so viel gekostet, als ich je im Leben besessen hatte. Vor lauter Triefen unter allen Duschen kam ich am Abend zu spät zur Arbeit beim Belgier. «Macht nichts», sagte er. «Ich brauche Sie ohnehin jetzt nicht mehr. Morgen fahre ich nach Europa. – Wenn ich etwas zu sagen hätte, würde ich Sie unter den Arm nehmen, ins Flugzeug packen und bei Ihrer Mama zu Hause abgeben. Da ist Ihr Lohn – fahren Sie damit nach Hause – es reicht jetzt mit dem Vagabundenleben.»

Jener Lohn war ungeheuerlich, und fast nicht zum Zählen – viel mehr, als ich erarbeitet hatte. Aber der Belgier hatte nicht an meinen Übermut gedacht. Ich begleitete ihn zum Flugplatz. Beim Abschied sagte ich: «Keine Angst, ich komme schon nach Hause, nur hinten herum.»

Bei der Cathay-Fluggesellschaft funktioniert dieser Mann, der mir mitteilte, dass Studenten zum halben Preis fliegen können. Somit reichte mein Geld bis Hongkong. Ich bestellte meine Flugkarte bis Hongkong auf nächste Woche, den 26. Dezember.

Es brachen nun herrliche Tage an. Allein schon das Wetter hatte sich beruhigt, es ließ auf der Maidan-Wiese die herrlichsten Blumen wachsen, es drückte nur noch halb so heiß auf die Gemüter, und wenn man auf dem Bett lag und nichts dachte, drückte es überhaupt nicht. So lag ich nun zufrieden in meiner Zelle und dachte nicht weiter als bis zum 26. Dezember.

Kaum ein Mensch in Kalkutta glaubte, dass ich wirklich abreisen werde, ich hatte es schon zu oft gewollt. Ich selber glaubte es eigentlich auch noch nicht ganz. Aber ich machte meine Abschiedsbesuche für den Fall.

Babu sagte: «Wenn ich nicht gewesen wäre ...»

Was Doktor Wendel gesagt hat, weiß ich nicht mehr, ich sehe nur noch, wie er lächelte, wie man eben in Kalkutta lächeln lernt. «Hast du gehört, Stefan, sie wird nach Amerika fahren. Ach, da wird sie einen reichen Mann finden.» Das sagte Frau Julie Kleeblatt, währenddem mich von ihrer Schulter herab zwei Katzen betrachteten. Frau Kleeblatt besitzt nämlich dreiundzwanzig Katzen.

Und dann kam Kollege Timm Bolte aus Düsseldorf zu Fuß nach Kalkutta. Irgendwo zwischen Bombay, Delhi und Kalkutta hatte Timm Bolte erfahren, dass er nicht der Einzige seiner komischen Art sei. Er war der Spur dann nachgegangen und fand mich endlich im christlichen Mädchenheim in Kalkutta.

Timm bestellte sich eine Flugkarte auf eine Woche später – er musste bis dahin noch ein wenig Geld sammeln.

Das Geld war für Timm kein Problem, denn er findet in jedem Ort seiner Reise einen Verein, der ihn seine Geschichte erzählen lässt und ihm erst noch eine kleine Entschädigung dafür gibt. Timm zeigte mir ein Album mit Zeitungsausschnitten über sich. Am Abend des 22. Dezember stellte mich Timm einem Zeitungsreporter vor, damit ich mich auch einmal aussprechen könne. Am 23. Dezember drängte sich eine eingeborene Masse vor dem Mädchenheim, die mich zu sehen begehrte. Ungewollterweise hatte ich die orthodoxen Gemüter für mich gewonnen, denn in der Zeitung soll gestanden sein, dass ich nicht für den westlichen Einfluss in Indien sei. Ein altes Männlein sprach lange auf mich ein. In regelmäßigen Abständen nickte ich ihm ein indisches Ja zu. Das einzige Wort, was ich verstand, war: Autogramm. Er hielt die Zeitung mit meinem Artikel vor mich hin, ich gab mein erstes Autogramm. Das Männlein schenkte mir ein Jugendbildnis von sich. Ein anderes Männlein wollte mir ganz Indien zeigen, aber das hatten schon viele gewollt.

Am gleichen Tag rief Babu an. Er war empört über meine Aussagen in der Zeitung, man sei in der Gesellschaft sehr erstaunt. Babu legte mir nahe, die «westlichen Einflüsse» sofort widerrufen zu lassen, und er schickte seinen Sekretär ins Mädchenheim mit dem vorgeschriebenen Protestbrief an die Presse. Ich habe den Brief nicht unterschrieben, denn ich hatte damals größere Sorgen als die gesellschaftlichen.

Der 25. Dezember war ein aufregender Tag, nicht etwa wegen Weihnachten, es denkt in Kalkutta kaum ein Mensch an das Fest. Nein, es hatte mich eine fixe Idee heimgesucht, nämlich, dass ich den Flug nach Hongkong in Burma und in Siam unterbrechen könnte. Vor einigen Wochen hatte ich für alle

Fälle Visa gesammelt, von denen einige bereits wieder abgelaufen waren. Die Visa mussten erneuert werden.

Als ich die Flugkarte abholen wollte, da verlangte man keine Rupien, sondern Dollar. Nachdem ich den Staat so weit betrogen hatte, dass mein indisches Geld doch angenommen wurde, beanstandete man meinen Impfpass. Ich musste um einen neuen Impfpass ohne Impfung kämpfen. Zuletzt stimmte etwas mit dem gewöhnlichen Pass nicht. Abgemeldet aus Indien hätte ich auch sein sollen, zuerst aber noch richtig angemeldet, mit verlängerter Aufenthaltserlaubnis.

Ich rannte kreuz und quer, aber ich hätte den Amtsschimmel an jenem Tag nie bewältigt, wäre nicht plötzlich wie ein Engel der Baleshwar von Chaibasa erschienen, auf meinen Abschiedsbrief hin. Er fuhr mit mir von Ort zu Ort, und sobald Baleshwar dabei war, ging alles von selbst.

Am Abend des 26. Dezembers stimmte alles mit meiner Person, der Pass, die Visa, die Impfung ohne Impfung und auch ich selber. Ich war überall verabschiedet, und man konnte sich zum Flugplatz Damdam begeben, wo sich Baleshwar einfand. Er machte nicht viele Worte, sondern gab mir Empfehlungsbriefe, und dazu etwas aus Kaschmir, etwas Ähnliches wie das, was mir der böse Shafti einmal geschenkt und wieder entrissen hatte. Und bald hatte ich Indien hinter mir, den großen dunklen Fleck.

Lieber Gott, ich danke dir.

Siebzehntes Kapitel

Als die Sonne aufging, flog ich im Himmel über dem Fernen Osten. Es war ein schwereloses Sein gewesen im Himmel, aber vorläufig noch ein vergängliches, denn jetzt flog ich der Hölle zu. Zur Ablenkung deutete die Stewardess auf einen goldenen Punkt in der Hölle unten, auf den wir zustürzten.

Als der Sturz beendet war, sah man keinen goldenen Punkt mehr, denn es war noch Nacht unten in Rangun.

Vierzig Inder stiegen mit mir aus dem Flugzeug, ich sah neidisch zu, wie sie empfangen wurden und Ketten aus Jasminblüten um den Hals erhielten. Jetzt fuhren die vierzig Inder in einem Autobus weg.

Ich blieb übrig am Flugplatz mit meinem Säcklein und drei Briefen in der Hand. Ein junger Mann hätte mich gerne angesprochen, aber er wagte es dann doch nicht.

Die anderen Leute am Flugplatz konnten mich logischerweise nicht sehen, weil die aus ihren Schlitzaugen nur einen Querstrich von der Umgebung sehen können und nicht einen so langen Längsstrich wie mich.

Endlich fragte mich jemand, wohin man mich bringen soll. Ich wusste eigentlich nicht, wohin. Ich besaß wohl drei Empfehlungsbriefe, aber ich wusste nicht, welche von den drei Adressen meine Heimsuchung am leichtesten erträgt. So zählte ich zweimal leise ab. Zwei Briefe fielen dadurch aus und ein gewisser Mr Amzad Khan wurde vom Schicksal getroffen.

Der Flugplatzjeep führte mich bis vor das Haus Khan, und der Chauffeur gab meinen Brief ab. Aus dem Haus trat ein eingeborenes Mädchen. «Guten Morgen, Mamie – ich Neni, Dienstmädchen.» Ich hieß von da an Mamie und nicht mehr Memsahib. Neni nahm mein Säcklein und ging mir voran ins Haus. Drinnen wartete schon auf mich, klein, rund und äußerlich indisch, Frau Khan. «Guten Morgen, Katharina, ich bin die Lili, Frau Khan. Bitte entschuldige mein Negligé, wir sind eben von einer Party zurückgekommen. Du bist sicher müde von der Reise – Neni, richte das Bett …»

Ich schlief in einer luftigen Ecke, die durch einen grünen Vorhang vom Wohnzimmer getrennt war. Als ich erwachte, war der Vorhang rosarot, die Lili saß im Wohnzimmer und überzog alle Kissen rosa, die vorher grün gewesen waren. Sie ist eine erstaunliche kleine Person, denn sie überzieht die ganze Wohnung alle zwei Wochen mit einer anderen Farbe.

Bei Tisch erschien Amzad Khan, groß, auch rund und auch indisch, mit einem gutmütigen Schnurrbart, und später kam noch der Hausfreund, nämlich der junge Mann, der mich am Flugplatz gerne angesprochen hätte. Ich war wieder unter lauter Inder geraten.

Im Hause Khan lebte ich eine beschauliche Woche. Ich musste weder gehen noch denken. Gegen das Gehen half das Auto von Mr Khan, und gegen das Denken wirkte Neni, das Dienstmädchen. Neni sagte mir, was ich in Rangun zu besichtigen habe, wann ich schlafen gehen muss und dass ich mich nachts zumindest mit dem Leintuch zudecken soll. Letzteren Ratschlag habe ich nie befolgt, weil es für das Leintuch viel zu heiß war. Neni sprach Englisch, aber sie sprach von einem Wort nie mehr als die ersten drei Buchstaben aus.

Ganz im Norden von Burma pflegt man heute wie früher Knöpfe zu sammeln, die man sich an einer Schnur um den Hals hängt. Man könnte dort überhaupt Unbeschreibliches sehen, so zum Beispiel diese Sitte hier, aber man durfte

leider nur bis zum Stadtrand fahren – weiter draußen sollen Rebellen herrschen. Der Stadtrand von Rangun ist der schönste Stadtrand, den ich weiß. Seen gibt es da, Tropenwald und Blumen. Alle Farben sind fast ungebrochen rein. Die Seen verlaufen in kleine Flüsse, an denen hellbraune Häuschen aus Bambus und Schilf stehen. Die Häuschen stehen auf Pfählen und bestehen ungefähr aus einem Raum mit drei Wänden. Anstelle der vierten Wand besteht freie Sicht in das burmesische Familienleben.

In der Stadt sieht man ebenso viele Inder wie Burmesen. Dort, wo von Hand gearbeitet wird, sieht man meist Inder. Ich sah sie auf einem Baugerüst aus Bambusrohr und Juteseilen herumturnen. Ein Geschäftshaus aus Eisenbeton wurde gebaut. Aber hinter allem Beton steht der Ferne Osten. Er zeigt sich zuweilen als Nase an einem Dach, oder er lässt sich riechen. Früher, als es hier noch Könige und blutige Thronfolgen gegeben hatte, da hieß die Stadt Dagon. Aus dieser Zeit stammt der goldene Punkt der Stadt, den ich zuerst vom Himmel aus gesehen hatte, die Shwe Dagon Pagoda.

Die Shwe Dagon Pagoda ist eines der unbeschreiblichsten Erlebnisse meiner Reise. Sie ist ein Turm aus Gold. Zu ihr hinauf führt aus jeder Himmelsrichtung eine gedeckte Treppe. Am Anfang jeder Treppe sitzen zwei böse Hunde aus Stein, die einem die Schuhe von den Füßen schnauben.

Im Treppenaufgang kauft man Blumen und silberne böse Hunde als Opfergaben oder als Andenken. Wenn es einem vom Treppensteigen noch heißer geworden ist als sonst, dann wird es hell, und man steht oben. Oben ist es wie auf dem Mars. Ganz absonderliche Formen, Türmchen und Buddhastatuen sieht man, und man gleitet barfuß über eine glänzende weiße Fläche von Tempel zu Tempel, rund um den Fuß des goldenen Turmes. Vor lauter Türmchen sieht man diesen Fuß kaum, nur wenn man die Sonnenbrille anzieht und senkrecht in die Luft schaut, sieht man den Turm golden in den Himmel ragen. Ohne Sonnenbrille kann man den Turm nicht ansehen. An seiner Spitze soll der Turm mit Edelsteinen besetzt sein, sagt man.

Auf der weißen Fläche vor den Tempeln knien fromme Leute, meist Frauen, die beten. Es ist alles still und feierlich. Die Hunde wagen nicht zu bellen, nicht einmal die lebendigen. Viele Hunde halten sich an dem heiligen Ort auf, denn hier entgehen sie der Bratpfanne. Sie finden im Tempel allerdings kaum etwas Essbares, und bestehen aus einem Häuflein Knochen, aber was leidet man alles um des Lebens willen.

Inmitten der Tempel hängt eine Glocke, die dem Wiederkehr verheißen soll, der sie tönen lässt.

In der zweiten Nacht des Jahres zog ich alles an, was ins Gewicht geht, obenauf die Kappe von der 16. Kavalleriedivision. Lili zog mir noch schnell einen gelben Longyi über die Hosen und drückte mir einen Sonnenschirm in die Hand.

Um null Uhr dreißig wurde ich abgeholt vom Flugplatzjeep. Um fünf Uhr kam aus der Luft herabgeflogen Timm Bolte, Globetrotter aus Düsseldorf. Er stieg aus dem Flugzeug, wie wenn er schon oft geflogen wäre. Timm ist geschickt in solchen Dingen.

Ich hätte nicht gedacht, dass Timm es schaffen würde. Vor einer Woche reichte sein Geld gerade noch für ein Paket Zigaretten, und heute besaß er eine Kinderflugkarte nach Siam und Hongkong. Zum Wiedersehen schenkte mir Timm einen gelben Stein mit einem silbernen Ring darum herum.

Timm hatte die Stewardess gebeten, uns zwei gute Plätze im Flugzeug zu reservieren. Das arme Mädchen war offenbar auf seine Veilchenaugen hereingefallen, denn sie reservierte uns das ganze Flugzeug. Wir flogen also ganz privat, der Timm und ich, und dann noch ein kleiner Nebenpassagier. Die Stewardess bediente uns üppig. Timm erzählte ihr seine Geschichte.

Nach dem Luftfrühstück flogen wir über schwarzgrüne Bodenwellen, die nach der Erfahrung von unten gesehen Berge sind. Stundenlang flogen wir darüber – immer nur Dschungel unter uns. Man sah keinen Rauch, kein Dschungeldorf, nicht einmal einen Tiger – einfach nur schwarzgrünen Wald.

Gegen zehn Uhr endlich lichtete sich das Dickicht. Jetzt breitete sich unten ein hellgrüner Teppich mit silbernem und blauem Strichmuster und dunklen Vierecken aus. – Menschen unter uns. Die Scheiben liefen an. Timm sagte: «Zieh die Mütze aus – uuh – da unten ist es heiß.»

Achtzehntes Kapitel

Man darf im Flugzeug auf sich tragen, so viel man will, nur im Gepäck nicht, so viel man will. Ich trug deshalb alles auf mir, und über allem hing mir noch die Wolldecke von Baleshwar um den Nacken. In dieser Weise trat ich in Bangkok aus dem Flugzeug. Ich kam nicht weit, weil es so heiß war, wie wenn's Neujahr im Sommer ist. Ich wäre auch ohne Hitze nicht weit gekommen, denn schon am Flugplatz wollte man Geld von uns. Timm gab sein letztes, ich gab mein zweitletztes.

Als wir in der Stadt aussteigen mussten, da wurde mir auch von innen her warm, weil ich gar nicht wusste, was die Welt jetzt mit mir tun wird. Timm entfernte sich von der Stadtmitte aus nach Norden, und ich ging nach Süden, denn es ist nicht von Vorteil, wenn zwei am selben Ort dasselbe suchen. Timm hatte immerhin eine gute Adresse, und er ging mit Absicht nach Norden. Ich wanderte planlos nach Süden.

Schließlich telefonierte ich an das schweizerische Konsulat, was den Herrn Vertreter vom Herrn Konsul sehr bestürzte, er hatte noch nie so einen Fall erlebt. Normale Fälle sind ihm lieber, denn das Schweizer Konsulat hat nur mit Normalfällen zu tun, außerdem war es Samstag zur Mittagsstunde. Der Herr Küenzli riet mir das christliche Mädchenheim oder die Mission. Wenn ich dann unter Dach sei, soll ich auf dem Konsulat vorsprechen. Ich wanderte die lange Straße wieder zurück. Ich ging und heulte eigentlich, aber ohne Augen, man hat im Osten zu lernen, wie man westliche Würde bewahrt.

Ein Auto hielt an vor mir, mit Absicht vor mir. Ein weißer Mann streckte den Kopf aus dem Wagenfenster. «Suchen Sie etwas, Mademoiselle, kann ich Ihnen helfen?», fragte er in fremdartigem Französisch. «Ich suche das Dach für Obdachlose.» – «Mein liebes Kind, wir sind hier nicht in Paris, aber steigen Sie einmal ein.» Komisch, der Mann war sehr belustigt, und er lachte immer lauter, je näher ich mich erklärte. Eine Zeitlang fuhr er mit mir durch die Stadt und hielt schließlich vor einem Hotel. Ich wusste von nichts. «Hier werden Sie wohnen», sagte der Mann. – «Aber ich kann doch nicht …?» – «Kommen Sie nur mit mir – wissen Sie, ich habe eine Idee.» Ich folgte ihm wie das Schaf dem Hirten. In der Hotelhalle sprach er mit dem Direktor, einem Chinesen. Mein Säcklein wurde nun weggeschafft. Der weiße Mann trat an die Kasse und zahlte etwas. Zuletzt winkte er mir. Ich folgte ihm ins Auto. «Wissen Sie, Mademoiselle», sagte er, «es gibt einen Fonds bei unserer Gesandtschaft für solche Fälle – welche Gesandtschaft es ist, das bleibt unter uns, nicht wahr, Mademoiselle, es ist auch Nebensache im Grunde genommen. Man soll heute international denken, und da nehmen Sie noch etwas für die Straßenbahn und für Trinkgeld. – Auf Wiedersehen, Mademoiselle, passen Sie auf.» Ich habe ihn nie wiedergesehen, aber ich wohnte nun im Pazifik-Hotel.

Aus dem ersten Tag wurde dann nicht mehr viel. Die Hitze war zu unverschämt. Währenddem ich so dalag auf dem Bett wie die schmelzende Butter in der Bratpfanne, dachte ich an den geheizten Ofen zu Hause, und an den Weihnachtsbaum, der heute abgebrochen wird. Die zu Hause wissen wirklich nicht, wie gut es ihnen geht. Ach so ein Schneegestöber und ein kaltes Zimmer, wie erfrischend ist doch das Frieren …

Eine Zeitlang fächelte mich ein Ventilator, doch einmal geriet ich mit dem Ellbogen in seinen Aktionsradius, der Ventilator fiel und hatte ausgefächelt.

Am Abend traf ich Timm in der Stadtmitte. Timms Adresse war kein Erfolg gewesen, denn niemand hat ihm die Türe geöffnet. Stattdessen hat er sich im christlichen Knabenheim gratis einquartiert.

Wir spazierten zusammen in der Stadt auf und ab. Viele Leute taten dasselbe wie wir. Alle waren ungewohnt sauber angezogen, wir zwei waren fast die schmutzigsten. Die Mädchen sahen sich gerne in Schwarz und Weiß. «Die Mädchen sind sehr hübsch. Siehst du, wie sie mir alle zulächeln?» Ich selber schaute eher in die Schaufenster. Der Timm seinerseits konnte sich beherrschen, ich aber nicht, ich kaufte Ohrringe aus Blech. Timm fand das blödsinnig. Bei einem Trottoirgasthaus kauften wir Bananen, gebraten am Spieß. Timm wollte nachher noch den schwimmenden Markt und die Schlangengrube ansehen, doch es reichte nicht mehr für die Straßenbahn. Die eigenen Kräfte reichten gerade noch für den Heimweg.

Am zweiten Tag litt ich an einem vergrößerten Kopf, das heißt an Schnupfen, ich war es aber dem schönen Dasein schuldig, trotzdem aufzustehen und die Tempelstadt zu besuchen. Mr Cheng, der Hoteldirektor, führte mich mit dem Auto bis vor das große Tor in der Nähe des Wat-Po-Tempels.

Ein paar farbige Türmchen ragten über die hohe Mauer. Ich trat ein durch das große Tor. Was ich da sah, ist fast nicht zu beschreiben. Vielleicht sieht es im Himmel so aus oder auf dem Mond. Es sah fast nicht möglich aus. Ich berührte den steinernen Mann am Eingang – er war Wirklichkeit.

Zuerst sah ich nur Farben vor mir, alle Farben, die es gibt, dann fing ich an, Formen zu unterscheiden, Türmchen, Spitzen, Dächer mit Nasen, unzählige Dächer, Tempel und Pagoden. Jede Form schloss unzählige Formen in sich, jede Fläche unzählige Flächen. Ein Türmchen sah aus wie ein Blumenbeet, es war besteckt mit Tausenden von Splittern aus farbigem Porzellan. Und dann gab es Fabeltiere und Kobolde. Am Eingang zu jedem Tempel standen böse Wächter aus Stein. Ich trat in etwas

ganz Hohes ein, darin lag ein goldener Buddha und schlief. Er schlief den vollkommensten Schlaf der Welt. Niemand sprach, der die Halle betrat, wo der Buddha schlief. Vor dem schlafenden Buddha lag ein Gästebuch, in dem viele unleserliche, aber auch viele amerikanische Namen standen. Als drittletzter Besucher des schlafenden Buddha hatte sich im Gästebuch ein gewisser Timm Bolte aus Düsseldorf eingetragen.

Ich wanderte weiter durch das Gewirr von Formen bis zum ältesten Teil der Tempelstadt, wo die Zeit in aller Stille träumt. Dort wachsen zwischen den Tempeln uralte seltsame Bäume aus dem verwitterten Steinboden. Neben den Tempeln liegen Felsblöcke und Steingärten. Manchen Torwächtern hat die Zeit die steinerne Helmzier abgenommen. Ungefähr den mittleren Teil der Tempelstadt umschließt eine Mauer, die Geschichten erzählt von früher. Die Mauer erzählt in farbigen Bildern und in goldener Schrift von Drachen und Menschen, von der Affenarmee und vom Krieg. Man sieht da, wie der König der Dämonen des Menschenkönigs Frau fortschleppt, und wie die Affenarmee die Dämonen besiegt. Einer mit vierzehn Armen schießt Pfeile. Weiter vorne werden die Bösen im Fluss versenkt. An einem anderen Ort rollen Köpfe. Der Hintergrund schildert, was in den Frauengemächern vor sich geht, währenddem vorne die Schlachten brausen.

Timm Bolte geht oft in Streifzügen auf die Suche nach menschlichen Entdeckungen. In Bangkok hatte Timm damit Erfolg. Seine erste Entdeckung war May, ein kleiner Siamesenjüngling, der eine Karte von Bangkok besaß und englische Bruchstücke sprach. Dem kleinen May war der Buchstabe L unbekannt, als findiger Kopf setzte er aber an dessen Stelle ein R, so war zum Beispiel der Lift für ihn ein Rift, und die Lady eine Rady.

Der kleine May schenkte uns eine Autobusfahrt bis zum Pazifik-Hotel. Im Autobus saßen ein paar Knaben mit geschorenem Haupt in gelben Kutten. Das sind Mönche, oder solche, die es werden wollen. Man sieht Unzählige dieser Art in den Straßen von Bangkok. Jenen Knaben im Autobus gefiel der Timm sehr mit seinen blauen Augen. Sie schauten ihm noch lange nach, als wir schon ausgestiegen waren.

Am letzten Abend spazierten Timm und ich unseren letzten Spaziergang in Siam. Ich kaufte für meine letzten Münzen einen Ast Bananen, die wir am Weg am Feuer eines freundlichen Nudelbraters rösteten. Der Nudelkoch half uns braten

und lieh uns Teller und Bratspieß. Ein ansehnliches Publikum lachte uns bei unserem Essen aus oder an.

In der Nacht flogen wir weg von jenem Ort. Timm war im Flugzeug am Anfang sehr gesprächig. Er sprach Deutsch mit mir, aber wenn ihm etwas besonders Kluges einfiel, dann sprach er Englisch und lauter, damit auch andere Leute an seinem Geist zehren können.

Mit der Zeit aber wurde auch Timm Bolte aus Düsseldorf müde, sprach leiser und schlief endlich ein.

Wir flogen über Indochina. Ich schaute in die Tiefe und sah nichts, nicht einmal ein Pulverwölklein. Es war unten Nacht wie im tiefsten Frieden, und man ließ uns ruhig weiterfliegen. Und dann kam wieder die Sonne und das Wasser. Ich sah unten auf dem Meer einen senkrechten Strich. «Timm», sagte ich, «schau, da unten geht der Petrus auf dem Wasser.» Und es kamen Inseln und noch viele Petrusse.

Als wir tiefer flogen, wurden aus den Petrussen Segel und aus den Segeln wurden Dschunken.

Eine menschliche Unruhe schien unter uns zu herrschen. Wir kreisten zweimal um eine lebhafte Insel, landeten sanft auf dem Festland und waren in China.

Neunzehntes Kapitel

Es strahlten Sonne, Himmel und Meer, es gab Luft, so viel man wollte, kühle saubere Luft – keinen Dampf mehr. Und vor dem Abend lag noch ein ganzer Tag lang Zeit, um ein Dach zu finden. Ich hatte gerade den Zollbeamten angelogen, dass ich in fünf Tagen um zwölf Uhr mittags diesen Ort per Schiff wieder verlassen werde, und stand jetzt auf freiem Fuß vor dem Flugplatz. Ein Mann trat an mich heran und fragte: «Sind Sie Miss von Arx?» – «Ja.» – «Mein Freund Banerjee hat mir aus Rangun telegraphiert, ich soll Sie abholen. Ich bin Mr Sarin.»

Abgeholt zu werden ist immer ein Höhepunkt, jene Abholung war einer meiner höchsten Höhepunkte.

Vom Flugplatz und Festland Kao Lun fuhren wir auf einer Fähre hinüber zu dem belebten Berg Hongkong, der als Insel aus dem Südchinesischen Meer steigt, und wir fuhren hinauf fast bis zum Berggipfel zum Haus Sarin an der Wong Nei Chong 38. Die Familie Sarin stammt aus Indien. Mr Sarin ist Direktor der indischen Bank in Hongkong. Im Hause Sarin erging es mir märchenhaft. Ich wurde aufgenommen und bekam ein Zimmer, ein richtiges Zimmer mit Wänden, die bis an die Decke reichten, mit einer Türe, die ins Schloss fiel, wenn man es so wünschte, und mit einem Fenster, aus dem man so weit sah, wie man gar nicht sehen dürfte. Man sah von meinem Fenster aus aufs Meer tief unten und hinüber zu den Bergen des verbotenen Landes.

Zum Haus Sarin gehörte ein treues Dienstmädchen, das Hosen trug und dem hinten ein Zopf hing. Ich jubelte, als ich gegenüber meinem Zimmer einen Ort entdeckte, wo es rauschte und nicht nur tröpfelte, wenn man an der Kette zog.

In Hongkong funktionieren aber nicht nur die gewissen Ketten, es funktioniert dort alles, das Telefon, die Zeit, die Leute und die Straßen. Ich musste mich nun langsam wieder an das Funktionieren gewöhnen.

In Hongkong gibt es Turmhäuser, Stehbars, einen zweistöckigen Autobus und noch viel anderes westlich Errungenes. Die Hongkonger sind meist nicht Chinesen, sondern Internationale, die aus internationalen Geschäftsbetrieben und anderen Trieben heraus diesen Ort aufgesucht haben.

An einem Abend warf ich auch einen Blick in ein chinesisches Theater. Solange ich zuschaute, geschah nicht besonders viel auf der Bühne. Zwei Männer in wallenden Gewändern mit Ärmeln bis auf den Boden und Schnurrbärten bis an die Knie sprachen endlos miteinander. Sie gaben merkwürdige Laute von sich, so ähnlich wie Frösche am Abend. Eine Frau trippelte schmerzhaft auf der Bühne herum, wie wenn sie die Füße eingeschnürt hätte. In Hongkong sieht man sonst wenig, was an China erinnert, und um dieses wenige habe ich mich kaum gekümmert, da mich ein anderes Kümmernis beschäftigte. Ich war jetzt schon bedenklich weit vom Anfang entfernt. Vor sechs Tagen

hatte mir der Grenzbeamte geglaubt, dass ich die Insel innerhalb von fünf Tagen in Richtung Japan verlassen werde.

Mit meinen Sorgen eilte ich nun täglich durch die Straßen von Hongkong. Es eilten außer mir noch viele, jeder seinen Sorgen nach.

Zuerst besuchte ich in seinem Schiffsbüro einen Japaner und brachte ihm einen Brief von seinem Freund in Kalkutta. In diesem Brief ersuchte der Freund den Freund, mir in meinen Transportsorgen beizustehen. Der Freund las und sagte, ich soll wiederkommen. Er verschaffte sich inzwischen eine Passagierpreisliste, und als ich wiederkam, stand er mir bei, indem er mir die Preisliste vorlas. Ich hörte höflich, aber schaudernd zu, empfahl mich dann bald und wurde dort nie mehr gesehen.

Im Laufe meiner Gänge kam ich zur norwegischen Firma Thoresen. Dort schüttelte ein junger Mann einmal nicht gleich den Kopf, sondern hörte sich mit Fassung an, dass ich ohne Geld nach Tokio fahren möchte. «Sie würden Ihren Weg auch erarbeiten, nicht wahr?», sagte er; «wir haben am Freitag ein Schiff nach Yokohama. Ich werde den Kapitän fragen, ob er Sie mitnimmt als Stewardess. Aber verlassen Sie sich nicht darauf – es hängt von der Laune des Kapitäns ab. Ich werde ihn bei einem Glas Wein fragen.»

Gehorsam, wie ich manchmal bin, verließ ich mich nicht ganz auf den Freitag, sondern ging einstweilen meinem System nach ins nächste Haus. Ich kam zu einem freundlichen Dänen. «Ein schwieriger Fall», sagte dieser, nachdem er mir zugehört hatte, «auf unseren Schiffen wird es nicht gehen.» Doch der Däne hatte einen Freund für solche Fälle, den Mr Springwalla bei der Luftlinie «CAT». Diesen Freund rief er an und schilderte in glühenden Farben, wen er vor sich hatte, und wie nötig es wäre, dass ich weiterkäme. Mitten im Gespräch hörte er aber auf zu lächeln, da wusste ich, dass Mr Springwalla nein gesagt hatte. Ich dankte dann und ging.

Aus dem nächsten Haus kam gerade Timm Bolte heraus, als ich hineingehen wollte. Timm befand sich auf denselben Geschäftsgängen wie ich. «Wir müssen Wiedersehen feiern!», rief er freudig, «komm, ich lade dich ein zum Kaffee.» – «Timm, wie kommst du auf solchen Luxus?» – «Ja, wenn du wüsstest.» Ich wanderte mit Timm zum zweiten Kaffee ins Kaffeehaus, dort erfuhr ich alles. Also bei Timm war der Wohlstand ausgebrochen. Er wohnte bei jemandem von der deutschen Gesandtschaft, feudal, sagte er, ganz oben auf dem Berg, und er hatte vom Gastgeber zehn Hongkong-Dollars bekommen, das ist so viel wie zwei richtige Dollars. Die Hälfte hatte er bereits verschwendet, und den Rest waren wir im Begriffe zu vertrinken.

Timm wird auch bald Karriere machen, er wird im christlichen Knabenheim einen Vortrag halten gegen Eintritt, und er wird in der Zeitung erscheinen, denn Timms erster Gang in jeder neuen Stadt ist der Besuch der zweitgrößten Zeitung, auf dass man wisse, dass der Timm Bolte, Weltbürger aus Düsseldorf, angekommen ist.

Timm wusste, wie man ganz billig nach Japan fahren kann, mit der B.I.-Linie nämlich, in der vierten Klasse. Das hatte ich schon lange gewusst, aber erstens kostete es trotzdem, und zweitens lässt man keine weiblichen Elemente in der vierten Klasse fahren. Wir versuchten dann zusammen das Unmögliche durch einen Bittgang zum Direktor der B.I.-Linie. Der Direktor erklärte nach langem Zögern, dass ich, wenn es gar nicht anders gehe, unter dem Schutz von Timm Bolte ausnahmsweise in der vierten Klasse fahren dürfte, aber es werde ein schreckliches Dasein werden – das nächste Schiff soll in einer Woche fahren. Timm und ich bestellten provisorischerweise zwei Sitz- und Lagerplätze auf Deck – rechts neben der Tür zur Schiffsküche, falls es wirklich nicht anders geht – auf nächste Woche. Bis dahin mussten nun zweimal fünfundzwanzig richtige Dollar verdient werden. Timm wird Vorträge halten, und ich werde Bilder verkaufen oder Timms Vorträge mit Liedern bekränzen. Wir machten stundenlange Pläne.

Inzwischen war es von selbst Freitag geworden, der Tag des norwegischen Schiffes. Etwas unsicher in den Knien stieg ich empor zur Firma Thoresen, um von dem jungen Mann mein Schicksal zu erfahren. Als er auf mich zukam, las ich auf seinem Gesicht die schlechte Nachricht. «Es geht leider nicht, der Kapitän hat gesagt, dass er keine Kompetenz habe, Sie anzuheuern.» – «Glauben Sie, ich könnte selber mit ihm sprechen?» – «Versuchen Sie es, er ist jetzt gerade an Bord der Bonneville.» Ich bekam einen Passierschein, mit dem man mich drüben im Hafen von Kao Lun an Bord der «Bonneville» steigen ließ. Der kleine blonde Kapitän war sehr freundlich, doch es tat ihm leid – «wegen der Kompetenz», sagte er. Eine halbe Stunde lang sagte er immer wieder nein – nicht als Stewardess, nicht als schwarzer Passagier, nicht als Ukulelespielerin, und auch nicht, wenn ich auf dem Schiff nichts essen und trotzdem das Geländer weiß streichen würde während der Fahrt. «… und wenn ich einen Brief vom Direktor der Firma Thoresen bringen würde, der Sie deckt?» – «Ja, dann vielleicht, von Mr Eyden müsste der Brief sein.»

Von der Existenz des Direktors Eyden hatte ich bis dahin noch nichts gewusst, aber ich fing an jenem Abend an, ihn zu suchen. Im Geschäft war er nicht mehr. Er war auch nicht in seinem Klub, nicht mehr an Bord und auch nicht zu Hause. Oben auf dem Berg, im Hause Nr. 87, soll er wohnen.

Ich fasste den gewagten Entschluss, ihn bei seinem Haus im Dunkel abzupassen und ihn dann zu überfallen, mit meiner Bitte um einen kurzen Brief. Wenn ich vor Mitternacht den Brief erhalten würde, dann könnte es mit der Zeit reichen – morgen früh um fünf Uhr soll das Schiff erst in See stechen. An einer Straßenecke wartete ein weißer Mann. Vielleicht ist er das, dachte ich und fragte ihn zuerst einmal, wie man auf den Berg kommen kann. «Ich weiß es nicht – Mylady – ich bin selber fremd hier, aber warten Sie einen Moment, ich erwarte einen Freund, wir fahren nämlich auch auf den Berg.»

Es kam der Freund mit einem Auto und nahm auch mich mit auf den Berg. Die Fahrt dauerte ziemlich lange, und es war genug Zeit da zum gegenseitigen Erfahren. Der Freund mit dem Auto ließ sich Andy nennen, er war zwar sichtlich älter als ich, aber in Hongkong ist man unter sich, wenn man aus dem gleichen Erdteil stammt. Die beiden Männer stammten aus Holland. Andy interessierte sich für meine Absicht auf dem Berg. Weil er so ein netter Mann war, erzählte ich ihm meine Geschichte haarklein. Mir war dabei zwar ernst zumute, doch Andy lachte, er lachte über meinen Überfallplan und alles andere, er hörte nicht mehr auf zu lachen, es lachte auch der andere Mann, und zuletzt lachte noch ich über mich. Wir lachten bis oben auf den Berg. Ich weiß nicht, wer vergessen wollte, jedenfalls wurde am Haus Nr. 87 vorbeigefahren und vor einem ganz anderen Haus angehalten.

«Kommen Sie nur herein», sagte Andy zu mir, «ich glaube, Sie haben heute Glück.» Warum wohl, dachte ich und trat ein.

Andy wohnt zuoberst auf der Bergspitze, von allen Fenstern seines Hauses sieht man in die Tiefe.

Währenddem Andy im Nebenzimmer telefonierte, standen der andere Mann und ich am Fenster und schauten auf das Meer von Lichtern unter uns. Mitten durch die Lichter verlief ein schwarzer Streifen, das Wasser zwischen Insel und Festland. In dem schwarzen Streifen lag ein beleuchtetes Schiff.

«Sehen Sie das große Schiff da unten?», fragte der Holländer. – «Das ist die Tegelberg – am Sonntag fahre ich darauf nach Japan – ich bin nämlich der Kapitän der Tegelberg.»

Ich schaute ihn ziemlich wehmütig an, und er lächelte. «Ja, es ist ein teures Schiff – ich kann nichts machen – sprechen Sie mit ihm, er hat ziemlich viel zu sagen in unserer Schiffsgesellschaft.» Andy kam jetzt herein. «Mr Eyden wird anrufen, sobald er nach Hause kommt. Wir müssen halt warten, Katharina, aber es wird alles gut werden. – Sagen Sie einmal, was würden Sie tun, wenn Sie den Brief von Mr Eyden nicht bekämen?»

«Dann fahre ich nächste Woche in der Deckklasse nach Japan.» Die beiden Herren schauten sich an. «Das können Sie nicht, Katharina», sagte Andy, «nein, Sie wissen nicht, was Deckklasse heißt – lauter Asiaten – und Sie – nein – das geht nicht, das Ansehen der weißen Rasse – die Deckklasse ist fast nicht menschenwürdig.» – «Es wird nicht anders gehen, Andy, mein Transitvisum ist am Ablaufen, arme Wanderer gehen den Behörden mit Vorteil aus dem Weg.»

Das Telefon läutete noch immer nicht, es war schon zehn Uhr. Ich rutschte unruhig auf der Stuhlkante herum, ich dachte an meine indischen Gastgeber, die jetzt zu Bett gehen, und ich dachte an mein Gepäck.

Um elf Uhr brachte Andy den Kapitän zurück zum Schiff.

Ich saß unterdessen in seiner Wohnung vor dem Telefon und beschwor den Apparat zu läuten. Um halb zwölf rief Mr Eyden endlich an. Ich nahm den Hörer in beide Hände und atmete tief. Dann bat ich, ohne zu atmen, worum ich zu bitten hatte. Mr Eyden sagte nicht viel mehr als nein. Ich ließ den Hörer fallen. Als Andy zurückkam, saß ich immer noch traurig vor dem Telefon. Er trat fröhlich ein – «und?», fragte er. Ich schaute nur eben hin, denn neben ihm hing mein Säcklein an seiner Hand. Ich schaute und schaute. «Ich habe es mitgebracht, damit Sie es nicht noch holen müssen.» – «Aber Andy – ich fahre ja gar nicht – er hat nein gesagt.» – «Macht nichts. Sie können trotzdem hier schlafen.»

In aller Stille bezog ich Zimmer und Badezimmer in Andys Junggesellenhaus. Im Badezimmer drehte ich den Wasserhahn auf – es floss kein Wasser heraus – das Erste, was nicht funktioniert in Hongkong, dachte ich und ging schlafen.

Natürlich klopfte es bald an meine Tür, und Andy kam herein. «Andy», fragte ich, «sind Sie schlau oder ein Menschenfreund?» – «Der Kapitän hat gesagt, ich sei ein Fuchs.» – «Ich habe lieber Menschenfreunde als Füchse, Andy.» – «Andy ist ein Gentleman, also, gute Nacht, Katharina»; sprach's und ging.

Ich schlief mit allen meinen Sorgen bald ein. Gegen Morgen träumte ich vom rauschenden Meer. Ich erwachte, hörte ein Keuchen, und sah Andy von hinten in meinem Zimmer stehen. Ich rieb mir die Augen und schaute noch einmal – es plätscherte – Andy stand tief im Wasser, im kurzen Pyjama – am Boden floss Wasser, überall war Wasser – die Sintflut im Haus. «Andy!» – «Ja, was haben Sie mir beschert – schrecklich, Sie haben den Wasserhahn nicht zugedreht», rief er und stöhnte weiter.

Ich sprang aus dem Bett ins Wasser. Bis über die Knöchel reichte es mir – überall, in der ganzen Wohnung. Alles stand im Wasser, das Wohnzimmer, die Teppiche, drüben Andys Kleider, auch mein Säcklein. Die Schuhe schwammen zwischen den Bettfüßen herum. Seit vier Stunden hatte es aus dem Wasserhahn geronnen. Jetzt erfuhr ich, dass in Hongkong das Wasser in der Nacht abgestellt wird, weil nicht viel vorhanden ist; ich hatte davon keine Ahnung gehabt, weil ich Hongkong bisher bei Nacht noch nicht erlebt hatte. Es war traurig, aber ich musste lachen, wenn ich Andy zuschaute. Er tauchte sein Hemd ins Wasser und drückte es über dem Wassereimer aus, auf diese Weise wollte er das Wasser bändigen, der Dumme, anstatt einfach die Balkontüre zu öffnen und das Wasser hinauszuschieben. Eine Stunde lang schob ich dann mit Andy Wasser zur Balkontüre hinaus, bis endlich Fu, der Diener, kam.

Später fuhr ich mit Andy in die Stadt, wo jeder seinen Geschäften nachging. Es war Samstagvormittag.

An einem Geschäftshaus las ich: «Wunderli & Co.» Heimatklänge, dachte ich und betrat jenes Haus. Der Herr Wunderli persönlich saß im vierten Stock an seinem Schreibtisch, an jenem glücklichen Samstagvormittag.

Er ist ein seltsamer Auslandsschweizer, denn er hatte Zeit, mir zuzuhören und freundlich zu sein. Ich fragte ihn, ob er zu Hause nicht Wände hätte, die nach Bildern schreien, so dass er seine Augenweide und ich meine Beförderung hätte. Der Herr Wunderli hatte leider keine leeren Wände, hingegen anderes. Er gab mir zwei Briefumschläge, die meinen Sorgen ein vorläufiges Ende bereiteten. Im leichteren Briefumschlag lag ein Brief an den Freund von Herrn Wunderli in Tokio. Der schwere Briefumschlag enthielt etwas anderes. Mir war ein wenig schwindlig, als ich dankte und hinausging.

Ich ging und ging und kam vorbei an einem besonderen Haus. «CAT» stand über der Tür. Ach ja, da drinnen arbeitet Mr Max Springwalla, von dem ich so viel gehört und der mich nie gesehen hatte. Den muss ich noch gesehen haben.

An der Tür zu seinem Büro stand: Mr Max Springweiler.

Ich sagte nicht viel, denn er wusste gleich, wer ich bin. Ich sprach Deutsch mit ihm, und ich war so guter Dinge, dass er auch in gute Dinge kam. Von der Fröhlichkeit angezogen, kam nun auch der amerikanische Direktor herein. Nur aus Übermut fragte ich den Direktor, warum mein Federgewicht an einem leeren Platz im Flugzeug stören würde. «Wir haben keine leeren Plätze», antwortete er, aber er griff zum Telefon und rief das Flugkartenbüro in Kao Lun an: «Ist ein Platz frei für morgen nach Tokio? – Oh, vollbesetzt – setzen Sie den Namen Miss von Arx wenigstens auf die Warteliste – complementary Ticket (Freikarte).» Und zu mir sagte der Direktor:

«Wissen Sie, dass es von Tokio weiter ist nach Hause?» – «Aber näher nach Amerika, das der Mensch gesehen haben muss.» – «Nun gut. Sie stehen auf der Warteliste. Fragen Sie morgen, zwei Stunden vor dem Flug, im Kartenbüro nach Mr Wang. Sie werden von ihm eine Freikarte bekommen, falls einer von den Passagieren nicht fliegen wird.»

Ich wartete dann nicht bis zwei Stunden vor dem Flug, sondern fuhr gleich am Samstag um elf Uhr hinüber nach Kao Lun ins Kartenbüro. «Wissen Sie, Mr Wang, ich möchte so gerne morgen bestimmt fliegen.» Mr Wang lächelte, nahm eine Flugkarte, füllte sie aus und gab sie mir. – Es waren unterdessen drei Plätze frei geworden, und Mr Wang hatte meinen Namen an den Anfang der Warteliste gesetzt. «Und wenn bis morgen drei andere Leute fliegen wollen, die bezahlen können, gilt meine Karte dann nicht mehr?» – «Sie werden fliegen – auf jeden Fall. Kommen Sie morgen um zwei Uhr mit Ihrem Gepäck.»

Um zwölf Uhr traf ich Andy zur Fahrt auf den Berg. Ich winkte ihm schon von weitem mit meiner Flugkarte. Er winkte mir auch mit einem Papier in der Hand. Andy freute sich gar nicht sonderlich über meine Flugkarte. Das Papier, mit dem er gewinkt hatte, war eine Schiffskarte – eine Schiffskarte für morgen Sonntag, Luxusklasse auf der Tegelberg, die mir Andy schenken wollte. Jetzt freute mich mein Sonntagsflug überhaupt nicht mehr. Ich fragte Andy verzweifelt, was ich jetzt tun soll. «Auf dem Schiff haben Sie zehn Tage lang keine Sorgen mehr.» Das war alles, was Andy zu sagen hatte, aber es war genug, dass ich den ganzen Samstag an die zehn Tage Sonnenseite denken musste.

Ein sicheres Bett zehn Tage lang, fett- und sattessen auf Vorrat. Dann dachte ich wieder an die Zeit – übermorgen schon in Tokio, zehn Tage früher. Zuletzt dachte ich an Timm, der gar keine Karte besaß, und ich zwei, aber ich vergaß ihn dann wieder, denn man kann nichts gegen die Welt: Es besitzt immer einer zwei und der andere keine. – Und ob Mr Wang oder Andy dem Timm meine Karte gegeben hätte?

Am Sonntagmorgen um neun Uhr hauchte ein dumpfer Ton – die Tegelberg, die in See stach, ohne mich. Ich schaute ihr nach, bis ich sie nicht mehr sah, weil die Erde rund ist.

Zu Mittag aß ich mit Andy chinesisch. Andy aß mit einem Porzellanlöffel Haifischflossensuppe. Ich selber bestellte vorsichtshalber Eier. Es kam aber etwas Grünschwarzes in Brocken auf den Tisch, und Stäbchen dazu. «Das sind Ihre Eier», sagte Andy. Ich spießte einen schwarzen Brocken mit einem Stäbchen auf – die am Nebentisch schauten zu und lächelten. Der Brocken schmeckte wie nichts bisher Geschmecktes, aber trotzdem gut. Als die Brocken gegessen waren, sagte Andy, dass ich hundertjährige faule Eier gegessen hatte.

Um vier Uhr küsste mich Andy auf die Stirn und ging. Ich schluckte und stieg ins Flugzeug.

Immer, immer wegfahren und nie wiedersehen, dachte ich, als ich zum letzten Mal von hoch oben hinunterschaute auf das Südchinesische Meer und den Andy.

Es flogen noch etwa sechzig amerikanische Missionare außer mir. Ich sprach im Fliegen etwas vom Guten und vom Bösen mit einem Prediger.

In Formosa stiegen die Missionare aus. Wer weiterfliegen wollte, bekam ein Abendessen im Flughafen, unter militärischer Bewachung. Die Bewachung war nicht streng genug, denn der freundliche eingeborene Kellner brachte mir den Nachtisch zweimal.

Ein chinesischer Jüngling schenkte mir drei Ansichtskarten, er wurde deshalb von einem Offizier streng zurechtgewiesen.

Im Flugzeug war ich gerade daran, mich auf zwei Sitzen schlafen zu legen, da kam der Pilot ausgerechnet auf mich zu und fragte mich, ob ich gerne in einem Bett schlafen möchte.

So schlief ich dann in seinem Luftbett, währenddem er vorne am Steuer saß. Mitten in der Nacht weckte er mich und gab mir eine Tasse Suppe. Später weckte er mich noch einmal und sagte, wir flögen jetzt über Okinawa.

Beim dritten Erwachen war es aus mit Fliegen.

Zwanzigstes Kapitel

Eine Japanerin trat ins Flugzeug und wies in amerikanischem Slang den erschreckten Passagieren den Weg zum Zollhaus.

Es war schaurig kalt, so kalt, wie ich es mir in Bangkok doch nicht gewünscht hatte. Ich nahm fast alle Kleider aus dem Säcklein und zog sie übereinander an. Im Autobus wickelte ich mich in Baleshwars Wolldecke.

Eine ganze Stunde lang wurde durch eine Barackenstadt gefahren. Vor einem Gebäude, das den komischen Namen Fukoku-Building trägt, wurde ich ausgeladen und musste zu Fuß im Morgengrauen weitergehen.

Es schneite einzelne Flocken, und die Leute auf der Straße zogen vor Kälte den Nacken ein, wenn sie mir nicht gerade nachschauten. Die einzigen Leute, die mir nicht nachschauten, waren die amerikanischen Soldaten, die hatten nämlich anderes zum Nachschauen.

Man trug langweilige westliche Kleider, und alle Häuser waren so kolossal wie bei uns. Die Mauern der Geschäftshäuser sind allerdings etwa achtmal so dick wie bei uns, vielleicht wegen der unruhigen Erde.

In einen dieser Handelsbunker trat ich bei Anbruch der Geschäftszeit ein, in der Hand den Brief an den Freund von Herrn Wunderli. Der Freund, ein Engländer, hieß Michelson. Er machte einen gefassten Eindruck, als ich in meiner Wolldecke eintrat und ihm den Brief überreichte.

«Ich muss Ihnen sagen, dass ich ganz allein in meinem Hause wohne. Fürchten Sie sich nicht, da zu wohnen?», fragte mich Mr Michelson. – «Nein, Mr Michelson, ich bin schon lange unterwegs und deshalb an vieles gewöhnt.» Mr Michelson lachte. Jetzt habe ich etwas Verkehrtes gesagt, dachte ich, aber es war schon zu spät. – So wohnte ich dann halt wieder bei einem Mann. Wie ein Elefant tappte ich im Haus von Mr Michelson herum und schlug bei jeder Bewegung etwas in Trümmer, einmal ein Papierfenster, ein andermal die Kartontür, einmal fiel ich sogar über den Ofen. Das Haus war eben japanisch, ein wundersames Haus, aber für meine Menschenart etwas unpassend. Man muss lernen, in einem japanischen Haus zu wohnen.

Wenn man hereintritt, trippelt einem ein Dienstmädchen entgegen, lispelt unaufhörlich, krümmt sich drei- oder viermal, zieht einem die Schuhe von den Füßen und steckt Pantoffeln daran; man resigniert. Nach dem ersten Pantoffelschritt schreitet man meist nicht gleich weiter, weil man dann am Boden liegt, der Boden ist nämlich lackiert. Schmerzlich steht man auf und lehnt sich vor Schreck an die Wand – die Wand stürzt ein, und man liegt im Garten. Man hüte sich vor Anlehnung an eine japanische Wand, man gewärtigt, mit der Papiertür ins Haus zu fallen oder aus dem Haus zu fallen. Man darf die Wand auch nicht hart anfassen, sonst bleibt sie einem entweder in der Hand oder die Hand steckt mitten in der Wand.

Wenn man aber endlich zwischen zitternden Wänden doch ein paar Schritte gegangen ist, dann kommt man darauf, dass die Wände nicht mehr zittern, wenn man in kleinen zierlichen Schrittlein trippelt, was in meinem Fall allerdings schwerlich zu machen ist. Jetzt sucht man eine Tür und findet keine, es gibt nämlich nur Wände. Wenn man sorgfältig an einer Wand schiebt und Glück hat, kann man endlich in ein Zimmer gelangen, wenn man kein Glück hat, tritt man nur in einen Kasten oder in eine Kommode hinein, denn in Japan liegt alles hinter der Wand und an der Wand, und weil die Wand so viele Bestimmungen hat, ist sie nicht einfach glatt und weiß, sondern durchbrochen. Die Wand gleicht einem Bild, das heißt einer asymmetrischen Komposition in Vierecken aus Reispapier, Holzleisten und Karton. Wenn man zufälligerweise an einem kleinen Viereck an der Wand schiebt, dann entsteht daraus ein Fenster. Selbstverständlich erübrigt die japanische Wand die Bilder.

Es gibt aber eine Nische im Zimmer, in der oft ein Kakimono hängt, das sind zwei runde Holzstäbe, dazwischen ein Bild mit Geschriebenem. Gegen den Boden zu weist die Wand oft größere unmotivierte Flächen auf. Da sind dann einige Sterne, Blüten oder Fische hingehaucht.

Die Wand, und was dahinter liegt, ersetzt eigentlich die Möbel. Es steht höchstens ein Schemel im Zimmer, der eigentlich ein Tisch, aber so niedrig wie ein Schemel ist. Man setzt sich zum Tisch knieweise auf den Boden. Wem dieses Sitzen nicht anerzogen ist, dem ist es mit Pein verbunden. Von diesem Sitzen her rühren die zu kurzen japanischen Beine. In raffinierten Häusern befindet sich unter dem Tisch ein Loch im Boden, in das man die Beine hängen kann. Wenigstens ist der Boden weich genug zum Sitzen, er besteht aus Tatamis, das sind gepolsterte Reisstrohmatten. Die Größe eines Zimmers wird in Strohmatten gerechnet. Mein Schlafzimmer zum Beispiel war ein Sechsmattenzimmer.

Wenn ich die Wand im Schlafzimmer verschob, dann kam ich in den Garten. Ich betrat ihn zwar nie, weil ich dafür zu groß bin. Ich bin fast so groß wie die Bäume, und ich fürchtete meine tiefen Spuren im Sand.

Im japanischen Garten darf kein Gras wachsen, aber Kies, Sand und Felsblöcke gab es darin. Früher schenkte man sich gerne schöne Felsblöcke aus China. In jenem Garten floss zwischen Steinplatten ein künstliches Bächlein. Eine ganze Landschaft war in den Garten gebaut, und doch hätte ich ihn mit fünf Schritten durchqueren können.

Am ersten Abend aß ich mit Mr Michelson in der Stadt japanisch. Das Gasthäuschen lag hinter den Handelsfestungen in einer Seitengasse. Vor dem Haus hing eine rote Laterne, mit schwarz aufgemalten Schriftzeichen, dem Namen des Gastwirtes. Mitten durch das Haus floss ein Bach. Wir wurden in ein Zimmer geführt, in dem ein Tisch und eine Blumenvase standen, an der ich natürlich hängen blieb.

Eine Geisha bediente uns. Sie trat auf den Knien ins Zimmer, weil es unhöflich ist, sich über die Sitzenden zu erheben.

Ich war zwar auf den Knien nicht viel tiefer als die Geisha auf den Füßen, somit bin ich in Japan von Natur aus ein unhöflicher Mensch, weil ich einfach viel zu groß bin.

Zuerst brachte die Geisha feuchtheiße Tücher für Gesicht und Hände. Ich brauchte sie nur für die Hände, denn man hat doch manchmal etwas Farbe im Gesicht, die nicht wasserfest ist.

Wir tranken Tee aus wunderlichen Schalen mit Deckeln. Wenn die Geisha etwas auf den Tisch stellte, dann stellte sie es nicht irgendwohin, sondern dorthin, wo es am schönsten aussah. Sie brachte Fleisch herein, das in der Form einer Blume auf die Platte gelegt war. Das Fleisch wurde mit irgendwelchen geheimnisvollen Beimischungen von Wasser, Mehl und Grünem vor uns gebraten. Sukiyaki heißt diese Speise.

Die Geisha hantierte mit Stäbchen, und auch ich musste mit rohen Holzstäbchen essen, die nach dem Essen weggeworfen werden. Ich aß nicht viel, weil meist nichts an meinen Stäbchen hängen blieb. Zum Essen schenkte die Geisha fortwährend heißen Reiswein in kleine Porzellanbecher ein. Ich benahm mich bei jenem Essen recht geschickt, es zerbrach nichts in meinen Händen.

Die Geisha lächelte Mr Michelson stets freundlich an, manchmal auch mich, währenddem sie uns liebevoll bediente. Sie war zierlich bis an den Kopf, auf diesem wucherte ein gigantisches künstliches Haargebäude, in dem Kämme und Stoffteile steckten. Das Gesicht und die Lippen hatte sie kreideweiß gepudert, bis auf einen feinen roten Strich, der den Mund andeutete. Auch der Nacken war gepudert, denn man durfte in den Nacken hineinsehen. Vorne durfte man nicht hineinsehen.

Zum Nachtisch servierte die Geisha Sojabohnenkuchen, der in der Farbe und Form auf den viereckigen Lackteller abgestimmt war. Das Kuchenstück lag nicht in der Mitte, sondern lag in Bezug auf das Tellermuster. Nach dem Essen zog die Geisha aus ihrem Obi ein seidenes Zahnstochertäschlein. Sie schenkte es mir, weil es mir gefiel. Der Obi ist etwas Steifes, das die Geisha um sich wickelt, und das oft hinten in Schmetterlingsflügeln oder in einem Buckel endet. Der Obi verhindert den Blick auf die Taille. Begrüßung und Abschied vollzogen sich in wunderlichen, viele Male wiederholten, rechtwinkligen Verbeugungen.

In Japan haben größere Geschäftsbetriebe eine kluge Einrichtung erfunden, um überschüssiges Geld zu verbrauchen, das sonst der Staat fordern würde. Es sind dies die Jahreskongresse, die sich in einem schönen Ort abspielen und die sämtlichen Mitarbeitern eines Betriebes zugutekommen – nur Männern natürlich. Zu einem solchen Kongress war auch Mr Michelson eingeladen, und er nahm mich mit, am zweiten Tage meines Daseins in Japan.

Einen halben Tag fuhren wir der pazifischen Küste entlang bis nach Atami, einem Kurort, wo es heiße Quellen gibt und wo der Kongress stattfand. Es war beinahe warm in Atami, die Orangen reiften.

Unser Hotel stand hoch über der Stadt, mitten im Wald, ein Haus, das von einem Prinzen übernommen worden war. Durch viele Gänge führte man uns in einen großen leeren Raum. Mit uns kam ein Lacktisch in den Raum und für jeden eine warme Schüssel, in der es unter gelber Asche glühte. Ich saß noch nicht auf den Knien, als die Frau des Hauses hereinkam und anfing mich auszuziehen. Mr Michelson befand sich glücklicherweise gerade an einem anderen Ort. Sie zog mich aus, bis nichts mehr auszuziehen war, dann wieder an mit einem Kimono aus Baumwolle und darüber mit einem seidenen wattierten Kimono. Zuletzt wickelte sie ein Tuch fünfmal um mich. Ich sah kaum mehr möglich aus darin. Nach alledem musste ich ins Bad, denn in Japan badet man, wenn man nichts anderes zu tun hat, wenn man friert oder aus gesellschaftlichen Gründen, man trifft sich eben im Bad, anstatt unter der Laterne. Ich selber traf eigentlich niemanden im Bad. Die Frau wollte mir zwar baden helfen, aber ich bin gewohnt, alleine mit dem Bad fertig zu werden. Meine Badewanne war ein viereckiges Loch mit Holz darum und Wasser darin im Badezimmerboden. Als ich hineinstieg, lief das Wasser über das Loch hinaus und flutete durch das ganze Badezimmer. Es gibt aber einen Abfluss für solche schwerwiegenden Fälle. Im Loch war eine Stufe zum Sitzen, darauf saß ich stundenlang im Wasser bis an den Hals.

Unter dem Bad war es Abend geworden. Die kleine Frau kam und zog mir einen seidenen Festkimono, darüber einen Obi, an. Michelson San – so hieß er hier – war unterdessen in einen Männerkimono gewickelt worden. Vor dem Haus standen vier kleine Holzbretter mit Querleisten, auf die wir uns stellten, das waren nämlich die Schuhe. So zogen wir beide aus zum Kongress. Er spielte sich in einem großen Saale ab. In langen Reihen saßen wir unter zweihundert Männern der Wand entlang, jeder an seinem eigenen Speisetischchen. Ich aß wieder nicht viel; es sah zwar schön aus, aber es grauste mich. Man aß rohes Fleisch und rohe Fische. Von allen Seiten wurden wir zwei Komischen angeschaut, man lächelte nachsichtig oder freundlich. Sicher lächelte man mehr wie freundlich, wenn wir es nicht sahen.

Nach dem Essen hielt einer eine Rede, und dann kam endlich der Höhepunkt. Eine Art Geishas, die uns bisher bedient hatten, tanzten auf der Bühne. Sechs Frauen zupften Instrumente und sangen dazu. Die Mädchen tanzten mit einem Fächer.

Während dieses friedlichen Tanzes hatte einer der Gäste eine teuflische Idee, die rasch um sich griff – nämlich, dass die große Weiße da vorne auch mitmachen soll. Ich wurde also auf die Bühne geklatscht und gezerrt und musste schließlich im Kreise mittanzen. Es war ein zahmer Tanz und nicht besonders schwer, doch es stimmte etwas mit meiner Dimension nicht. Von oben, wie von einem Turm, sah ich, wie es da unten um mich herum kroch. Mein Kimono war mir viel zu kurz und zu eng. Immer wenn ich dem Publikum den Rücken drehte, zog ich vorne am Kimono, wenn ich ins Publikum blickte, dann zog ich hinten am Kimono. Der Tanz dauerte endlos, immer wieder die gleichen Töne. Arm auf, Arm ab – seitwärts in die Knie – Kopf zur Seite – Arm auf – Arm ab. Auf einmal aber fing es an zu klatschen und zu toben, die Musik verstummte, endlich wurde ich sorgsam an meinen Platz zurückgeführt.

Nach mir gab es eine Änderung. Die Männer rückten näher zur Bühne und die Geishas hörten auf zu lächeln. Zwei neue Mädchen traten auf. Sie fingen an zu tanzen in langen schleppenden Kimonos. Im Laufe der Gebärden fiel immer mehr Stoff von ihnen ab, bis alles weg war, und die japanischen Buben jubelten. Die Buben vergaßen nicht, zuweilen nach rückwärts zu blicken, wo wir saßen. Michelson San lächelte anständig, ich lächelte möglichst nicht. Als das Maß voll war, da war der Kongressabend aus.

So wie wir waren, gingen wir nachher noch ein wenig im Ort spazieren. In der Kleidung fielen wir nicht auf, wohl aber in der Art des Gehens, wir hatten Mühe mit unseren Holzscheitern an den Füßen. Zuerst besuchten wir die Krämerstraßen von Atami. In einem Geschirrladen sah ich trapezförmige und ovale Teller, daneben Suppentassen mit Deckeln.

Mr Michelson kaufte für seinen Haushalt grüne Porzellanlöffel, und er schenkte mir ein Weinkrüglein. Jeder Gegenstand, der gekauft wurde, kam in eine bunte Schachtel, diese wurde schief in ein kariertes Reispapier gewickelt, alles um des Auges willen. In einem Puppenladen kaufte ich Holzpuppen, die mit dem Kopf wackeln konnten. Die längliche Puppe ist eigentlich ein Briefumschlag, sie ist innen hohl; wenn sie ihren Zweck erfüllt, hängt eine Adresse an ihrem Hals.

Wir kamen später in ein Quartier, wo merkwürdig viele Mädchen vor luftigen Häuschen herumstanden. Unter jedem Häuscheneingang saß an der Kasse ein altes Mädchen. Die Mädchen, um die es ging, waren alle jung und hübsch, sie trugen untadelige Kimonos, man sah ihnen nur an der unjapanischen Gesichtsbemalung an, dass etwas nicht stimmte. Sie kicherten recht freundlich, wenn wir vorbeigingen. Mr Michelson wollte zurückgehen, ich aber nicht. Mit einem Knaben, der vor uns ging, trieben die Mädchen Unfug. Sie gingen zu dritt auf den Wehrlosen los, fassten ihn am Arm und wollten ihn ins Papierhäuschen zerren. Der Bube entging der Hölle nur mit knapper Not, und trotzdem lachte er noch. Ich musste zwar auch lachen, auch nachher noch, als es mich selber betraf.

Als wir ins Papierhotel zurückkamen, lag im Raum an Stelle des Tischleins am Boden ein hoher Berg von Decken und Leintüchern. Mr Michelson ging zur kleinen Frau und sprach mit ihr. Sie machte dann aus dem großen Berg zwei kleine Berge und schob eine Zimmerwand dazwischen. So schlief ich dann auf meinem eigenen Berg am Boden ein.

Am nächsten Tag gab es Fischaugen zum Essen. Mr Michelson aß auch meine Portion. Die kleine Frau schaute verwundert in meine leere Schüssel. Ich deutete auf meinen Magen und blickte einen schmerzlichen Blick, sie verstand, obwohl es nicht deshalb war – es gibt keine andere Entschuldigung als den Magen, die kleine Frau weiß nämlich nichts vom Grausen. Beim Abschied schenkte sie mir drei Paar Essstäbchen, die um des Auges willen in himmelblauem Reispapier steckten.

Wir fuhren über einen Bergpass hinten herum zurück. Die Farben und das Meer ließen wir hinter uns. Das trübe Wetter verwischte alle Farben. Aus dem Dunst ragten die schwarzen Steine und kahle waagrechte Äste wie eine japanische Zeichnung. Nebel schmiegte sich ins Tal, und aus der Leere stiegen Berge, hintereinander, die in der Ferne in Dunst übergingen, alles wie ein japanisches Bild, das man nicht begreift, wenn man es nicht gesehen hat. Mein Unglück in solchen Dingen ließ nun aber den Nebel steigen, so dass die Bergspitze vom

Fujiyama gerade verdeckt war, als ich in seine Nähe kam. Ich sah nur den schönen Fuß und musste mir die geschwungene Linie bis zur weißen Kuppe nach der Postkarte vorstellen. Der Berg soll so heilig sein, dass ihn Frauen früher nicht besteigen durften. Um des Fujiyamas willen allein lohnt es sich Japan zu besuchen, denn er ist schön. In der Nähe von einem See bei Hakone lag ein Tempel. Am Seeufer stand dieses rote Gebilde

aus Holz, das ich später noch oft in der Landschaft gesehen habe. Ich weiß nicht, was es bedeuten soll, vielleicht steht es um des Auges willen, Torji heißt es. Als wir uns Tokio näherten, klagte Mr Michelson über die schlechte Straße, und ermahnte Tavi San, den Chauffeur, die Löcher im Asphalt zu umfahren. Aber der brave Tavi San trug keine Schuld am Beben, und auch nicht die Löcher in der Straße – es war die Erde, die gerade gebebt hatte.

Vieles verliert mit der Zeit seinen Reiz, so auch die Fremde. In Japan bekam ich die Fremde über, ausgerechnet auf dem Höhepunkt und in der fremdesten Fremde, so dass ich am Morgen einfach im Bett liegen blieb und weiterschlief, damit ich die Fremde nicht erleben musste. Ich glaube, ihr ewiges Lächeln ist mir auf die Nerven gegangen.

Sie hatten mich alle ausgelächelt, die Leute von den Schiffen, als ich gefragt hatte, ob sie mich mitnehmen würden, ohne Geld über den Pazifik. Sie hatten ihre Gesichter in tausend asiatische Lachfältlein gezogen, weil sie dachten, ich sei verrückt.

Einer zum Beispiel – Kobuku San hieß er –, in dessen Hände es gelegt ist, Ausnahmen zu machen, der fragte mich lächelnd, was ich denn für Japan eigentlich getan hätte. Ich lächelte daraufhin, aber mir war nicht zum Lächeln zumute, sondern um Handfesteres, ich hatte mich dann mit geübter Würde empfohlen. Dem Tenno, dort drüben, hinter Mauer und Wassergraben, geht es besser, dachte ich da, der sieht nicht das Lächeln, sondern nur den Hinterkopf, wenn sie vor ihm im Staub liegen.

Es geschah nun wie erwähnt, dass mir die Fremde über wurde, und wenn mich nicht eine Mrs Look aus dem Bett gezogen hätte, dann wäre ich liegen geblieben. Mrs Look fand alles traumhaft, was sie hörte von mir – sie ist eben aus Amerika, und sie beschloss, die Öffentlichkeit meine Geschichte wissen zu lassen.

Mrs Look setzte das Fernsehstudio und die «Nippon Times» von mir in Kenntnis. Beim Fernsehen ging etwas schief, denn ich warte noch heute auf mich im Fernsehprogramm, wie es zugesagt worden war.

Als alle Bemühungen der Mrs Look, mich gratis auf einem Flugzeug unterzubringen, gescheitert waren, setzte ich mich in einen Zug nach Kioto. Ich fuhr in der populärsten Klasse. Die Klasse war so populär, dass man sich darin türmte. Jemand hatte mir vorher gesagt, dass ich unmöglich in jener

Klasse fahren könne, aber es ging, ich fuhr zumindest. Überdies ist der Weg von Edo (Tokio) nach Kioto ein Pilgerweg, und das Leiden somit gerechtfertigt.

Ich hatte schon Schlimmeres erlebt. Es roch allerdings außerordentlich menschlich. Es gibt schon schnellere Züge, als mein Zug einer war, aber keine billigeren.

Mein Zug hielt an jeder kleinen Station an, entleerte und füllte sich von neuem. Ich erlebte es etwa dreißigmal. Mit der Zeit wickelte ich mein Butterbrot aus dem Packpapier. Andere Leute knöpften ihre Brote zuerst aus einem Tuch, das Furoshiki heißt, dann wickelten sie es aus geblümtem Reispapier. Manche kauften in den Stationen eine Holzschachtel, die mit einer bunten Schnur verschlossen war. In der Schachtel lag eine schöne Mahlzeit.

In Ueno kauften die gegenüber von mir ein Krüglein Tee. Der Deckel des Krügleins war eine mit Buchstaben verzierte Teeschale. Die zwei verließen nun den Zug und ließen das Krüglein stehen. Ich war so durstig, dass ich das Krüglein nahm, als einmal niemand schaute, und schnell einen großen Schluck daraus trank. O Graus, es war kein Tee mehr gewesen, sondern eine kalte Brühe von Asche und aufgelösten Zigarettenstummeln. Es brannte und roch mir bittersäuerlich vom Hals bis in den Magen – stundenlang.

Die neben mir schliefen schon alle und sahen aus wie tot im Schlaf. Dem vor mir war im Schlaf das Kinn heruntergefallen, so dass sein Mund offen blieb. Der neben mir hatte den Kopf auf die Knie gelegt, drüben schnarchte einer – bis es Tag wurde im Land der aufgehenden Sonne.

Über Kioto ging die Sonne auf. Ich marschierte im Laufschritt durch die Straßen – nicht weil es eilte, ich hatte kein

Ziel in Kioto, aber es war kalt. Ich war nur gekommen zum Schauen. Hohe Mauern umgeben die zahllosen Tempel von Kioto. Wenn man den feierlichen Eingang findet, dann tritt man in einen weiten Hof und über eine breite Holztreppe in den Tempel hinein. Man pflegt den Tempel schnell wieder zu verlassen, weil man ohne Schuhe an den Füßen friert.

Die schönsten Tempel stehen am Stadtrand im Wald. Man sieht sie kaum von weitem zwischen den Bäumen, denn sie sehen selber aus wie ein Stück Wald, mit ihren Dächern, die geschweift sind wie Fichtenäste. Ein Türmchen ragte heraus. Wie ein Weihnachtsbaum sah es aus. Es war ein altes Türmchen, von diesen Türmchen gibt es keine neuen, weil das Geheimnis für diese Holzkonstruktion im Lauf der Jahrhunderte verlorengegangen sein soll. Neben einem Tempel im Wald floss ein Bach aus einem Teich. Die kalte Abendsonne schien ins Wasser und warf darauf den Schatten eines gewölbten Brückleins. Das war das Schönste vom Tag. Ich suchte dann nichts mehr. Vom Brücklein weg ging ich zum Bahnhof, stieg in den Zug und fuhr zurück nach Tokio.

Die Rückkehr nach Tokio gestaltete sich etwas schmerzlich. Mit abstrakten Schuldgefühlen wanderte ich vom Bahnhof zum Papierhäuschen. Ich war zwar dankbar, dass ich dort mein Bett hatte, aber es war ein unsicheres Bett. Seit einiger Zeit stimmte im Häuschen etwas nicht mehr. Mr Michelson hatte sich verändert und war immer englischer geworden. Ich hatte ihn schon lange nicht mehr im Hause gesehen, nur gehört. Er ließ sich das Essen aufs Zimmer bringen und durch seinen Hund Jimmy San vertreten. Ich wusste nicht recht, warum dies alles so geschah, ich hatte doch immer leise gegessen und höchstens laut gedankt. Ich hatte im Hause nichts fallen lassen, wo es nicht hingehörte, und ich war immer freundlich gewesen, aber die Freundlichkeit bedeutet nicht für alle Leute einen konkreten Wert. Vielleicht war auch das Loch in der Papierwand schuld – es lag zwar nur das obere Loch auf meinem Gewissen, das untere hatte Jimmy San, der Hund, gemacht, als er mich eines Nachts besucht hatte.

An jenem Morgen, als ich von Kioto zurückkehrte, wollte es sein Pech, dass Mr Michelson mir vor dem Hause begegnete, da kam der Grund der Verstimmung heraus. Es war alles nur, weil ich kein Knabe bin – das alte Lied. «Sie verstehen doch, Sie in meinem Hause – wenn es meine Frau in England erfahren würde …» – und ich solle ein neues Quartier suchen.

Ich ging gar nicht ins Häuschen hinein, sondern gleich wieder in die Stadt auf die Suche nach einem Schiffsplatz und einem neuen Schlafplatz. Und es fing an zu schneien in kleinen kalten Flocken auf meine Schultern.

Mrs Look fand, ich solle keine Plätze suchen, sondern Geld, weil das Geld alles Suchen ersetze. Sie ging mit mir zur Vorsteherin des amerikanischen Soldatenklubs. Dort wurde beschlossen, dass ich den Soldaten Malvorstellung geben soll, das heißt, ich soll täglich mitten im Vergnügungssaal vor einer Staffelei stehen und öffentlich Farben auf eine Leinwand streichen, und wenn die Soldaten fragen, was es darstelle, dann solle ich sagen: «Ein modernes Bild – zehn Dollar das Stück.»

Das Unterfangen konnte aber erst in zwei Wochen beginnen, nachdem die Armee wieder monatsbesoldet worden war. Für die arbeitslose Zwischenzeit verschaffte mir Mrs Look eine andere Beschäftigung. Das Kind ihrer Freundin im Nachbarhaus sollte von mir in Öl porträtiert werden. Mrs Look hatte natürlich keine Ahnung, in was für Nöte sie mich mit diesem Auftrag stürzte. Ich konnte ihr doch nicht sagen, dass ich mich bis jetzt auf Äpfel und Köpfe in Kohle, aber nicht auf ganze Kinder in Öl spezialisiert hatte. Es half mir nichts, dass ich keine Ölfarben bei mir hatte, die Freundin im Nachbarhaus besaß eine vollständige künstlerische Einrichtung. Ich musste …

Mit der Leinwand unter dem Arm suchte ich ängstlich das Haus der Nachbarin in Omori. Ich suchte ziemlich lange, denn es ist ein kühnes Unterfangen, in Japan ein Haus nach einer Adresse zu finden. Es gibt nämlich keine Straßen und Nummern. Eine japanische Adresse ist eine historische Umschreibung der Gegend, in der das Haus steht.

Ich hoffte schon, dass ich das Haus nicht finden werde, als ich zu diesem Hinweis kam.

Das blonde Kind musste im japanischen Kimono gemalt

werden, das war meines Leidens Anfang. Ich beschloss, dass das arme Kind zu stehen hat, damit ein malerfeindlicher Faltenwurf vermieden werde. Die Mutter wählte als Hintergrund eine komplizierte japanische Wand. Kleinlaut schlug ich vor, zwei Bilder zu malen, eines vom Kind und das andere vom Hintergrund, aber man verstand mich nicht, denn man wollte zwei Fliegen auf einem Bild. Schließlich schickte ich mich in das Unvermeidliche und begann die beiden Bilder in einem.

Das zweite Mal fand ich das Haus dann wirklich nicht mehr, weil plötzlich alles anders aussah. Über Nacht war Schnee gefallen, tiefer Schnee, und hatte alle Papierhäuschen eingeschneit. Ich stapfte stundenlang und wusste nicht einmal, ob ich überhaupt auf einer Straße ging. Dafür war es schön, Japan in Weiß. Man stelle sich die geschweiften Dächer vor mit Schnee darauf, die Zwergbäumchen mit ihren waagrechten Ästen, den Bach im Garten und die Felsblöcke.

Nach Stunden kam ich zur halbversunkenen Hinweistafel und dann endlich zum Haus. Das Kind versteckte sich vor Schreck über meine Wiederkehr. Unter lautem Heulen musste es vor mich gezerrt werden. Es war jedes Mal ein langer, bitterer Kampf um das Stehen, meinerseits um den Pinsel. Das Kind stand oft in Tränen, und ich im Schweiß. Doch zuletzt entstand doch ein Bild von einem Kind im Kimono. Der Hintergrund war zwar fragwürdig, aber das Kind stimmte. Die Mutter war erstaunt über die Ähnlichkeit, am meisten staunte ich selber, nicht sichtbar natürlich. Die Mutter fand nur, dass das Kind auf dem Bild etwas weinerlich dreinschaue – Kunststück … Das Honorar war nicht erheblich, «wegen der Konkurrenz», wurde mir gesagt.

Die Konkurrenz ist die neue amerikanische Bewegung: «Jedermann ein Künstler». Der findige Gründer dieser Bewegung hat ein Verfahren herausgebracht, wonach jeder Mensch seine eigenen Ölgemälde fabrizieren kann. Der Mensch kauft eine Leinwand, auf der nummerierte Felder eingezeichnet sind. Die nummerierten Felder muss er nun mit entsprechend nummerierten Farben ausfüllen. Wenn der Mensch nach der Gebrauchsanweisung die Nummern richtig beachtet und die Felder den Linien nach sorgfältig ausfüllt, dann entsteht ein natürliches Ölgemälde.

Fein, nicht wahr, aber eine große Konkurrenz für die gelernten Maler. Das Honorar für mein gelerntes Gemälde reichte weder für eine Schiffskarte noch für einen neuen Schlafplatz, deshalb kaufte ich davon zwei Puppen und einen Kimono.

Mit dem Rest des Honorars besuchte ich an einem Nachmittag das Kabuki-Theater. Jene Vorstellung dauerte sieben Stunden lang. Ich war die einzige Person im Theater, die alle sieben Stunden an ihrem Platz saß, hoch oben und ganz hinten auf der Flohbühne. Es kam und ging vor mir, es sprach und aß, und ganz weit unten spielte es wie Flöhe. Hinter der

Bühne wurde gesungen, ich weiß nicht, ob es Frauen- oder Männerstimmen waren.

Vier verschiedene Stücke wurden aufgeführt. Im ersten Stück trat ein böser Bube auf, im zweiten Stück ein böses Mädchen. Im dritten Stück gingen zwei, die sich liebten, in den Tod. Dann kam eine Dachsengeschichte. Ein Dachsenbube, der sich als Mensch verkleidete, wollte ein Menschenmädchen heiraten. Die Absicht misslang ihm aber, weil er bei seinem Freudentanz vergaß, den Dachsschwanz einzuziehen. Zum Ausklang wurde auf der Bühne getanzt. Ich sah es zwischen Dämmern und Schlafen. Es war schön gewesen, aber Gott sei Dank nahm es einmal ein Ende. Inzwischen war es eine Woche später geworden und damit Zeit, Mr Trewman bei Dodwell & Co. anzufragen, ob auf der Passagierliste für das gewisse Schiff «Tungus» noch keine Lücke entstanden sei. «Vorläufig nicht – das Schiff liegt in Kobe, fragen Sie in vier Tagen wieder an», teilte mir Mr Trewman mit.

Ich sah mich auch wegen einem Schlafplatz um, doch jeden Abend musste ich mit Schuldgefühlen wieder ins Papierhäuschen schleichen und im ungastlichen Bett übernachten.

Da, am 27. Januar, stand ich auf Seite 3 der «Nippon Times». Ich las, dass ich mit Autostopp um die halbe Welt gekommen sei und dass ich einmal in einen Harem verschleppt worden war. Neben meinem Bild stand: «Ihr größter Schmerz ist das Heimweh» – es stimmte eigentlich, aber gerade diese Zeile hätte nicht gedruckt werden sollen, denn Gefühle müssen nicht unbedingt von der Menge genossen werden.

Nach einigen Tagen kam ein Brief von einem deutschen Professor, der den Artikel gelesen hatte. Er nahm schriftlich den Hut ab vor mir und lud mich ein nach Hokkaido, so lange es mir gefällt. – Aber ich hatte Heimweh, und Hokkaido bedeutete eine gewisse Abweichung vom Heimweg. Ich wollte dem Professor schreiben, dass ich kommen werde, wenn es hier nicht weitergeht, aber ich kam nicht dazu, weil alles anders kam.

Zum zweiten Mal hatte meine Spur verfolgt Timm Bolte aus Düsseldorf. Timm hatte unterdessen auch seine Geschichte erlebt. Er war schiffsweise von Hongkong nach Japan gereist. Seine Reise hatte auf Deck begonnen und ging in einer Kabine weiter – durch Protektion. Timm ist nämlich bei Feuchtfröhlichen ein guter Mitspieler, was bei Knaben zuweilen zur Tugend werden kann. Der Kapitän hat trotzdem die Einfahrt ins japanische Binnenmeer gefunden. Timm war dann in Kobe ausgestiegen. Er hatte sich der dortigen Presse vorgestellt und dafür zweitausend Yen bekommen. Das ist nicht so viel, wie es tönt, aber man kann damit immerhin Eisenbahn fahren. Timm war nach Kioto gefahren. Dort wurde ihm erzählt, dass dieser Tage ein merkwürdiges Geschöpf in Hosen durch die Gegend gestrichen sei. – Jedenfalls war er jetzt in Tokio und wollte mich sehen. Timm hatte zu meinem Empfang die Presse eingeladen. Als ich gerührt auf ihn zukam, wurde ich gefühllos angeblitzt und dann von etwa zehn Reportern behandelt. Während der Behandlung wurde fortwährend weitergeblitzt, ich machte vor Schreck ganz schreckliche Gesichter. Zehnmal musste ich meine Geschichte erzählen. Jeder Reporter fragte mich nach dem Grund meiner Reise. Ich erfand immer neue Gründe am laufenden Band, zehnmal. In der Bestürzung vergaß ich vor dem zweiten Reporter, was ich dem ersten Reporter angegeben hatte. Nach vier Stunden waren zehn verschiedene Gründe für meine Reise vorhanden, tiefe und untiefe.

Timm seinerseits ist auch behandelt worden. Er war viel gescheiter gewesen als ich, mit seinen völkerverbindenden Gründen. Timm hatte der Presse in ergreifenden Worten seine ganze hohe Weltanschauung mitgeteilt, von der Brüderlichkeit und der Weltdemokratie.

Von jedem Pressemann bekam ich eine Visitenkarte, die auf der einen Seite leserlich und auf der anderen unleserlich bedruckt war. Zuallerletzt blieben Timm und ich allein übrig in einem Teehaus in Tokio. Wir tranken grünen Tee und aßen schönen Kuchen. Timm sprach von der Natur und vom Lagerfeuer. Er schaute durch mich hindurch und durch die Wand hinter mir: «Die Südsee – Bali – Borneo, alles werde ich sehen – die unberührte Natur, frei von Coca-Cola und Nylonstrümpfen – ich werde durch die Urwelt wandern und am Feuer sitzen mit dem Mann der Wildnis.» Jetzt schaute er nicht mehr durch mich hindurch: «Und du? Du bist um die Welt geeilt und hast nichts gesehen, höchstens Zivilisation. Weshalb bist du hier – zieht es dich nicht in die Wildnis?» Ich hatte darauf nicht viel zu sagen, Timm hatte recht – in jedem Land hatte ich ungefähr den hässlichsten Ort und nur die geistige Wildnis erlebt. Ich sagte zu Timm, dass es eben zwei Arten von Leuten gebe und dass es nicht so gemeint sei, auch wenn ich im Moment Hosen trage. Und dann sagte Timm, dass es schon lange über ihn gekommen sei – nicht die Welt – nur ich. Timm, den Wanderer, erfasste auf einmal die Häuslichkeit, und er stellte mir die Frage auf Leben und Tod. Ich hatte diese Wendung schon lange kommen sehen, obwohl Timm dachte, er hätte gut gespielt. Ich sagte nein. Wir wurden beide traurig.

Ich habe dann nichts mehr von Timm Bolte gehört. Er hat meine Spur aufgegeben. Wo er wohl heute ist?

Am nächsten Tag war ich in der japanischen Presse zu lesen. Ich sah schreckliche Bilder von mir, aber ich wusste nicht, was darunter stand, es sagte einer zu mir, ich müsse halt von rechts oben nach links herunterlesen. Immerhin wurde mir gezeigt, von wo bis wo mein Name stand.

Durch die Zeitung lernte ich Paula kennen. Paula ist mit einem amerikanischen Offizier verheiratet, aber sie kam einmal aus Wien. Mit Paula und ihrem Mann traf ich ihre Freundin Käthe mit ihrem Mann, die dasselbe Schicksal ereilt hat wie Paula. Diese vier Leute luden mich einmal zum Nachtessen und zu einem Basketballmatch ein.

Aus Mitgefühl nahmen meine neuen Freunde Anstoß an meinen Schuhen. Einmal waren meine Schuhe Lackschuhe gewesen, ich hatte sie seit sieben Monaten getragen. Im Lauf der Hitze, der Kälte und des Schnees hatten sie sich stark verändert. Der Schnee hatte meine Schuhe schließlich zu einem Schwamm gemacht, den ich eines Abends zum Trocknen auf den Feuertopf gestellt hatte. Am anderen Morgen waren die Schuhe um fünf Nummern eingegangen. Ich trug sie trotzdem, denn sie gingen beim Tragen wieder auseinander, allerdings auf Kosten der Mitte, die unten nicht mehr war. Paula schenkte mir ein Paar neue Strapazierschuhe. Ich sah merkwürdig aus in jenen Schuhen. Später habe ich sie einer Frau geschenkt, die Plattfüße hat.

Einmal fragte mich Käthe, ob ich gut wohne. «Wenn Sie keine Unterkunft hätten, dann könnten Sie immer bei uns wohnen», sagte sie. Als ich dies vernommen hatte, ging ich voll Freuden zu Mr Michelson und teilte ihm mit, dass ich nun endlich ausziehen werde. Das alte Strahlen kam wieder in sein Gesicht.

Jetzt erst fragte ich Käthe, ob ich nun bei ihr wohnen könnte. Die arme Käthe erschrak und stotterte: «Es wird doch eigentlich nicht so gut gehen, weißt du, es ist so eng bei uns.»

Es war eine eiskalte Nacht – ich ging eine Weile auf der Straße auf und ab. Als die Buben anfingen, mir nachzuschauen, lief ich dem Bahnhof zu. Mit der Zeit drang mir das Klima bis auf die Haut. Schließlich trat ich den beschämenden Weg ins Papierhäuschen an. Mr Michelson strahlte nicht mehr, als ich ihn um eine letzte Nacht bat. Gequält ließ er mich ein, wünschte gute Nacht und verschwand in seinen Gemächern. Vor meiner Türe lag am anderen Morgen ein Brief: «Ich bin verreist nach Kobe – wünsche gute Weiterfahrt – Ihr Thomas Michelson.» Die alte kleine Köchin aus Peking, die mich bisher überaus geschätzt hatte, trat nun keifend auf mich zu und jagte mich aus dem Haus. Es war ein trauriger Sonntag, und ein kalter. Ich fror noch viel mehr, wenn ich an mich dachte. Am Bahnhof stellte ich mein Säcklein ein. Mit der Zahnbürste in der Hand ging ich auf die Suche nach einem Bett. Ich dachte, dass im Presseklub vielleicht bekannte Gesichter auftauchen könnten, und wartete deshalb eine Weile dort – auch wegen des Ofens. Es erschien aber niemand. Ins christliche Mädchenheim konnte ich nicht gehen, denn die Christen sind teuer – die Buddhisten sind viel billiger.

Als es Abend wurde, ging ich zu den Buddhisten in einen Tempel, weit draußen am Stadtrand. Da lebte ein Priester, der Englisch sprach. Mit diesem Priester sprach ich zwei Stunden lang über vieles in der Welt, vor allem natürlich über die Kunst. Der Mann zeigte mir zwei wertvolle Kakimonos. Ich sagte zwar, sie seien wunderschön, aber ich bekam sie trotzdem nicht.

Als wir zuletzt auf die Religion kamen, da fiel ich mir selber wieder ein, und ich fragte den Priester, ob ich über Nacht im Tempel bleiben dürfte. Er erschrak ein wenig, aber ich durfte bleiben. Ich schlief innerhalb von vier Schiebewänden, auf dem mit Decken belegten Boden. Die Frau des Priesters brachte mir einen Kimono als Hausrock und Nachthemd.

Die Nacht am Boden war kühl. Ich unterbrach sie durch gelegentliche Gesundheitsgymnastik.

Als ich mich am anderen Morgen verabschiedete, bekam ich zwei Puppen von der Hausfrau. Ich schämte mich, weil ich nichts zu schenken hatte. Ich konnte ihr doch nicht meine Zahnbürste schenken!

Das Eis klirrte unter meinen Strapazierschuhen, als ich am nächsten Morgen entschlossen der Stadt zuwanderte. Es muss jetzt einen Weg geben, dachte ich. Wenn ich morgen auf dem Ozean nicht Kohlen schaufeln darf, dann fahre ich zum deutschen Professor nach Hokkaido und nie, nie mehr einen Schritt weiter. Ich ging direkt auf Mr Trewman bei der Firma

Dodwell los, er war meine letzte Hoffnung. «Sie sind unterdessen berühmt geworden, Miss von Arx.» – «In der Zeitung stehen bedeutet noch lange keine Schiffskarte, Mr Trewman.» – «Miss von Arx, es muss nun einen Weg geben. Tun Sie genau, was ich Ihnen sage. Sie gehen ins Tenno-Hotel und treffen dort Mrs Bergen, das ist eine liebe alte Dame aus Norwegen. Um elf Uhr fahren Sie mit Mrs Bergen in unserem Auto nach Yokohama zum Hafen, da liegt unser Wilhelmsen-Schiff, das heute Abend nach San Francisco fährt. Sie gehen mit Mrs Bergen zum Kapitän der ‹Tungus› und fragen ihn, ob er Sie als Stewardess mitnehmen kann. Mrs Bergen selber ist Passagier, sie wird für Sie sprechen, denn sie ist eine Freundin der Familie Wilhelmsen. – Viel Glück.» Ich tat nun genau, wie ich geheißen worden war. Mrs Bergen war so eine liebe alte Dame, wie ich auch einmal eine werden möchte. Sie kannte die Frau Wilhelmsen vom norwegischen Frauenverein her. Ich half ihr die Koffer verschließen und ging ihr nach ins Auto.

Während der Fahrt schaute sie oft zu mir herüber. «Sie sind so blass», sagte sie dann. Mrs Bergen selber war aber auch blass. Sie rauchte in einer Stunde ein Paket Zigaretten, was sie sonst nie tut – sie zündete jede Zigarette an und warf sie nach einem Zug aus dem Fenster. Ich kaute Kaugummi, was ich sonst auch nie tue.

Es war zwölf Uhr, als wir auf das hohe Schiff zufuhren. Mrs Bergen legte ihre Hand auf meinen Arm. «Es wird schon gutgehen – Mut, mein Kind.»

Als wir die Kabine des Kapitäns betraten, redete Mrs Bergen Norwegisch mit ihm. Er schüttelte jetzt den Kopf – ich hielt mich fest an einem Stuhl, die Strapazierschuhe reichten nicht mehr zum Stehen. Der Kapitän drehte den Kopf zu mir:

«Es tut mir leid – als Stewardess dürfen Sie in Amerika das Schiff nicht verlassen.» Ich hielt mich am Tisch. Jetzt stand ein Mann auf, der bis jetzt still in einer Ecke gesessen hatte: «Kapitän, ein Passagier hat soeben abgesagt.» Mich fragte er: «Darf ich Ihren Pass sehen?» – Ja, das Visum wäre in Ordnung. Der Kapitän ging hinaus. «Ich bin Agent von Dodwell in Yokohama», sagte der Mann zu mir, und: «Sagen Sie gar nichts, wenn er hereinkommt – ich kenne diese Norweger.» Mrs Bergen lächelte bleich und zitterte – um mich. Der Kapitän kam herein: «Können Sie mir einen Brief von Mr Trewman verschaffen, der mich deckt?» – «Ich werde Mr Trewman unterdessen informieren», rief mir der Agent noch nach – ich war schon auf dem schnellsten Weg nach Tokio.

«Der Ball wird von einem zum anderen geworfen, einer muss ihn schließlich auffangen», sprach Mr Trewman. Die Sekretärin, die ihren Chef einst vor mir beschützen wollte, musste einen langen Brief an den Kapitän schreiben, und eine Schiffskarte ausfüllen, worauf stand: Preis laut Vereinbarung.

Ich konnte nichts sagen, als Mr Trewman mir das Papier in die Hand drückte. «Gute Reise – und sagen Sie es dafür der Presse.» Vor dem Hause Dodwell & Co. in Tokio stand ich mit Wasser in den Augen – niemand sah es.

Auf acht Sitzen breitete ich mich aus im Zug von Tokio nach Yokohama. Es fuhr sonst niemand erster Klasse.

«Gut», sagte der Kapitän, als er den Brief gelesen hatte. Schon lange nicht mehr war es mir passiert, aber jetzt wäre ich gerne dem Kapitän um den Hals gefallen. Ich beherrschte mich, denn ich hätte ihn doch nur erschreckt – Norweger sind in dieser Beziehung nicht so geistesgegenwärtig.

Der Steward kam und brachte mein Gepäck in die Kabine 6.

Ich erzählte noch schnell in einigen Briefen an die japanische Presse, wie glücklich es mir ergangen war.

Nachts in meiner Kabine konnte ich kein Auge schließen. Es war zu viel des Guten auf einmal, ich konnte es überhaupt noch nicht recht glauben. Solange das Schiff nicht fuhr, wälzte ich mich unruhig auf meinem Lager herum. Manchmal machte ich einen Knopf in mein Nachthemd, zog darüber den Mantel an und ging hinaus auf Deck.

Schneestaub wirbelte im Wind. Die ganze Nacht lang wurden große Thunfische geladen, denn wir waren nebenbei noch ein Frachtschiff. Die Fische waren gefroren und klirrten, wenn sie unten im Schiffsbauch auffielen. Männer mit flachen Gesichtern stapften auf den Fischen herum – die letzten fremden Gesichter.

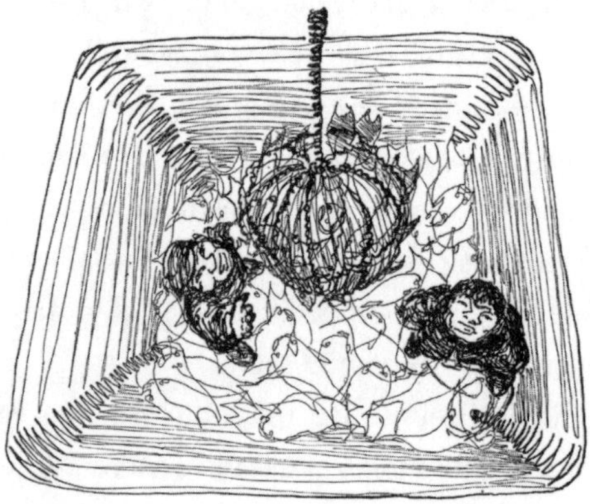

Beim Frühstück hörte ich etwas: Der Anker wurde aus dem Fernen Osten gezogen. Jetzt fuhr ich wirklich auf dem Schiff, als seltener Fall in der Geschichte der Navigation.

Einundzwanzigstes Kapitel

Zwei Wochen dauerte die Überfahrt. Sie hätte eigentlich zwei Tage weniger lang dauern sollen, aber der Kapitän machte einen südlichen Umweg, weil das Wasser weiter nördlich etwas unbequem sein soll. Mir war es recht so. Ich hatte eine Kabine und alles was dazugehört ganz allein für mich. Ich saß stundenlang auf Vorrat unter der Dusche, und ich aß auf Vorrat. Einmal, beim Essen, teilte der Kapitän der Tafelrunde mit, dass er jetzt eine Insel suche, um einen Passagier abzusetzen, der Koch hätte ihm nämlich mitgeteilt, dass sich zu wenig Proviant an Bord befinde. Ein andermal fragte mich der Kapitän, ob ich mir einbilde, dass ich umsonst an Bord leben dürfe. «Morgen werden Sie mit einem Farbtopf an einem Seil dort vorne an der Schiffswand hinuntergelassen – wir wollen eine Meerjungfrau an den Bug gemalt haben.»

Auf diese leichtfertige Redensart hin stahl ich im Maschinenraum einen Topf weißer Farbe und einen Pinsel. Ich schlich damit in finsterer Nacht hinaus auf das Deck und fing an zu malen – nicht an die Außenwand –, es war ein wenig unruhig im Wasser unten. Ich malte auf den Deckboden. Die Nacht war schwarz und böse. Ich sah nichts als meinen Farbtopf, und die weiße Pinselspitze, die ich nun ins Schwarze bohrte. Ein weißer Strich entstand, das war der Arm meiner Meerjungfrau. Währenddem ich meinen Strich mit Wohlgefallen betrachtete, löste er sich wieder auf, wie Zigarettenrauch in der Luft. Es regnete von oben herunter und schäumte von der Seite herauf. Der Boden war unstet und manchmal so schief, dass ich mich an meinem Farbtopf halten musste. Der Farbtopf war aber ein trügerischer Halt, er fiel bei einer Schwankung mit mir zu Boden. Die Farbe ergoss sich in einem dicken Strom über das Deck und über mich. Aber ich tauchte wieder aus der Farbe heraus und malte auf der anderen Seite, gerade unter dem Fenster des Kapitäns, eine Meerjungfrau von fünf Meter Länge.

Die angeschwemmte Meerjungfer brachte Unruhe auf das Schiff. Ich hörte es von meiner Kabine aus draußen auf und ab gehen, lachen und schwatzen. Um drei Uhr nachmittags konnte ich vor Lärm einfach nicht mehr schlafen. Als ich halb im Traum vor meine Türe trat, kam die Mrs Miller aufgeregt auf mich zu: «Ich muss Ihnen etwas zeigen – kommen Sie schnell.» Sie zog mich hinaus. Doch das Deck war tiefschwarz frisch gestrichen – eine von uns hatte geträumt …

In der Gegend von Hawaii, als das Meer sich beruhigte, las ich ein Buch über Japan, das ganz anders geschrieben war, als ich Japan erlebt hatte. Ich weiß nun nicht, wer über Japan lügt, das Buch oder ich.

Unter den zwölf Passagieren reiste eine Missionarin mit ihrer vierjährigen Adoptivtochter, die Zöpfe und einen keuschen Rock bis über die Knie trug. Die Missionarin erzählte oft, wie schön und edel Indien sei. Ich wagte einmal den Einwand, dass ich an einigen unedlen Erinnerungen an Indien leide. «Kein Wunder», erklärte sie darauf, «Sie mit kurzgeschnittenen Haaren in Indien – wie kann ein indischer Mensch Sie respektieren – und in Hosen – Sie waren wie eine Ohrfeige für das indische sittliche Gefühl. Ich kenne das Land, ich war acht Jahre lang in Indien bei der Mission.» Ich glaube, die Missionarin hatte leider recht. Ein anderer Passagier war der zwölfjährige Samy, der mich oft fotografierte, nicht weil ich ihm gefiel, sondern für den Fall, dass ich einmal berühmt werden würde. Samys Mutter trug zweiunddreißig silberne Armreifen. Ich trug zwei blaue Armreifen, nach denen sie sich sehnte. Ich wollte sie ihr schenken, aber es gelang mir nicht – ich musste leider dafür zehn Dollar annehmen, obwohl ich ihr immer wieder erklärte, dass der blaue Tand überhaupt nichts wert sei.

Nach dem elften Tag an Bord hörte man am Radio die Nachrichten aus New York. Die Passagiere traf man jetzt nur noch beim Essen. Man packte tagsüber Schrankkoffer. Ich packte mein Säcklein, das im Lauf der Monate ein Sack geworden war.

Allmählich bekam ich Landungssorgen. Jeder Passagier gab mir einen guten Ratschlag. Die Missionarin riet mir den lieben Gott, sie brauchte mir ihn zwar gar nicht erst zu raten. Mrs Bergen riet mir einen Vortrag beim amerikanischen Frauenverein.

In der vierzehnten Nacht stand ich draußen am Anfang des Schiffes und schaute ins Schwarze. Ich fragte den Kapitän, ob er San Francisco wohl finden werde. Er fand es tatsächlich.

Ein Auto fuhr auf dem Goldenen Tor und blieb nicht einmal stehen, als wir unten durchfuhren. Das erste Haus, das ich sah, war das Gefängnis. Auf einer Insel stand es, beleuchtet und groß genug für eine Stadt. Auf der anderen Seite dagegen standen kleine aufgestellte Zündholzschachteln oder Wolkenkratzer. Ernst und feierlich vollzog sich der Einzug der Einwanderungsbehörden auf das Schiff. Der Mann, der mich einwandern ließ, hatte weiße Haare und ein sorgenfreies Gesicht. Ich hatte mich vor ihm gefürchtet, aber er fragte mich nicht, wie viel Geld ich auf mir trage.

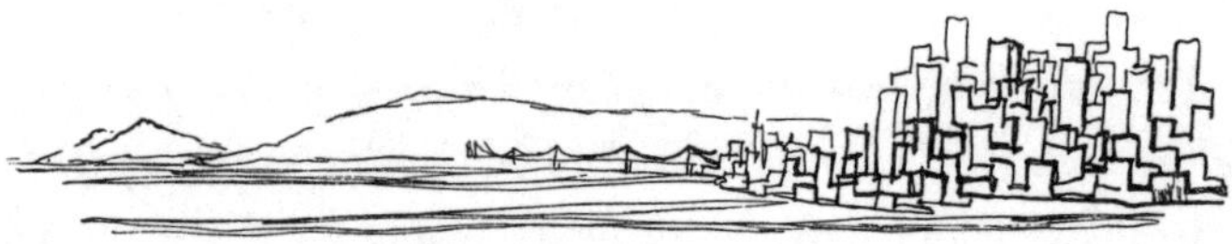

Zweiundzwanzigstes Kapitel

Auf diesem Erdteil war ich nun nicht mehr einfach etwas Weibliches, sondern ein selber denkender Mensch, ohne dass das Weibliche zu kurz kam. «Hello, Honey», rief es mir zu von links und rechts – das waren die freundlichen Dockarbeiter, weiße Männer, die Lasten trugen, erstaunlich, so etwas. Ich lächelte nach allen Seiten.

Von jeder Last war ich jetzt befreit. Nur eine indische Tasche mit meinem Nachthemd darin hing mir an der Schulter. In der Hand trug ich das Ukelele und meine Bilder, die in einen alten Schiffsvorhang eingewickelt waren. Mein Säcklein fuhr auf dem Schiff ohne mich unten herum nach New York.

Ich schwankte etwas beim Gehen, weil ich das Schwanken vom Schiff her gewohnt war. Die anderen vom Schiff schwankten im Auto weiter.

«Hello, Honey», rief ein Chauffeur aus einem Lastwagen. Ich lief auf ihn zu und sagte zu ihm, er soll doch mit mir zur Zeitung fahren. «Steig ein, Honey, aber schnell.» Während der Fahrt sagte er: «Ich bin der Joe», und schenkte mir einen Kaugummi. «Hast du Schulferien, Baby?» – «Der Lehrer ist heute krank, Joe.» Vor der Zeitung «San Francisco Examiner» stieg ich aus. In einem goldenen Lift fuhr ich in die Redaktion. «Wir brauchen heute keine neuen Geschichten», erklärte die Redaktionssekretärin in einem Ton, als ob sie einmal Vizekonsulin gewesen wäre, und sie zeigte mir den Ausgang.

Die Straße war tief wie eine Schlucht. Ganz weit oben schien die Sonne. Wegen dieser Sonne trug ein Neger unten in der Schlucht einen gelben Strohhut.

Es war eigentlich ziemlich kalt. Ich werde jetzt gleich nach Süden fahren, wo es wärmer ist, dachte ich, vielleicht ist die Zeitung dort auch wärmer. Ich schaute allen Autos nach, weil ich lieber gefahren wäre als gegangen. Dies ahnte ein ganz schwarzer Neger in einem gelben Auto. Der fragte mich, ob ich fahren möchte. Ich las auf seinem Auto: «Freundliche Taxi-Gesellschaft». Vielleicht ist diese Aufschrift richtig, dachte ich und stieg ein.

«Ich möchte für fünfundzwanzig Cents fahren – bis zur Autostraße nach Hollywood – oder nein – lieber ins allerbilligste Hotel.» Joseph, so hieß der Neger, fuhr lange durch die Stadt – ich rechnete –, zuletzt fuhr er an Holzhäusern vorbei und blieb schließlich vor einem Hotel stehen. «Kostet nichts, Lady, du bist meine kleine Schwester.»

Vor dem Hotel stand ein dicker Neger, und drinnen auch einer. Joseph sprach mit diesem, und ich wurde in ein Zimmer geführt, ohne dass ich überhaupt etwas gesagt hatte. Ich ließ mich führen. Man darf nie undankbar sein, dachte ich.

Joseph wartete vor dem Hotel, und als ich herauskam,

führte er mich zum «San Francisco Chronicle», das ist eine Zeitung. «Ich werde Lady am Abend abholen.» – «Ist nicht nötig, Joseph.» – «Du wirst dein Hotel nicht finden, Lady.» – Man darf nicht undankbar sein, dachte ich schon wieder. «Lady, kommst du in die Zeitung?» – «Vielleicht, Joseph.» – «Dann musst du in die Zeitung schreiben, dass du mit der Freundlichen Taxi-Gesellschaft gefahren bist.»

Der «San Francisco Chronicle» ist eine gute Zeitung, denn meine Geschichte wurde freudig aufgenommen. Ein Mädchen veranstaltete mit mir ein langes Interview. Es war recht schwierig, ihr zu antworten. «Erzähle mir das sensationellste Abenteuer auf deiner Reise? – Warst du im Harem? – Bist du nie verschleppt worden? – Wie viele Heiratsanträge hast du bekommen während deiner Reise?» Letztere Frage beantwortete ich etwa so: «Ich habe sie nicht gezählt, sie waren ohnehin alle von schlechter Qualität, es zählt ja doch nur einer im Leben.»

«Hast du jetzt – Geld?» – «Ja, nicht viel, aber für heute und morgen Vormittag reicht es.» Zuletzt musste ich ein Bein auf den Stuhl stellen und lachen dazu, daraus entstand eine Fotografie. Als alles vorüber war, trank ich nebenan in der Picknick-Bar Kaffee. Mimi, das Fräulein von der Bar, brachte mir ein Stück Apfeltorte. «Ich habe das nicht bestellt, Fräulein», sagte ich. «Nimm es, der Soldat da drüben, der Johnny, hat es für dich bestellt.» Ich hatte nichts gegen Apfeltorte – und man darf nicht undankbar sein.

Nach der Apfeltorte brachte mir Mimi den Johnny. Die Haare standen ihm zu Berge und bildeten zuoberst eine Art Hochplateau. Johnny wusste nicht, was er sagen soll, das Fräulein musste ihm ein wenig helfen, ausgerechnet das Fräulein – die Mimi aus der Innerschweiz … Johnny wollte getröstet werden, weil er morgen nach Japan einrücken sollte. Als Mimi und ich mitten im Trösten waren, da kam herein ins Kaffeehaus und auf mich zu der schwarze Joseph. «Ich komme gleich, Joseph», sagte ich. – «Gut, Lady, ich warte draußen.»

Währenddem Joseph sich entfernte, schaute mich Johnny an und hob die Augenbrauen fast bis zum Hochplateau. «Mein Chauffeur», erklärte ich. Der Mimi erzählte ich von dem schwarzen Joseph auf Schweizerdeutsch. «Geh nicht mit ihm», sagte sie, «der ist von der Unterwelt – du kannst bei mir schlafen, geh nicht hinaus.» Aber ich musste doch hinausgehen. Wenn Joseph von der Unterwelt ist, dann bin ich auch hier drinnen nicht sicher, und ich muss hinausgehen wegen meiner heilen Haut. Wenn er nicht von der Unterwelt ist, dann soll ich wegen der Dankbarkeit hinausgehen. – Und überhaupt, es kann mir ja nichts geschehen, ich weiß es.

Der gute Joseph schenkte mir eine Tafel Schokolade, als ich herauskam, und er freute sich so über sein Geschenk, dass er von einem Ohr zum andern grinste. Ich war beschämt wegen

der Unterwelt. Mit viel Überwindung log ich ihn an, dass ich noch heute weiterfahren müsse, und nur jetzt schnell ins Hotel fahren wolle, um meine Sachen zu holen. Joseph machte große runde Augen. «Lady, es ist gefährlich, in der Nacht zu reisen, weißt du, was Gangster sind? Solche gibt es hier.»

Mein Hotelzimmer wäre so weit recht gewesen, nur der Kasten ließ sich nicht schließen, und die Waschschüssel hatte einen Sprung. Ich holte an jenem Abend nur meine Sachen und wollte das Zimmer gleich verlassen. – Die Türklinke gab nicht nach – ich drückte noch einmal, ich zog und stieß – die Türe blieb verschlossen. Das ist die Unterwelt, dachte ich.

«Jetzt ist es aus mit mir – leider.» Ich stürzte zum Fenster – es ging in einen Lichtschacht – Mauern – tief unten schwarz. Da – das Telefon. «Hallo – please Miss, die Türe geht nicht auf.» – «Oh, es kommt gleich jemand hinauf.» – «Danke.»

Der Diener kam und öffnete von außen – hinter ihm der Joseph. «O arme Lady, hast du Angst gehabt? Ich bin kein Gangster, Lady, ich bin doch der große Bruder.» Joseph klopfte mir beruhigend auf die Schulter. Dann führte er mich wieder in die Stadt. «Nimm das, Lady.» Joseph drückte mir einen Papierbeutel in die Hand. «Bubble Bath» stand darauf. «Wenn du müde bist, dann streue es in dein Bad. Nach dem Bad bist du nicht mehr müde. You is nice Lady, bye-bye.»

Gegen Erzählung meiner Geschichte übernachtete ich bei der Mimi und ihrer Freundin. Wir schliefen alle drei in einem großen Bett, das am Tag auf dem Kopfende steht und als Wand dient. Am nächsten Morgen schickte ich dem Joseph ein Wasserfarbenbild, und dann begann ich meinen Weg von San Francisco nach Hollywood. Die Strecke ist achthundert Kilometer lang.

Am Anfang der Autostraße stand auf einem Großplakat: «Ein feines Begräbnis für sechzig Dollar». Ich begann den Weg zu Fuß, es hielt aber bald einer und nahm mich mit.

Nach den ersten dreißig Kilometern war es Mittag. Weitere hundert Kilometer nahm mich ein Neger mit, und dann einer aus Honolulu.

In einem kleinen Ort stieg ich aus jenem Auto und trank Kaffee in der Kaffeebar «Switzerland». Ein merkwürdiges Lokal war das «Switzerland». Außer mir saßen darin drei alte Cowboys, die würfelten. Manchmal verirrte sich ein Huhn ins Lokal. Eine Katze lag auf dem Eisenofen in der Ecke. Ich saß auf einem hinkenden Stuhl. Die Wirtin hatte ein Glas Schnaps vor sich und strickte. Sie konnte gebrochen Schweizerdeutsch und gebrochen Englisch sprechen. An der Wand hing ein Coca-Cola-Mädchen und eine plastische Schweizer Berglandschaft.

Das nächste Auto war weiß und schwarz. Der Mann darin nahm mich nicht mit, sondern wollte meinen Pass sehen. Er fragte mich, warum ich da sei. Auf seinem Auto stand über einem Wappen: Kaliforn. Polizei, gegründet 1877. Die letzten fünfhundert Kilometer wurde ich in vier Stunden gefahren.

Ich übernachtete am Stadtrand von Los Angeles in einem Motel. Das ist ein Hotel, wo man mit dem Auto fast bis ins Schlafzimmer fahren kann. Früh am nächsten Morgen wanderte ich auf dem Sunset-Boulevard in Hollywood. Es war fast wie zu Hause, aber nur fast. Alte Schlosstürme sah ich und ein echt russisches Dorf. Die kalifornischen Barockengel leiden an den Beinen etwas unter der Hollywood-Kur,

aber das Leiden stört weiter nicht, wer nichts weiß, der merkt nichts.

Im größten Haus von Hollywood wird ferngesehen. In jenes Haus ging ich hinein und suchte einen Chef. Ich kam aber nicht bis zum Chef, sondern bis zu Peggy Stewart. Man muss wissen, dass es in Kalifornien etwa nicht auf die Herren, sondern auf die Damen ankommt. Braucht man etwas, so wende man sich an die Sekretärin und nicht an den Chef, der Chef hört ohnehin nur auf die Sekretärin.

Ich fragte also die schöne Peggy Stewart, ob ich heute am Fernsehen Rätselraten oder singen darf, weil ich es nötig habe. «Das geht nicht so schnell, Honey, wer bist du denn?» Ich gab ihr zu lesen, was die «Nippon Times» über mich geschrieben hatte. Nachher musste ich kein Wort mehr dazutun.

«Katharina, du bist eine Sensation», sagte die Peggy und nahm meinen Fall in vehementer Weise in die Hand. Zuerst musste ich in einem großen Hohlraum vor vier Personen ein Lied singen. Das war schrecklich, der Atem war mir dabei einmal am Ausgehen, gerade im gemütvollsten Teil des Liedes, aber Peggy gefiel das Lied trotzdem, sie sagte es wenigstens.

Ich hatte dann in Peggys Büro zu warten, bis auf weiteres. Es gingen da allerlei fröhliche Leute ein und aus. Ein platinblondes Mädchen kam herein und fragte Peggy, ob sie ein Strumpf-, Haar- oder Zahnmodel brauche. «Ja», sagte die Peggy, «aber bring zuerst schnell die Katharina zur Zeitung und dann zu mir nach Hause.»

So kam ich zur Zeitung, dem «Hollywooder Bürgerblatt». Ich wurde dort von einem Mann erwartet, der mich nun absonderliche Dinge fragte: Wie viele Kilometer ich zu Fuß zurückgelegt habe – wie schwer ich sei, und was ich über die

Politik und die Männer denke. Es kam ein Fotograf und stellte mich in rassiger Weise auf zum Bild.

Später wurde ich weitergeführt zu Nell Chandler und dann zu «John Guedel-Productions», die alle irgendwie mit der Television zusammenhängen. Überall musste ich lächeln und in zwei Zügen meine Geschichte erzählen, ich wusste nicht genau, weshalb, die Peggy wusste alles, sie hatte meine Fäden in die Hand genommen, und ich ließ mich leben. Das Selberleben ist auf die Dauer ohnehin etwas ermüdend.

In Peggys Dreizimmerhaus konnte ich nun wohnen und warten. Tagsüber war ich allein. Wenn ich hungrig wurde, konnte ich aus dem Eiskasten gefrorenen Kuchen oder Gefriererbsen schöpfen, die ich, wie sie waren, einfach wärmen konnte. Was ich nicht ansehen oder essen wollte, das verschwand bei Druck auf einen Knopf in einem Loch. In den ersten zwei Tagen hatte ich außer dem Drücken von Knöpfen keine Beschäftigung.

Dann aber kam Pat, Peggys Freundin, und bat Peggy, mich ein paar Tage bei ihr wohnen zu lassen. Peggy erlaubte es, und ich zog zu Pat.

Früher hatte Pat bei einer Wanderbühne Komödie und Varieté gespielt. Auch heute noch spielt Pat, aber nur für sich selbst in ihrer kleinen Wohnung. Wenn sie telefoniert, macht sie große runde Kulleraugen, oder sie lächelt strahlend, wie wenn er es sehen würde. Die Hausarbeiten verrichtet Pat in einer Schürze mit vielen Rüschen und – zur Pflege der Haltung – mit Büchern auf dem Kopf.

Pats privatester Augenblick ist an jedem fünften Tag die Erhaltung des Perlblondes in ihren Haaren. Vor der Prozedur entfernt sie die Augenbrauen und legt die Wimpern ab. Nach vielen Waschungen legt sie die Haare in etwa fünfzehn Büschel, die senkrecht vom Kopf wegstehen, wie die Spieße eines Morgensterns.

Pats Wohnung ist in Dunkelgrau und Rosa gehalten, das passt zu ihrer Haarfarbe.

In jener Zeit stand ganz Kalifornien und somit auch Pat unter dem überwältigenden Eindruck der fliegenden Teller und der Erscheinung der Marsmenschen, die unerkannt unter den Sterblichen wandeln sollten. Einmal erzählte ich Pat, dass man glaubt, man sei auf dem Mars angesichts der goldenen Pagode von Rangun. Pat erschrak und fragte mich: «Es ist etwas Merkwürdiges um dich, sag ehrlich, bist du ein Marsmensch?»

Pat lebte um ihres Gewichts willen von seltsamen Dingen. Als ich bei ihr wohnte, musste ich mithalten. Am ersten Tag gab sie mir neun Eier, drei Grapefruits und zwei Schalen schwarzen Kaffee zum Einnehmen. Am zweiten Tag war ich krank. So eine Kost hält ja nicht einmal ein Marsmensch aus. Pat war tief enttäuscht.

Einen ganzen Tag lang arbeitete Pat am Telefon für mich. Sie sprach mit allen Leuten, die mit Film, Fernsehen und Öffentlichkeit zusammenhängen. Ich ruhte mich unterdessen auf ihrem rosaroten Sofa von allem Durchstandenen aus und hörte im Halbschlaf, wie ich und meine Geschichte in kalifornischen Farben geschildert wurden. Aber es ist nicht so leicht, berühmt zu werden oder zu machen. Pat versuchte zuletzt nur noch, mich wenigstens so berühmt zu machen, dass es für eine Fluggesellschaft eine Ehre wäre, mich befördern zu dürfen. Beinahe hätte sie dies zustande gebracht, aber es scheiterte schließlich alles an höheren inneren Reibungen zwischen gewissen Flug- und gewissen Fernsehwelten.

Immerhin brachte Pat einen Schriftsteller ins Haus, der sich für meine Geschichte interessierte. Ich erzählte dem Schriftsteller einiges auf Tonband und einiges schriftlich. Er fand, dass ich in meiner Erzählung zu wenig aus mir herausgehe, und er stellte mir während der Tonbandaufnahme oft erstaunlich direkte Fragen. «Weißt du, Katharina», bemerkte die Pat einmal dazwischen, «gerade das, was du nicht sagen willst, das wollen die Leute lesen, und gerade das bringt Geld.»

Dem Schriftsteller fehlte auch der tiefere Grund meiner Reise, dass ich zum Beispiel ausgezogen wäre für den Frieden oder um fliegende Teller zu suchen. «Stille geistige Gründe interessieren den Leser nicht», sagte er. Der Schriftsteller schrieb trotz dieses Fehlens eine Geschichte.

Zum Glück ist sie aber nie in die Öffentlichkeit gedrungen, denn ich hatte es leichtsinnigerweise in des Schriftstellers Hand gelegt, Fehlendes zu ergänzen. Meine Gemälde, die ich ihm zur Veröffentlichung übergeben hatte, sind seither leider verschollen.

In der Zwischenzeit war ich im «Hollywooder Bürgerblatt» erschienen. Auf der Straße fragte mich ein fremder Mann, ob ich das Tramp-Girl aus der Zeitung sei. Außer diesem Mann reagierte ein südamerikanischer Buchhalter aus persönlichen Gründen auf die Zeitung, und dann noch Betty White vom Fernsehen aus geschäftlichen Gründen.

Betty White sendet jeden Dienstag ein Fernsehprogramm und macht für Kopfwehpulver oder elektrische Leintücher oder irgendetwas Reklame. In Amerika kann man nicht ohne Reklame fernsehen, weil nur die Reklamierten gerne eine Sendung bezahlen.

Am 2. März war die Produktion von Betty White zum ersten Mal in allen Staaten fernzusehen, und zwar unter meiner Mitwirkung. Zwei Stunden vor Beginn der Show hatte ich mich im Fernsehstudio einzufinden, zur äußerlichen Vorbereitung. Eine innerliche Vorbereitung wurde nicht für nötig befunden.

Ich kam nun in die Kur eines Schminkers. Es war ein harter Kampf in jener Schminkerei. Die Augenbrauen wollte man mir nehmen, und noch vieles. Zwei Stunden kämpfte ich um mich. «Ich wollte nur eine zivilisierte Person aus Ihnen machen», sagte der Schminker zu mir, und zum Assistenten: «Siehst du, die von drüben wissen noch nichts von der Kultur, die müssen noch viel lernen» – und wieder zu mir: «Wenn Sie einen Monat lang in meiner Behandlung wären, dann würde ich eine Miss aus Ihnen machen, Miss Coca-Cola oder so etwas. Sie sehen ja aus wie vom Land.» Er selber sah zwar auch aus wie vom Land, aber wie einer, der etwas zu plötzlich vom Land in die Stadt gekommen ist.

Stundenlang bemalte er mich mit allen Farben, hellbraun wurde mein Nasenrücken, dunkel die Nasenflügel und Backenknochen. Ich bekam plötzlich Kugelaugen und zweifarbige Lippen. Von weitem wirkte ich nicht übel, eben von fern gesehen – aber aus der Nähe sah ich nicht gerade seriös aus.

Ich trug eine neue Texashose, die Peggy mir geschenkt hat. Die Hose war steif wie ein Brett, so dass ich nur stehen konnte darin. Dazu trug ich eine gelbe Lederjoppe, mit grünen Glasperlen und Fransenverzierung, die aus der Zeit stammte, als Peggy beim Film Ranch-Reiterin spielte. Pat hatte einen breiten Gürtel gestiftet, auf dessen Schnalle ein riesiges goldenes Wappen mit Schwert und Krone weithin leuchtete.

So trat ich auf einen Wink hin auf. Betty White schritt aus einem leeren Türrahmen, der mitten im Saal stand, auf mich zu und stellte mich den Vereinigten Staaten vor.

Wir waren umringt von schwarzen Löchern, ich wusste gar nicht, in welches Loch ich blicken musste, damit ich dem amerikanischen Bürger und Fernseher ins Auge blickte. Etwas abseits stand ein Fernsehapparat, in dem ich mich spielen sah. Ich lächelte, weil Betty so komisch geschminkt war, und dann schaute ich schnell nach hinten auf das Fernsehbild, um zu sehen, wie ich im Fernsehen lächle. Aber o weh – ich schaute im Fernsehbild auch gerade nach hinten. Ich sah vor mir nur eine große schwarze Kugel, anscheinend der Kopf. Betty stieß mich mit dem Fuß, so dass ich wieder geradeaus blickte. Bettys Fuß wurde nicht ferngesehen. In den steifen Hosen kamen meine Knie gar nicht zum Schwanken. Im Übrigen braucht man viel mehr Nerven, um ohne Dach am Ende der Welt zu sitzen, als vor ein paar schwarzen Löchern zu erzählen, wie man ohne Dach gesessen war. «… und hast du keine Schwierigkeiten mit den Buben gehabt?» – «Ja, weißt du, Betty, mit den Buben hat man überall Schwierigkeiten, auch zu Hause. Die kalifornischen Buben sind eigentlich noch die gehorsamsten …» – «Dann gefällt es dir also bei uns?» – «O ja, Betty, denke dir, alle Leute rufen mich Honey …» Betty lachte. Auch die fünfzig Hausfrauen auf der Tribüne lachten, denn ein Mann stand vor der Tribüne und hielt eine Tafel vor die Zuschauerinnen, auf der stand: «Lache!» Zum Abschluss hatte ich ein französisches Lied zu singen.

Bei meinem Abtreten wurde die Tafel «Klatsche!» benützt, so dass mir ein frenetischer Applaus beschieden war.

Nach der Vorstellung dankte mir Betty und gratulierte mir für die Bewahrung der Ruhe. Ich bekam einen inoffiziellen ansehnlichen Unkostenbeitrag.

Neben dem Fernsehstudio steht die Lockheed-Constellation-Flugzeugfabrik. Weil ich gerade an der Fabrik vorbeiging, ging ich auch hinein.

Selbst in der Flugzeugfabrik zählt die Meinung der Sekretärin. «Miss Pearl Fless», sagte ich, «eure Flugzeuge sind berühmt, sogar bei uns. Wollt ihr nicht wieder einmal ein neues Flugzeug nach Europa liefern? Weißt du, ich möchte nämlich mitfahren.» – «Oh, bist du etwa der Globetrotter aus der Zeitung?» – «Ja, die bin ich.» – «Höre, Katharina, um den Zwanzigsten herum haben wir ein neues Flugzeug über Europa nach Pakistan zu liefern. Vielleicht kannst du mitfliegen bis Amsterdam – morgen werde ich dir Bescheid sagen.»

Pearl war wirklich eine Perle. Am nächsten Tag rief sie mich an: «Katharina, in zwei Wochen kannst du mit dem Lieferungsflug bis Amsterdam fliegen? Willst du von hier aus oder von New York aus fliegen?» – «Von New York aus», sagte ich. – «Katharina, du kannst auch bis Karachi weiterfliegen, wenn du willst.» – «Nein danke, Pearl, wirklich nicht, jene Gegend kenne ich schon ...»

Jetzt brauchte ich nur noch etwas, das mich möglichst bald nach New York bringen würde. Ich dachte eine Weile nach, und dann fuhr ich nach Los Angeles zum Redakteur der «Los Angeles Times». Ich bat ihn, etwas Freundliches über mich zu schreiben, damit ich nach New York mitgenommen werde. Tags darauf stand in der «Los Angeles Times» unter meinem Bild: «Schweizermädchen hier gestrandet», darunter in freundlichen Worten meine Geschichte und meine Adresse in Hollywood. Der Effekt auf diesen Artikel war unerhört. Einen ganzen Tag lang saß ich am Telefon und nahm Angebote entgegen. Unter anderem wollte mich einer mit einem Privatflugzeug nach New York fliegen. Drei Angebote für ein Flugbillett bekam ich, doch einer Ann Jones hatte ich bereits zugesagt, gegen eine Flugkarte an ihrem Fernsehprogramm «Hollywood on Television» mitzuwirken.

Vor dem Auftritt sagte Ann Jones nichts anderes zu mir als: «Merke dir, Katharina, die Flugkarte ist vor dem Publikum eine Überraschung für dich.»

Wieder saß ich mit braungemaltem Gesicht vor schwarzen Löchern. Ein junger Mann plauderte freundschaftlich mit mir. «... so, ja, und wie willst du nach New York kommen?» – «Oh, Bill, das weiß ich noch nicht – zu Fuß vielleicht.» – «Katharina, wir haben eine Überraschung für dich – du bekommst als Geschenk eine Flugkarte von der ‹Northamerican-Fluggesellschaft›, die zehn Millionen Flugmeilen ohne Unfall zurückgelegt hat.» Oh, wie ich da aufblühte. Ich machte Weihnachtsaugen und konnte kaum sprechen vor Freude.

Ann umarmte mich nach der Sendung vor Rührung über mein ergreifendes Spiel, und sie lud mich zum Nachtessen ein.

Am nächsten Tag hingegen hatte Anns menschliche Zuneigung ein jähes Ende gefunden, als ich sie schüchtern fragte, ob ich nicht erst am Samstag fliegen könnte, weil etwas dazwischengekommen sei. Die Handelskammer hätte am Freitag gerne ein Märchen mit mir inszeniert, das heißt, ich sollte vor den oberen fünfhundert Herren von Los Angeles meine Geschichte erzählen und die Herzen rühren. Der Chef von der Handelskammer hatte diesen großartigen Plan ausgedacht, damit mein Fortkommen im weitesten Sinn gesichert wäre. Der Plan scheiterte an der Ann, die in robuster Entrüstung ins Telefon hineinschrie: «Das ist einfach eine Frechheit, von Undank nicht zu sprechen – vielleicht geht das drüben, aber bei uns geht das nicht. Du ruinierst meine Stellung. Es weiß ganz Kalifornien, dass du am Mittwochabend verschwinden wirst. Am Mittwochnachmittag hast du noch einmal bei mir aufzutreten, und dann hast du zu verschwinden, du hast mich verstanden, nicht wahr?» Der Himmel dankt dem anständigen Weg, dachte ich und rüstete mich zur Abreise.

Am Dienstag wurde ich noch schnell von der Handelskammer zum Essen im Kleinen eingeladen. Ich erzählte dabei ein wenig, und ich musste recht schwierige Fragen über die Verbesserung der Welt beantworten. Zuletzt gab mir der Direktor der Handelskammer still einen Unkostenbeitrag, der von einem Fragesteller zum Dank für meine Antwort gespendet worden war.

Als ich nach jenem Ereignis an einer Haltestelle wartete, hielt nicht der Autobus, sondern etwas Kleineres neben mir, das mich mitnahm. Komisch genug, aber in jenem Auto saß ein junger Mann aus Wien, der Freund aller meiner Freunde.

Wie Wasser in der Wüste kam er mir vor.

Der Heimweg führte die Küste entlang. Die Sonne legte sich auf den Stillen Ozean. «... und trotzdem ist es schön hier, schau hinaus auf das Meer, bleibe doch hier, und erzähle mir immer weiter von Wien – ach Wien, es ist halt doch die einzige Stadt.» Aber die Ann Jones ...

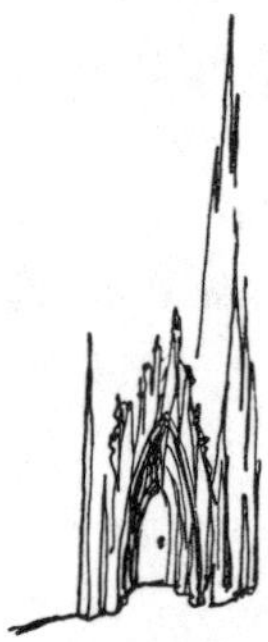

Bei der letzten Fahrt durch Los Angeles sah ich einen gotischen Kircheneingang – es war dann aber keine Kirche, sondern eine Bank.

In Los Angeles steht ein echtes Schweizerhaus, das Restaurant «Switzerland» mit Snackbar und Grill Room. Es gehört den Moserbuben, die man dort jodeln hören kann. Das «Switzerland» wirkt auch innen fast echt. Pferdeköpfe aus Bronze schauen aus der Wand, und Schweizerberge aus Papiermaché rufen im Herzen des gerührten Gastes das Heim- beziehungsweise Fernweh wach.

An meinem letzten Abend war ich im «Switzerland» von den Moserbuben eingeladen. Ich kam leider nicht davon, ohne zwei Lieder zu singen. Ich spielte zur Laute, der Moser Köbi im Appenzeller Samtwams handorgelte etwas Ungefähres hinter mir, und schmetterte seine Jodler zwischen meine Lieder.

Am Mittwoch war ich noch einmal fernzusehen. «Hollywooder Nachrichten» hieß die Sendung. Zuerst sang einer und zuckte seinen eigenen Takt mit den Schultern, dann sprach eine Frau über Schönheitscreme, zuletzt kam ich mit meiner Geschichte. Ich wusste von nichts, ich erzählte einfach. Plötzlich kam ganz unerwartet wieder die gewisse Frage: «Und wie kommst du nach New York, Katharina?» Ich merkte rechtzeitig, was zu spielen war. Die Flugkarte wurde mir noch einmal verkündet. Wieder die Weihnachtsaugen und der freudige Schreck. Jetzt aber kam es anders. Vor meinen staunenden ferngesehenen Augen rollte ein märchenhafter Tisch heran. – «Katharina, dieses Kleid aus knitterfreiem Waschtweed», sagte der Fragesteller, «schenkt dir das Modegeschäft Carmen, am Broadway 5876. Schuhe und Tasche sind vom Sally-Schuhgeschäft, an der 6th Avenue … und da sind Perlen für dich, die letzte Neuheit der Pearl Company in Chicago.»

Am meisten staunte ich über Ann, die das alles für mich inszeniert hatte. Nach der Sendung lief ich zu ihr hinaus. Wir waren wieder versöhnt.

Spät am Abend führte mich Ann zum Flugplatz. Peggy fuhr auch mit. Wieder ein Abschied für immer, wie schon so oft.

Dreiundzwanzigstes Kapitel

Aus einem Loch in einer Wand kam Rauch. Um das Loch war ein Mund und um den Mund ein Männerkopf gemalt, und eine Hand, die eine Zigarette hielt. Rauche Camel, stand darunter. Hoch über dem Tal flog ein roter Vogel auf und nieder. Alle zehn Sekunden ließ der Vogel ein blaues Ei fallen. Aber kein blaues Ei ist je unten auf dem Broadway in New York aufgefallen, es ist nur ein Ei aus Glühbirnen.

Durch das Tal von Licht, das Broadway heißt, fuhr ich zum ersten Mal im Flugplatzauto. Die anderen Passagiere waren bis vor ihre Türen geführt worden, ich war noch übrig geblieben. «Und wo willst du hin, Mädchen?» – «Ich weiß eigentlich nicht.» – «Woher bist du?» – «Nicht von hier.» – «Warum bist du da?» – «Ich bin auf dem Weg nach Hause.» – «Was soll ich tun mit dir? Ich muss jetzt zum Flugplatz zurückfahren.» – «Ich fahre auch mit.» Und ich fuhr mit Nino, dem Chauffeur, wieder zum Flugplatz. Nino führte mich zu Emil, das ist sein Chef. Emil fragte mich: «Hast du Geld?» – «Nicht viel.» – «Nino, führe sie ins King-Edward-Hotel. Mein Freund ist dort Chef. Sag ihm, er soll diesem Mädchen für eine Nacht ein Zimmer geben», und zu mir: «Morgen wirst du eine Arbeit finden, nicht wahr?»

Am Weg in die Stadt bekam ich von Nino Kaffee und Apfelkuchen. Wir fuhren durch den Hafen zurück, und Nino holte dort noch mein altes Säcklein ab. Im Hafen wurde gerade gestreikt, dem Nino wich die Streikwache, denn er sieht beruhigend kräftig aus. Schon allein sein Kinn ist doppelt so kräftig wie die Stirn. Nino ist sonst ein gutmütiger Bursche. Er tötet keine Mücke, wenn sie ihn nicht sticht.

Vor dem Hotel King Edward hielt Nino gemächlich an. Hinter uns entbrannte ein böses Massenhupen. Nino ließ sich nicht stören. «Hast du einen Mann?», fragte er mich. – «Nein.» – «Wenn du mich heiratest, dann musst du keinen Job suchen, was meinst du?» – «Nino, das Heiraten ist nicht so einfach wie das Arbeitsuchen.» – «Warum? Es ist doch viel einfacher. Du bist allein, und ich bin allein. Weißt du, ich wohne in Brooklyn bei meiner Mutter. Wir sind übrigens Italiener. Du wirst dann mit uns in Brooklyn wohnen. Meine Mutter ist eine liebe Frau.»

Einstweilen wohnte ich im Hotel King Edward. Ich hörte dann noch von Nino. Der Emil hat ihm die Stelle gekündigt, weil er nach jener Hafenfahrt zu spät zur Arbeit angetreten war. Das geht alles recht schnell dort drüben. Ich rief den Emil an und sagte, er soll den Nino doch wieder nehmen. «Er trinkt», sagte Emil, aber er wollte es dann doch noch einmal mit dem Nino versuchen. Doch inzwischen hatte Nino bereits eine andere Stelle gefunden.

Mein Hotelzimmer ließ für Bewegung nicht gerade viel Spielraum. Der Fernsehapparat nahm sozusagen allen Platz ein. Das Ungetüm funktionierte bei Einwurf von fünfundzwanzig Cents. Ich ließ es zwar nie funktionieren, allein die Möglichkeit war berückend.

Aus meinem Fenster sah ich nichts als Fenster. Ich merkte erst, wie hoch ich wohnte, als der Lift einmal besetzt war und ich die Treppe suchte. Ich kam zu einem tiefen schwarzen Loch, in das sich eine eiserne Schwindelwendeltreppe bohrte.

In New York habe ich mit der Zeit vergessen, dass es Treppen gibt. Ich wurde dort überhaupt ein bequemer Mensch. Schon am zweiten Tag konnte ich mich nicht mehr aufraffen, ein anderes Quartier zu suchen, geschweige denn eine rechtschaffene Arbeit. Ich fragte ganz einfach den Hoteldirektor, ob ich in der Küche mäßig helfen könnte gegen ein Zimmer. Es gab aber keine Küche in jenem Hotel, dafür umso mehr Zimmer. In einem normalen Hotel steht immer irgendein Zimmer leer, und besser zahlt jemand einen Dollar für das ohnehin leere Zimmer, als dass es leer steht. Dies sah der Hoteldirektor ein und ließ mich auf dieser Basis in meinem Zimmer wohnen.

Mein Leben in New York gestaltete sich in den ersten drei Tagen recht gemütlich, denn ich kannte keinen Menschen. Ich hatte gar keine Lust zum Kennen, und auch nicht zum Sehen, ich habe beides im Übermaß hinter mir. Zudem war es draußen kalt, und von der Kälte bekommt man Hunger. Immerhin machte ich täglich einen Rundgang um den Häuserblock.

Wenn man in New York ist, pflegt man sich auch das UNO-Gebäude anzusehen. Es ist dies ein gefährliches Haus. Wer es betritt, der wird geschlagen – nicht mit Fäusten, sondern was viel heimtückischer ist – elektrisch geschlagen. Man zuckt schon zusammen beim Berühren der Türklinke. Es folgen weitere Schläge beim Rolltreppengeländer und im Lift.

Aus der Fensterwand sieht man Blau. Es erfasst einen dabei

der Verfolgungswahn, weil die Wand ein Fenster ist, und man ständig angesehen wird.

Ansonst habe ich nichts gegen die UNO – im Gegenteil, mir ging es dort gut, ich hätte sogar bleiben können als Bürofräulein bei einem orientalischen Delegierten, doch ich blieb nicht, denn diese Art von Arbeit liegt mir nicht besonders, erstens müsste ich dazu früh aufstehen, und ich sollte zuweilen denken. Überdies müsste ich tun, was ein anderer will, und was der Orient will, das will nicht immer ich.

Immerhin verweilte ich länger in der UNO, als ich beabsichtigt hatte. Jemand stellte mich der Korrespondentin der New York Times vor, der ich wieder einmal erzählen durfte, was ich tat und wie ich denke. Es kam ein Pressefotograf, der fotografierte mich draußen vor der großen Glaswand, unter den Fahnen.

Die Fahnen vor der UNO machten einen unvergesslichen Eindruck auf mich; sie flattern in ganz eigenartiger Weise. Der Wind scheint an diesem Flattern schuld zu sein, ich glaube, er bläst vor der UNO im Kreis herum, jedenfalls blies er damals die ganze Fahnenreihe Richtung Broadway, nur die drei Fahnen außen links – von vorne gesehen – wurden Richtung Hudson River geblasen. Von hinten gesehen wären die Begriffe von links und rechts natürlich umgekehrt. Ich weiß glücklicherweise nicht, welche Fahnen verkehrt flatterten.

Also unter jenen Fahnen wurde ich fotografiert für die Presse. Zum Dank für das Stillhalten konnte ich am gleichen Tag in der fotografischen Abteilung der «New York Times» vier Fotoabzüge abholen.

Am Dienstag rief Jerry, der New Yorker Vertreter der Lockheed-Fabrik, an. «Sind Sie bereit? Das neue Flugzeug ist eingetroffen. – Morgen fliegen Sie nach Amsterdam … Sie sind froh, nicht wahr? Zum Abschied werden wir heute Abend zusammen speisen, ich hole Sie ab.» Ich hatte schon oft mit Jerry telefoniert und gelacht, so wie man eben mit einem jungen Mann telefonisch lacht. Am Dienstagabend sah ich ihn zum ersten Mal. Ich war erstaunt – Jerry hatte weiße Haare.

Wir aßen lange und gründlich. Jenes Esslokal war gleichzeitig ein Haus der Kunst. Jeder Kellner war ein Opernsänger und sang zwischen Anrichten und Servieren oder mitten in der Rechnung. Einer spielte Klavier. Der Barmann war Heldentenor, er schmetterte die Töne unter die Gäste wie das Eis

ins Whiskyglas. «Ein klein wenig Kultur haben wir doch auch, nicht wahr?», sagte Jerry.

Mein Gepäck hatte sich nun gewaltig erweitert. Das alte Säcklein war das kleinste Stück von vier Stücken.

Am Mittwochvormittag packte ich stundenlang. Als ich endlich auf dem letzten Koffer saß und das Schloss zudrückte, läutete das Telefon: «Heiner Gautschy vom Schweizer Radio.»

Gerade vor der Abfahrt gab ich ihm noch schnell meine Geschichte auf das Tonband. Fünf Minuten lang hätte das Interview dauern sollen, doch im Fluss des Plauderns vergaßen wir ganz, dass wir Tonband sprachen. Nach einer Viertelstunde kam es dem Heiner Gautschy wieder in den Sinn und er stellte endlich ab. «Etwa in zehn Tagen wird Ihre Mutter Sie hören.»

Jerry begleitete mich zum Flugplatz. Ein Mann von der Einwanderungspolizei sah zu, dass ich ins Flugzeug und nicht mehr herausstieg. Im letzten Moment kam einer mit Bleistift und Papier in der Hand auf mich zugerannt, der meine Geschichte hören wollte. Auf der Flugzeugtreppe erzählte ich noch schnell ein paar Höhepunkte, die Polizei hörte lächelnd mit.

Nachdem ich eingestiegen war, ging draußen der Mann schreibend von Mensch zu Mensch und fragte jeden, was er von mir wisse. Er war Presseagent.

Um fünf Uhr nachmittags flog ich. Das Flugzeug war innen hellgrün, aus Plastik. Ich saß sozusagen allein im Flugzeug. Im

Falle eines Hungergefühles konnte ich in der Luftküche holen, was ich wollte. Ich aß die halbe Nacht lang, denn ich pflege zu essen, wenn mich die Unruhe erfasst.

Um zwei Uhr nachts legte ich mich über drei Sitze und schlief fest ein. Zwei Stunden später war es morgens zehn Uhr europäischer Zeit. – – –

Erst in Genf sah ich wieder bekannte Gesichter – gelbe und braune, Polizei und Fahnen, die Fahnen wehten also nicht nur meinetwegen – es war auch ein Kongress im Gange. Am Genfer See stand ich lange und wartete, bis endlich einer anhielt. Die Straße war eben breiter als früher, viel zu breit zum unnötigen Anhalten.

In Solothurn fehlte ein altes Haus, dafür stand ein neues. Ein Hund bellte mich an. Ich gab ihm ein Stück Brot mit Speck, dabei fiel meine Tasche auf die Straße, gerade vor eine Radfahrerin, die wurde rot vor Zorn: «Sie Tüpfi, Sie, fahre Sie ab.» –

Es begann zu regnen, auf der Straße strömte es und spritzte, wenn einer vorbeifuhr – viele fuhren vorbei.

Abends um halb acht stieg ich zum letzten Mal um – ganz nah bei Zürich. Vor mir über der Hügelkette war Licht am Himmel, hinter dem Hügel lag die Stadt. Ich bekam Magenbeklemmungen. Das Wagenfenster drehte ich auf und wieder zu und wieder auf und so weiter. An einer Kreuzung hielt der Herr Knäusli an und sagte etwas betreten: «Jää lose Sie, weimer jetzt nid no ne Sprützfäährtli mache nach Luzäärn oder so?» Ich lachte ganz laut. Der Herr Knäusli noch betretener: «He joo, mer hei doch beidi Fiirabe.» – «Wüssed Sie, Herr Knäusli, i chumme grad vome Sprützfäährtli.»

Zürich war ebenfalls beflaggt, aber auch noch wegen dem Sechseläuten-Fest.

Neue Häuser sah ich – und der Tabakladen am Kreuzplatz war umgebaut. – Wie lange ich weg gewesen war!

Die Mutter schaute aus einem anderen Fenster als früher. «Jeemer nai – Dittl!» – Ich war froh.

Mit Fernmut und sehr viel Charme

Von Martin Zingg

1

Sie ist fünfundzwanzig Jahre alt, als sie zu ihrer ersten großen Reise aufbricht – und von Beginn an hat sie keine Scheu, auch Ungemütliches in Kauf zu nehmen. Katharina von Arx ist unterwegs mit einer robusten Neugier, sie wirkt nicht nur zielstrebig und humorvoll, sie scheint auch unkompliziert: So tritt sie uns in ihrem Reisebericht entgegen, die «Hitchhiking Swiss Miss», wie die *Los Angeles Times* sie nennen wird.

Schon bei der ersten Station ihrer Schiffsreise, beim Halt in Port Said, borgt sie sich ein Fahrrad und fährt durch die Stadt. Sie wird das fortan öfter tun, wo immer sie kann. In Aden ist das nicht üblich, das wird ihr gleich gesagt: «Aber mein liebes Mädchen, Sie wollen doch nicht etwa Rad fahren, hier fährt kein Mädchen Rad. Wissen Sie nicht, dass Sie in einem gefährlichen Land sind?» Sie schert sich nicht darum, und über ihre Entschlossenheit, Warnungen dieser Art zu ignorieren, verliert sie keine Worte, auch später nicht. Als sie kurze Zeit danach zu einer Fahrt mit einem Auto eingeladen wird, zurück in den Hafen, zu ihrem Schiff, steigt sie nur in den Wagen, weil sie das Steuer übernehmen darf. Auch das scheint nicht üblich zu sein.

Es ist gerade diese Unbefangenheit und Frische, mit der sie in die Welt hinaustritt und erzählt, die ihren Reisebericht so reizvoll, so lesenswert machen, auch gut sechzig Jahre nach seiner ersten Publikation.

2

Nehmt mich bitte mit!: Der Titel formuliert ein Programm. Mit einem Minimum an Geld, mit einem Stoffsack, einer Ukulele und einem Zeichenstift will eine junge Frau eine weite Reise unternehmen, und zwar allein. Und das ausgerechnet in den Jahren 1953/54. Es wird eine Reise nach Indien, Burma, Thailand, Hongkong, Japan und schließlich in die USA, rund um die Welt, eine «Weltreise per Anhalter», wie es im Untertitel heißt.

Das hat in jener Zeit durchaus etwas Ungewöhnliches, fast schon Unbotmäßiges. Und dennoch, Katharina von Arx ist damals keineswegs die erste Frau, die sich allein auf eine weite Reise begibt. Sie hat berühmte Vorgängerinnen: Ella Maillart oder Annemarie Schwarzenbach etwa, selbst Lina Bögli könnte man dazurechnen, drei Frauen, die ausführlich über ihre kühnen Reisen geschrieben haben. Aber diese Frauen, anders als Katharina von Arx, haben ihre Reisen unter vergleichsweise komfortablen Bedingungen unternommen. Bei der jungen Kunststudentin hingegen darf es auch unbequem zugehen.

Dass die Reise so günstig wie nur möglich sein soll, prägt das Vorhaben von Anfang an. Als Katharina von Arx in Wien aufbricht, hat sie die erste Etappe ihrer langen Reise bereits organisiert, den Weg nach Genua, wo sie in ein Schiff steigen wird. Sie hat Übernachtungsmöglichkeiten bei Graz und in Padua, und noch bevor sie Europa verlässt, erlebt sie bereits einiges, was ihr ziemlich exotisch vorkommt – unter anderem ein Essen, das ihr von Dienern in weißen Handschuhen serviert wird. Ihr, die gerade mal zwei Kleider eingepackt hat. Immerhin kann sie auf ihrer Reise nach Genua ein erstes Mal etwas verdienen. Sie hat ein Badezimmer zu bemalen. Mit Malen und Zeichnen hofft sie, unterwegs ein wenig Geld verdienen zu können. Es wird selten möglich sein, und auch die Ukulele, die sie mitführt, wird sie nicht oft in die Hand nehmen.

In Genua ist übrigens ein gewisser Fridolin zugegen. Die beiden scheinen einander zu kennen, er verabschiedet sie, aber viel erfahren wir nicht über ihn: «Fridolin war von weit her gekommen um des Winkens willen.» Ist Fridolin ein Verwandter? Ein Verehrer? Er hat sie offenbar nicht nach Genua begleitet. Ist er aus der Schweiz angereist, um zu winken? Katharina von Arx, das fällt beim Lesen ihres Reiseberichts immer wieder auf, mag nicht alles erklären. Immerhin nennt sie den Namen Fridolin, viermal sogar – über alles Weitere schweigt sie sich aus. Das macht sie öfter mal: Sie nennt Namen, als wären diese dem Leser vertraut, erwähnt Situationen, die sie nicht weiter ausführt – das gibt dem Text mitunter etwas Geheimnisvolles. Bis man realisiert, dass einiges, was sie nicht ausführt, genauso wichtig und spannend sein kann wie das, was sie haarklein beschreibt.

Natürlich möchte man, gerade weil man ihren Gleichmut bewundert, gelegentlich mehr wissen, als sie preisgibt. Man möchte gern erfahren, wie sie aus gewissen Situationen herausgekommen ist beispielsweise, oder wie sie es geschafft hat, das Vertrauen bestimmter Menschen zu gewinnen. Wie gerne wüsste man, wie sie sich unterwegs verständigt hat, in welcher Sprache, mit welchen Problemen. Gelegentlich kommt es ja zu Missverständnissen, davon berichtet sie dann amüsiert. Dass sie einiges verschweigt, kommt jedoch stets ihrem Text zugute. Katharina von Arx ist eine Erzählerin, die nicht nur mit dem Stoff überraschen will, sondern die sehr wohl weiß, was auszumalen, was bloß anzudeuten und was gar zu verschweigen ist.

Unter dem Winken eines gewissen Fridolin also bricht sie auf zu einer Fahrt ins Ungewisse. Einige Adressen führt sie mit in ihrem schmalen Gepäck, auch Empfehlungsschreiben, unter anderem an den Aga Khan. So weit das überhaupt möglich war, hat sie die Reise vorbereitet. Aber wenn das Gelingen der Reise zu einem guten Teil davon abhängt, günstige Gelegenheiten für den Transport und die Übernachtung zu finden, ist jede Planung schwierig.

Fortan wird die Reisende immer wieder nach Mitfahrgelegenheiten Ausschau halten müssen. Und weil die Fahrten günstig sein müssen, hat sie oft gar keine Wahl – und gerade diese Einschränkung macht die vielen Geschichten erst möglich, die Begegnungen mit Menschen aus allen Gesellschaftsschichten.

3

Katharina von Arx ist mit wenig unterwegs, nicht nur auf dieser Reise. Die ersten Jahre ihres Lebens – sie wird am 5. April 1928 in Niedergösgen im Kanton Solothurn geboren – verbringt sie noch in privilegierten Verhältnissen. Ihr Vater, Arthur von Arx, ist Besitzer und Direktor einer Filzfabrik in Niedergösgen, er ist erfolgreich und kann sein Unternehmen nach und nach vergrößern. In ihren besten Zeiten beschäftigt die Fabrik rund fünfzig Arbeiter, auch dank der Zusammenarbeit mit der nahegelegenen Schuhfabrik Bally, die viele Aufträge an Arthur von Arx zu vergeben hat. Die Familie – Katharina hat zwei ältere Brüder, Arthur jr. und Rolf – lebt in einer Villa, hat Dienstpersonal und unternimmt luxuriöse Reisen. Arthur von Arx nimmt beim Ausbau seiner Firma allerdings bald einmal zu große Risiken in Kauf und bekommt die Folgen der sich anbahnenden Weltwirtschaftskrise zu spüren. Der New Yorker Börsencrash von 1929 hat im Sommer 1930 erste Auswirkungen auch auf seine Firma: Die Schulden sind zu groß, Banken geben keine Kredite mehr, es folgen Entlassungen, Nachlassstundung und der Konkurs und schließlich die Zwangsversteigerung des gesamten Besitzes von Arthur von Arx.

Die Familie muss Niedergösgen verlassen und zieht Anfang 1933 nach Zürich. Sie lebt fortan in äußerst bescheidenen Verhältnissen. Der Vater setzt sich ab nach London, von wo er monatlich einen Geldbetrag an seine Familie überweist, die Kinder Rolf und Katharina werden zunächst bei Verwandten untergebracht, Arthur jr. bleibt bei der Mutter in Zürich. Als Katharina von Arx 1953 zu ihrer Weltreise aufbricht, hat sie an der Zürcher Töchterhandelsschule ein Diplom erworben, einige Jahre als Sekretärin gearbeitet und 1952/53 in der Zeichenklasse der Akademie der Bildenden Künste in Wien Unterricht genossen. 1956 erscheint *Nehmt mich bitte mit!* in einem Münchner Verlag, da ist die junge Autorin längst wieder unterwegs, diesmal in der pazifischen Inselwelt, als Reporterin für das Wochenmagazin *Sie + Er*. All das ist in der spannenden und vorzüglich geschriebenen Biographie zu erfahren, die der Historiker Wilfried Meichtry ihr und ihrem Mann Frédéric gewidmet hat: *Die Welt ist verkehrt, nicht wir! Katharina von Arx und Freddy Drilhon*. Zürich 2015.

4

«Seit Genua wieder einmal Vorhänge» – der Satz fällt eher beiläufig, eine gewisse Erleichterung ist ihm aber anzumerken. Als sie wieder einmal Vorhänge zu sehen bekommt, ist Katharina von Arx bereits eine Weile in Indien unterwegs, lange genug, um sich freuen zu können über ein Stück Stoff, das Abgrenzung verspricht, eine gewisse Distanz.

Was schützende Distanz angeht, ist ihr Aufenthalt im indischen Subkontinent nicht immer ein Vergnügen. Zwar sind die Menschen, denen sie begegnet, durchaus nett, sie sind hilfsbereit und oft überraschend gastfreundlich. Aber überall, wo sie hinkommt, ist sie auch die «weiße Frau», und weil sie ohne männliche Begleitung reist, geben viele Männer vor, ihr helfen zu wollen, und betrachten sie unverblümt als Freiwild. Sie, die ungemein offenherzig und ohne Vorbehalte auf Menschen zugehen kann, ist immer exponiert. Kein Wunder, taucht im Text schon nach wenigen Seiten der erste Mann auf, der sie unbedingt und sofort zur Ehefrau machen möchte. «Leider sind es immer die Verkehrten, die mich heiraten wollen …», notiert sie dann, und sie wird in der Folge noch vielen Männern begegnen, die ihre Nähe suchen und dabei nicht zimperlich sind. Da wären Vorhänge gut, selbst wenn sie keinen Schutz versprechen. Seit sie in Genua ein Schiff bestiegen hat und damit auf ihre Reise ins Unbekannte aufgebrochen ist, hat sie sich nur selten zurückziehen und einen Moment lang ungestört verweilen können. Vielleicht sind die Vorhänge, die sie in Kalkutta in einer Unterkunft vorfindet, ganz einfach wohltuend.

Wohltuend, mehr nicht. Auf irgendwelchen Trost oder gar Schutz scheint Katharina von Arx nicht angewiesen zu sein. Abhängig bleibt sie jedoch vom Wohlwollen anderer, und wir erleben sie denn auch einige Male als Bittstellerin. Unterwürfig wirkt sie darum nicht. Bei der Lösung ihrer alltäglichen Probleme erweist sie sich als erstaunlich geduldig und findig, und wenn sie wieder einmal irgendwo essen kann, versucht sie gleich, sich einen «Vorrat» anzulegen. Lieber zweimal hinlangen, selbst wenn das seltsam aussehen mag. Wer weiß, wann sie wieder einmal etwas zu essen bekommen wird.

Das macht auch: Vieles auf dieser langen Reise scheint buchstäblich vom Zufall diktiert. Wo sie das Glück hat, Aufnahme zu finden und eine Weile bleiben zu können, bleibt sie eine Weile. Und sonst zieht sie weiter, klaglos, zum nächsten Ort, und wo der liegt, hängt nicht selten von einer nächsten zufälligen Bekanntschaft ab oder vom Empfehlungsschreiben, das sie mit sich führt.

Manches, was sie erlebt, möchte einem eher mühselig vorkommen, aber es scheint sie selten etwas zu ärgern. Menschen vertraut sie zunächst immer, und stets ist sie dankbar. Einige Male vertraut sie sich allerdings Menschen an, denen gegenüber eine gewisse Vorsicht angezeigt wäre, man möchte sie am liebsten warnen.

5

Natürlich fragt man sich beim Lesen bisweilen, ob sie, die ja Erzählerin und Protagonistin in Personalunion ist, nicht auch etwas naiv handelt, gar leichtsinnig. Wiederholt gerät sie in brenzlige Situationen, weil sie Menschen (meist Männern) vertraut, die, milde gesprochen, keinen günstigen Eindruck erwecken – und wenn man es genauer nimmt, müsste man sagen: von denen sie selber, die Erzählerin Katharina von Arx, eine Beschreibung abgibt, die nicht für die beschriebenen Menschen einnimmt. Unsere Bedenken werden ja von ihr genährt, vom Bild, das sie uns erzählend vermittelt.

Hat sie in diesen Situationen einfach keine Wahl? Muss sie sich mit diesen zwiespältig wirkenden Personen einlassen, weil sie sonst nicht übernachten oder reisen kann? Oder ist das Teil einer Erzählstrategie, die sie als Autorin verfolgt? Will sie beim Leser, bei der Leserin einen kleinen Schauer auslösen? Spannung erzeugen durch gelegentlich backfischhaftes Verhalten?

«Ich dachte nichts Böses, als er mich ins Kino einlud», erzählt sie einmal und liefert danach eine Beschreibung der Umstände, die mit unangenehmen Ahnungen richtiggehend aufgeladen ist. «Ich war nur verblüfft, als uns der Platzanweiser mit beruflicher Miene in eine sehr private Loge führte. Mr. Singania interessierte der Film, der gerade lief, aber nicht.» Kurz zuvor hat sie ihre temporäre Bleibe fluchtartig verlassen müssen, weil der gekränkte Gastgeber, ein anderer Mann also, sie mit einem Schwert bedroht hatte. Und nun dieser Kinobesuch, der nur der klassischen Anmache dient. Eine kleine Katastrophe. Wieder muss sie sich davonmachen: «Singania fiel vor Schreck mit großem Gepolter vom Stuhl. Glücklicherweise schoss man gerade auch auf der Leinwand.» Schon bald danach wird sie einen Schiffplatz haben, «Kalkutta–Tokio für vierhundert Rupien».

Wie leicht wäre es doch, das in der Realität Misslungene auf dem Papier anders aussehen zu lassen. Die Autorin könnte die Männer, die sie in Bedrängnis bringen, mit wenigen Worten abfertigen und sich selbst als deren Opfer beklagen. Aber das tut sie nicht, und dahinter steckt wohl eine Absicht.

Nein, naiv ist die junge Autorin nicht, im Gegenteil. Es fehlt ihr nie an Witz und Wort. Ihr Reisebericht ist reich an Passagen, die von Schalk zeugen, von Humor und Ironie. «Miss Katharina» ist eine hinreißende Beobachterin, und sie blickt so auf das Fremde, dass Ungewohntes schnell und ohne moralische Einfärbung eine heitere Note bekommt.

Ihre Heiterkeit wirkt nicht forciert, sie ergibt sich aus einer Unterlassung: Sie verzichtet darauf, das für sie Befremdliche, bisweilen gar Verstörende zu bewerten. Sie versucht, wohin sie auch kommt, stets auf Augenhöhe zu bleiben mit dem, was ihr begegnet, ob in Aden, Kalkutta, Bangkok, Kioto, Los Angeles, überall.

6

In Indien, wo sie sich die längste Zeit ihrer Reise aufhält, trifft Katharina von Arx umständehalber häufig auf Spuren der britischen Kolonialzeit. Das Land hat seine Unabhängigkeit eben erst errungen: Indien ist 1947, wenige Jahre vor ihrer Reise, von Großbritannien in die Selbständigkeit entlassen worden, und die Ablösung vom einstigen Mutterland ist noch lange nicht abgeschlossen. Die politischen und militärischen Auseinandersetzungen, in deren Folge die einstige britische Kolonie in verschiedene Staaten zerfallen wird, kriegt sie nur ansatzweise mit, und zwar auf ihrer Reise nach Kaschmir. Und später, auf dem nächtlichen Flug nach Hongkong, wird sie aus dem Fenster blicken: «Wir flogen über Indochina. Ich schaute in die Tiefe und sah nichts, nicht einmal ein Pulverwölklein.» Unten, in der Tiefe, ist gerade Krieg, der «Indochinakrieg» zwischen den Streitkräften der ehemaligen Kolonialmacht Frankreich und der vietnamesischen Unabhängigkeitsbewegung.

Stärker als mit den Nachwehen des Kolonialismus ist sie konfrontiert mit einem Verhalten, das über alle gesellschaftlichen Schichten hinweg und in allen Ländern das gleiche Muster zeigt und gegen das selbst dicke Vorhänge nichts auszurichten vermögen. Das Muster: «‹Vielleicht, Miss Katharina, kommen Sie mich heute Abend besuchen, wir werden dann alles besprechen, wir werden ungestört sein, Miss Katharina. Sie sind eine nette junge Dame, ich kann viel für Sie tun.› Er schaute mich an mit einem Blick, der nur so klebte. Ich brachte kein Wort mehr hervor, nur eine Drehung um die eigene Achse.»

7

Das kann nicht immer gutgehen: allein unterwegs, als weiße Frau, mit wenig Geld. Die Beschreibung ihrer Reise zum berühmten Taj Mahal zeigt das sehr anschaulich: «Ich fuhr mit dem Zug nach Agra und mit der Pferdekutsche zu dem weltberühmten Grabmal Taj Mahal. Ich fand es in Wirklichkeit nicht so schön, als es sich im Glaskästchen ausnimmt, denn im Glaskästchen sieht man keine Leute, das heißt, keine Männer (Leute sind in Indien nur die Männer). Taj Mahal sah ich zusammen mit zweihunderttausend Leuten, in der mondhellsten Nacht des Jahres. Leider war ich neben dem Grabmal der zweithellste Fleck, und als ich sichtbar wurde, vergaßen die Leute ihre ursprüngliche Absicht und wandten sich der Betrachtung des kleineren hellen Fleckes zu. Um mich schwoll die Menge. Man drängte von hinten, man stieß, man wollte sprechen, man rief, man schrie in allen Sprachen, nur nicht in Schweizerdeutsch. Heiß kroch mir das Zittern den Rücken hinauf.»

Die Aufregung, die ihre Anwesenheit vor dem Taj Mahal auslöst, schiebt sich vor alles andere. Auch in diesem Abschnitt ist Ironie zu spüren, und diese ist gepaart mit einer Gelassenheit, wie sie von einer so jungen Frau in dieser Lage überraschen muss.

Mit aufdringlichen Männern sieht sich Katharina von Arx immer wieder konfrontiert, seit ihrem Aufbruch in Genua. Auf dem Schiff bereits interessiert sich ein Potentat für sie und umwirbt sie in aller Offenheit. Öfter mal muss sie sich als bereits verheiratet ausgeben oder so tun, als litte sie an Cholera. Einmal sperrt sich ein Mann mit ihr in ein Zugabteil ein.

Erst fragt er sie, ob sie nicht in einer besseren Klasse fahren möchte, in der zweiten nämlich, und schon geht's los: «Er nahm mein Säcklein und führte mich in ein sauberes Abteil, in dem nur eine Bank stand. Der Zug rollte an. Ich sah gerade noch, wie draußen einige Männer das gewisse Lächeln lächelten. Der Mensch mit der weißen Kappe schloss die Tür hinter sich – und ich war allein mit ihm im Abteil. Der Zug rollte.»

Als sie in Kaschmir ankommt, nach einer anstrengenden Busfahrt, stellt ihr gleich ein ganze Horde von Männern nach: «Als ich mich umdrehte, standen einige Jünglinge hinter mir. Ich ging weiter und drehte mich wieder einmal um, da standen dreißig Jünglinge hinter mir. Ich ging schneller, aber es fing an laut zu werden hinter mir. Ich schaute zurück – da rauschte hinter mir eine rauhe Menge von Männern, lauter Männer in allen Größen und Farben, ein entsetzlicher Anblick. Ich blieb vor Schreck stehen, wurde umringt und konnte keinen Schritt weitergehen. Alle Männer starrten mich an.» Am Ende wird sie durch die Polizei aus ihrer misslichen Lage befreit werden: «Der Polizeihauptmann entschuldigte sich für die ‹Rückständigkeit der Bevölkerung›.»

Die Autorin setzt die Entschuldigung in Anführungsstriche und rückt diese Formulierung damit auf Distanz. Sie hätte einen solchen Satz auch dankbar aufgreifen können; sie tut das nicht, sie versagt sich diese Begründung, die sich aus heutiger Perspektive einem kolonialistischen Blick annähert, wie er in vielen Reiseberichten aus dem 20. Jahrhundert zu finden ist.

8

Eine der vielen Überraschungen in *Nehmt mich bitte mit!* ist die, wie schnell Katharina von Arx mit Menschen aus sehr unterschiedlichen gesellschaftlichen Kreisen in Kontakt kommt. Ermöglicht werden etliche Begegnungen durch die Empfehlungsschreiben, die sie mit sich führt, und viele dieser Schreiben stammen von Europäern, die einer Europäerin helfen wollen. Bei vielen anderen Begegnungen wiederum spielt die Laune des Schicksals mit.

Katharina von Arx ist keine Touristin im heutigen Verständnis. Sie ist nicht unterwegs zu einer «Feriendestination», sucht kaum je «Sehenswürdigkeiten», und wenn sie sich das doch einmal vornimmt, kann es durchaus schiefgehen, wie die Reise zum Taj Mahal illustriert. Sie reist auf eigene Faust, abseits aller Trampelpfade, die es natürlich schon damals gibt, Anfang der 1950er Jahre in Indien so gut wie in Japan. Die Welt präsentiert sich ihr noch nicht als ein System verlässlicher Verbindungen und Anschlüsse. Da darf man auch mal warten. Ein «Globetrotter», wie sie sich einmal nennt, ist gewöhnlich ohne Zeitdruck unterwegs. In gewissen Passagen sieht es aus, als stehe die Zeit still, als sei die Zeitordnung für Momente außer Kraft gesetzt – und als sei ihr das sehr willkommen. Bis auch sie allmählich ermüdet: «Vieles verliert mit der Zeit seinen Reiz, auch die Fremde. In Japan bekam ich die Fremde über, ausgerechnet auf dem Höhepunkt und in der fremdesten Fremde, so dass ich am Morgen einfach im Bett liegen blieb und weiterschlief, damit ich die Fremde nicht erleben musste. Ich glaube, ihr ewiges Lächeln ist mir auf die Nerven gegangen.»

Wie lange genau sie unterwegs ist, erfahren wir übrigens nicht. Wir erfahren, wie schon erwähnt, einiges nicht, und wenn man sich ihrer so unbeschwert wirkenden Erzählweise überlässt, kann einem noch leicht entgehen, was sie alles *nicht* erzählt – und auf ihrer Reise möglicherweise auch nicht tut oder in die Hand nimmt. So ist nie die Rede von einem Reiseführer oder von einer Landkarte. Gibt es Fotografien aus jenen Jahren? Führt sie denn ein Tagebuch? Vermutlich schon, es ist jedenfalls anzunehmen. Sie zeichnet, das steht fest. Damit verdient sie hin und wieder ein wenig Geld, und in ihrem Bericht sind die wunderbaren kleinen, oft flirrenden Skizzen von unterwegs eine willkommene Ergänzung.

Selbstverständlich ist gut vorstellbar, dass sie Landkarten mit sich geführt hat, oder Reiseführer, auch dass sie fotografiert hat: Sie erwähnt es bloß nicht. Ob sie nun das eine oder andere Erlebnis unterschlägt oder stilisiert, ist nicht nachprüfbar und spielt gar keine Rolle. Was hier zählt, ist der Bericht, nicht die empirische Person, die ihn verfasst hat. Und spannend ist ihre Erzählung allemal.

9

Gut sechzig Jahre alt ist der Text. Er ist inzwischen nicht nur lesbar als vergnüglicher Bericht einer mutigen und witzigen jungen Frau, er ist längst mehr, ein Dokument, ein Verweis auf Realitäten, die man sich heute kaum mehr denken kann. Reisen ohne die Segnungen der Technik? Wer ist heute noch unterwegs ohne Handy und Kreditkarte?

Eine weitere Sicht auf den Text gewinnt, wer sich vor Augen hält, in welchen Jahren und aus welchem Land die junge Kunststudentin in die Ferne aufgebrochen ist. Die 1950er Jahre in der Schweiz kann man sich heute, gute sechzig Jahre danach, nur noch mit Mühe und höchstens mit Hilfe statistischer Angaben vorstellen. Um einige Zahlen zu nennen: Im Jahr 1950 leben in der Schweiz 4 714 992 Menschen, die Zahl der Einwohner hat seit 1941 um 449 289 Menschen zugenommen. 37,9 Prozent der Bevölkerung sind noch keine 25 Jahre alt, und gerade mal 9,6 Prozent sind älter als 64.

Und um gleich noch einige weitere Eckdaten anzufügen: Auf Bundesebene ist 1948 die obligatorische Alters- und Hinterlassenenversicherung eingeführt worden, die «AHV». Es werden in der Schweiz schon bald erste Hochhäuser gebaut, es entstehen Selbstbedienungsläden, Einkaufszentren. Das Fernsehen strahlt erste Sendungen aus, 1952, eine Boulevardzeitung wird in der Schweiz aber erst Ende des Jahrzehnts lanciert. Und die Frauen haben noch immer kein Stimmrecht, sie werden sehr lange warten müssen, bis es so weit ist. Als 1959 wieder einmal an der Urne über die Einführung des Frauenstimmrechts entschieden wird, wird dieses abgelehnt von über zwei Dritteln der abstimmenden Männer und von 19 der 22 Kantone. In Indien hingegen haben die Männer und Frauen längst das Wahlrecht.

Das gehört zur Realität, die Katharina von Arx auf ihrer Reise hinter sich lässt. Die Reise hat sie aber nicht als Flucht angetreten. Über ihre Beweggründe verrät sie wenig: «… ein Heimweh oder ein Fernweh oder irgendein Weh – vielleicht nur die Wehmut? Kann sein, dass es das Fernweh und die Wehmut zusammen waren, die miteinander den Fernwehmut oder ganz einfach den Fernmut ergeben.» Eine unglückliche

Liebe scheint es also nicht zu sein, auch nicht das Bedürfnis nach Unterbrechung einer beruflichen Routine, aber: «Fernmut». Eine schöne und sehr treffende Formel.

10

Nehmt mich bitte mit! ist 1956 erstmals erschienen, in einem Münchner Verlag. Das Buch war schnell ein Erfolg und wurde sogar etwas wie ein Bestseller. Für die vorliegende Neuausgabe ist die ursprüngliche Textfassung behutsam modernisiert worden, vor allem, was die Rechtschreibung angeht. Beibehalten wurde nach Möglichkeit der rhythmische und gelegentlich sehr unbeschwerte Umgang mit Satzzeichen, der einiges beiträgt zum Charme der Reiseerzählung.

Auf ihrer Weltreise verspricht «Miss Katharina» bei fast jedem ihrer zahllosen Abschiede, sie werde einen Brief schreiben. Und irgendwann, eher beiläufig als schuldbewusst, gesteht sie, dass sie keinen einzigen Brief geschrieben habe. Sie hatte vermutlich keine Zeit dafür. Aber sie hat diesen köstlichen Bericht geschrieben, in dem so viele Menschen vorkommen, so unterschiedliche Menschen, dass er als großer Brief an alle gelesen werden kann, die der Autorin unterwegs begegnet sind.

Wilfried Meichtry
Die Welt ist verkehrt, nicht wir!
Katharina von Arx und Freddy Drilhon
360 Seiten, gebunden. ISBN 978-3-312-00670-0

Als Katharina von Arx 1954 von ihrer Weltreise zurückkehrt, haben die internationalen Medien sie zum Star gemacht. Sie schreibt den Bestseller *Nehmt mich bitte mit!* und fährt als Reporterin für die Illustrierte *Sie und Er* in die Südsee. Dort lernt sie den Fotografen Freddy Drilhon kennen – Rebell aus gutem Hause, der lange bei einem Stamm ehemaliger Kannibalen lebte. Fast drei Jahre reisen die beiden durch kaum erforschte Gebiete und verfassen aufsehenerregende Reportagen. 1958 kehren sie in die Schweiz zurück und erwerben in Romainmôtier ein baufälliges Haus, das sich bei der Renovierung als Palast entpuppt. Für Katharina wird der Wiederaufbau des Hauses zur Lebensaufgabe, Freddy hält die Sesshaftigkeit nicht aus und bricht auf.

Die Geschichte dieses Paars ist eine atemberaubende Story und eine herzanrührende Liebesgeschichte, die man, wäre sie erfunden, nur schwerlich glauben würde.

«Der Autor hat sich in den letzten Jahren als versierter Biograf etabliert, der nicht einfach ein Leben von der Wiege bis zur Bahre schildert, sondern sich ambitioniert filmischer Schnitttechniken bedient und erzählerische Experimente riskiert.»

Urs Hafner, *Neue Zürcher Zeitung*

Nagel & Kimche

KOLLEKTION

NAGEL & KIMCHE

Herausgegeben von
Peter von Matt

Gottfried Keller
Martin Salander
Roman. Nachwort von Peter Bichsel. 384 Seiten.
ISBN 978-3-312-00326-6

Adelheid Duvanel
Beim Hute meiner Mutter
Erzählungen. Nachwort von Peter von Matt. 176 Seiten.
ISBN 978-3-312-00332-7

Jakob Schaffner
Johannes
Roman einer Jugend. Mit einem Nachwort von Peter Hamm.
560 Seiten. ISBN 978-3-312-00355-6

Arnold Kübler
Der verhinderte Schauspieler
Roman. Nachwort von Peter von Matt. 320 Seiten.
ISBN 978-3-312-00371-6

Regina Ullmann
Die Landstraße
Erzählungen. Nachwort von Peter Hamm. 184 Seiten.
ISBN 978-3-312-00401-0

Philippe Jaccottet (Hg.)
Die Lyrik der Romandie
Eine zweisprachige Anthologie.
Aus dem Französischen von Elisabeth Edl und Wolfgang Matz.
272 Seiten. ISBN 978-3-312-00407-2

Otto F. Walter

Herr Tourel

Roman. Nachwort von Peter von Matt. 304 Seiten.

ISBN 978-3-312-00424-9

Hermann Burger

Schilten

Schulbericht zuhanden der Inspektorenkonferenz.

Roman. Nachwort von Thomas Strässle. 416 Seiten.

ISBN 978-3-312-00426-3

Charles Ferdinand Ramuz

Die große Angst in den Bergen

Roman. Aus dem Französischen von Hanno Helbling.

Nachwort von Beatrice von Matt. 192 Seiten.

ISBN 978-3-312-00445-4

Max Frisch

Die Schwierigen oder J'adore ce qui me brûle

Roman. Nachwort von Lukas Bärfuss. 288 Seiten.

ISBN 978-3-312-00466-9

Blaise Cendrars

Gold

Die Geschichte des Generals Johann August Suter.

Roman. Aus dem Französischen von Yvan Goll.

Nachwort von Dieter Meier. 152 Seiten.

ISBN 978-3-312-00486-7

Jeremias Gotthelf

Wilde, wüste Geschichten

Nachwort von Peter von Matt. 256 Seiten.

ISBN 978-3-312-00460-7

Corinna S. Bille

Schwarze Erdbeeren

Erzählungen. Aus dem Französischen von Marcel Schwander.

Nachwort von Monique Schwitter. 176 Seiten. ISBN 978-3-312-00535-2

Albin Zollinger

Gedichte

Nachwort von Manfred Papst. 144 Seiten. ISBN 978-3-312-00577-2